谨以此书献给在职场中
努力拼搏的朋友们

Rising to the Top

坐上财务总监

财务职业生涯实战

张泽锋 ◎ 著

中国市场出版社
China Market Press
·北京·

图书在版编目（CIP）数据

坐上财务总监：财务职业生涯实战 / 张泽锋著.
-- 2版. — 北京：中国市场出版社有限公司，2021.5
　ISBN 978-7-5092-2025-2

Ⅰ. ①坐… Ⅱ. ①张… Ⅲ. ①企业管理–财务管理
Ⅳ. ①F275

中国版本图书馆CIP数据核字（2020）第247788号

坐上财务总监：财务职业生涯实战（第二版）
ZUOSHANG CAIWU ZONGJIAN: CAIWU ZHIYE SHENGYA SHIZHAN

著　　者	张泽锋
责　　编	辛慧蓉（xhr1224@aliyun.com）

出版发行　中国市场出版社 China Market Press

社　　址	北京月坛北小街2号院3号楼	邮政编码	100837
电　　话	编 辑 部（010）68033692	读者服务部（010）68022950	
	发 行 部（010）68021338　68020340　68053489		
	68024335　68033577　68033539		
	总 编 室（010）68020336		
	盗版举报（010）68020336		

印　　刷	河北鑫兆源印刷有限公司		
规　　格	170mm×240mm　16开本	版　　次	2021年5月第2版
印　　张	26.5	印　　次	2021年5月第1次印刷
字　　数	350千字	定　　价	59.00元
书　　号	ISBN 978-7-5092-2025-2		

版权所有　　侵权必究　　　印装差错　　负责调换

再版前言
PREFACE

　　《坐上财务总监》自 2016 年首版问世以来，受到众多会计、财务相关专业学生和会计、财务从业者的欢迎，收到很多书友、读者对内容的良好反馈，这令我十分欣慰。能够真正从财务实战的角度帮助到诸多学生和业内朋友，笔者备感荣幸！

　　读者朋友通过不同渠道向我反馈过多种观感。一部分读者在购书平台直接留下评论；还有部分读者在读书之后意犹未尽，直接把对财务职业发展的感想、意见通过电子邮件反馈给我；更有读者在我的授课现场当面表达此书为其职业发展带来的巨大帮助……收到这些反馈，我心存感激，深表谢意：感谢大家认真阅读，并有收获。

　　著书得到读者的认可，并能对大家的职业发展有所帮助，此确我所幸，亦是我写书的初衷，也必将激励我继续创作下去。

　　总体来看，大家喜欢这本书的理由有很多，最核心的大概如下：
　　第一，书中的案例故事非常贴近财务实战过程，读者可以吸收大量具备实战价值的知识和经验；

第二，具备详细的可操作性强的实战细节，并且包含大量在现实中鲜为人知的"职业秘密"；

第三，涉及不同岗位的财务人员，可以扩大对财务职业的全面认知，非常有利于职业生涯规划；

第四，书中总结的财务人员的职业发展规律是实战领域非常珍贵的"干货"；

第五，书里面的很多实战经验在现实中几乎无人提及，更别说会有人教授指导；

第六，学习此书在财务职业发展上可以少走很多弯路。

本次再版所作更新主要体现在三个方面：

• 对财务职场实战的内容加大纵深、延长时间覆盖范围；

• 加入部分财务实战领域的新内容，增加部分内容的思维关系图；

• 增加我对财务实战与企业经营管理的新体验、新思考和新观点。

这些内容将有助于大家找工作、职业规划、实现晋升，在实战中少走弯路、在面试中旗开得胜，解开心中的困惑、解决现实的难题，识别并化解各种危机，助力大家实现从会计走向财务主管，从财务主管走向财务经理，最后坐上财务总监的职业梦想。新版内容将以更直接、更贴近工作场景的方式向大家呈现职场实战中的财务发展之路。

从内容上看，新版《坐上财务总监》有如下新特点：

第一，延续书中关于会计、财务主管、财务经理、财务总监的职业成长故事，延续其职业发展路径，将不同职场人物的不同工作经历、职场遭遇、面临的困难、成长的实战方法展现出来，让大家可以从更长的时间范围、更细致的实战细节观察、体验、学习不同层级的财务人员在不同环境、不同发展阶段下的思维、行为，其中包含了大量与财务职业生涯有关的实战技法。

第二，对于书中总结的财务职业生涯实战中的各种规律、套路、诀窍，进行更加通俗化的解读，增加思维关系图加以呈现，让大家阅读起来更方便。同时对其中的难点、核心、重点辅以描述性语言，力求内容更贴近职场实战，表现形式上图文并茂，更加通俗易懂。

众所周知，任何一个财务人员在实战过程中，或多或少会受生活影响，或反过来影响生活。因此，工作必然是生活中的工作，而生活必然是工作前提下的生活。这世上，极少有人处于"不工作只生活，或不生活只工作"的状态之中。

财务人员的职业生涯其实不长，掐指一算短短三十年左右，分成两段：前面十五年追求个人成长，后面的时间几乎用于维持稳定。如果说前一段是进攻，那后一段就是防守。那么，前一段究竟需要花费多少年的时间才能成长到一个相对较高、相对满意、相对舒适的位置，然后再进入稳定状态呢？可能有人用了五年，而有人却需要花十五年甚至更长的时间，从职业生涯规划的角度上看，成长得快与慢或许正是职场实战技法上的差距所致。

如果可以自由选择职业成长状态，谁会放弃选择"年轻有为"，而主动选择"大器晚成"？假设一个财务人员从22岁开始参加工作，15年过后年近40，之后基本处于"上有老下有小"的中年阶段。难道一个财务人员要等中年之后再发力成长？这显然不是一个良性的职业生涯规划方案。

因此，在职业初期的前十五年中，大家有必要学习更多财务职场的实战技法，更快地实现个人成长。缩短成长所耗费的时间，最直观的好处是：一来尽早争取到更为丰厚的劳动报酬，改善生活；二来为职业生涯后期腾出更多的时间，惠及他人。

书友们、同学们、朋友们，不管是提早学习实战，快速成长，还是陷入职业迷惘，进退两难，时间都在那里，它静悄悄地走，从来无声无息。事实上，二十岁之前的时光，每一年都过得很漫长，二十岁之后则不然。成长期很短，容不得瞎晃，青春十五年，其实一挥间。这十五年可能会面对很多困难，面临很多崎岖和弯道，但同时也满是机遇，重点在于如何实战，晓不晓得加速成长。假如在此黄金阶段收获不多，心生困惑，实战不畅，往后恐留遗憾。

坦率地说，职场是一个"人堆儿"，人多的地方就存在竞争，而在竞争的场合每个人的内心都有自己的"护城河"。换成通俗的家常话，那就是：现实中真没多少人愿意将自己的实战技法简单、直接、纯粹地传授给其他人。从这个角度看，年轻人的职业成长速度和质量必然受限，潜能远未充分释放。

因此，写作本书的初衷，便是将我的体验、经验传播给更多有需要的年轻人。能提高则尽早，有机遇则把握，有障碍则越过，有困惑则解开，逢山修路，遇水搭桥。尽早掌握财务职业生涯实战技法，个人成长之路会顺利很多！

张泽锋

2020 年冬

首版前言 PREFACE

财务人生是一个复杂的话题，每个财务人员的一生从细节上看都不一样，但是众多财务人员的职场人生却又出奇相似。虽说每个人的人生经历不同，起点、学习能力不同，家庭情况不同，教育背景不同甚至智商、情商也有差异，但是，从众多财务人员身上，往往能发现有些人的思维方式、处事方法相似度非常高，有些人曾经受过类似的委屈，见识过风格相仿的领导，有些人用同样的招数获得晋升，而有些人又因遭遇类似的困扰而陷入困惑、迷惘或低潮。

有的人好为人师，有的人烂泥扶不上墙，有的人无师自通，有的人借花献佛，有的人淳朴可靠，有的人反复无常，有的人世故圆滑，有的人难通情理。众生众相，千人万事，道之不尽。但，看似纷繁杂乱的财务人生，却隐藏着值得玩味的规律，这恰是本书所要探讨的内容。每个人都有不一样的人生经历，但种种不同经历中又总会有大同小异的故事，甚至某些事情从开头到结尾都极为相似。人们通常按照时间和空间的自然安排来体会人生，总结人生，感悟人生，但是由于人生发展的很多规律性的存在，有些人通过特定的方法可以超越时间空间获得更多的体会和领悟。经由多种途径高效地获取经验并指导自身实践，对人生的发展来说，尤为重要。

人生的话题，古往今来，已谈了很多。但当把人生的话题落实到某一个人身上的时候，很多人往往还是处于"听过很多道理，依然过不好这一生"的状态之中。

当人们从宏观的角度来理解这个商业社会的时候，是把社会上林林总总的事情加以归类，分成各行各业，形形色色，每个行业又各有规矩，清清楚楚；当人们从宏观的角度来理解这个商业社会中的人的时候，是把各式各样的人所做的事、所干的活加以归类，形成各种各样的职业，每个职业都有自己的专业理论和操作方法，有条有理。财务便是这商业社会中众多职业当中的一个。

商业社会终究是宏观的，往细里看，其实就是"各人就各职，各人办各事"。千千万万的劳动者，多如繁星的企业或团体，再加上它们相互间的商业关联，最终构成复杂的商业社会。

一个人一生只有一次生命的机会，如何在有限的生命当中发挥出应当有的效果，体现恰当的价值，这是每个人在人生当中需要考虑的重大问题。当然，对这个问题，有的人想得早，有的人晚，也不排除有的人一辈子都没怎么考虑过。总而言之，人生的内涵丰富，到底人生是发光还是隐藏，每一个人的选择都不一样。但是，对此的认真思考，对每个人来说都尤为重要。

在一生当中，工作占据了我们大部分的时间，影响我们的生活、家庭、健康或人际关系，等等。因此，职业选择变得非常重要，"一脚踏入深似海，回头已是百年身"。职业发展对于不同的人来说更是无穷无尽，曲曲折折，充满挑战。很多过来人都有这样的体会：隔行如隔山，转行犹如愚公移山。由于绝大多数人都必须投入到职业当中去，所以了解职场就成了人们职业发展的重要一环。

在职场中，不仅是一个人完成一件事，或者一个人完成很多事，而是一个人和其他不同的人共同完成很多不同的事，这些事甚至是难以预料、难以认知的。人多，事杂，靠合作才能完成工作。那么，谁挑头来指挥，谁又甘于充当无名小卒，谁的功劳大，谁能心甘情愿地接受不公平的待遇，谁不愿意拼出一条血路，谁能简简单单地只考虑工作问题，谁不会被"七大姑八大姨"的家庭琐事烦扰，谁又能真正做到一呼百应无人能敌，谁深夜通宵达旦白天还得摆出"轻咬下唇，口露六齿"的标准微笑，谁心情压抑却找不到头绪、无心睡眠还要隐忍无穷尽，谁获得权力和利益最后却行差踏错坠入深谷，谁默默无闻经受嘲笑却能抓住时机绝地反击……还有更多关于人、关乎事的种种状况，这便是职场的实战问题。

从职场的实战角度出发，职业发展凭借的不仅仅是专业知识、专业能力，还有人生的更多相关因素，譬如个人性格、家庭情况、健康问题、价值取向，甚至是金钱观念、权力欲望，等等。因此，职业发展从本质来看是人生问题。

财务人生，谈的就是财务人员的职业发展问题。一个财务人员从初出茅庐一无所知，到学会谦卑稍有所获，接着尝到甜头却逐渐保守。有人或许难以突破，此后便成"温水"中煮的那只"青蛙"；有人可能早早识透，勇猛精进一路向上爬。最后，财务人生难免停留在某个层次、某个角落。这便是抽象化、简单化但不失规律性的财务人生。

人们是如何选择职业的？有的人很有主意，已看清职业匹配自己；有的人随波逐流，没来得及弄清楚便开始卖力；有的人依父母之命；有的人入行是为了方便找对象；有的人为了快速积累财富；有的人享受职业带来的权力，等等。不论是何种缘由，总而言之，当你准备进入这个职业，或已经正在从事这个职业，甚至当你开始接触这个职业并稍有所动的那一刻开始，从现实的角度讲，你就已经跨入了这个职业发展的范畴。

财务人生的发展轨迹大体上是：先对财务职业有所接触（可能是误打误撞、偶然机遇或是深思熟虑），接着产生进取心或好奇心，然后有想要了解的意愿，当真正从事了这个职业之后，又会陷入迷惘但内心盼望能有所发展，久而久之习惯了这个职业而变得无法离开。在现实的职场上，财务人员绝大部分的苦恼和困惑在于：

• 对财务人生没有足够的认知，对财务职业发展的方法和途径了解不足，在职场中出现的种种问题始料未及无法解决，碰到各种与工作有关或看似无关实质相互关联的事情处理不当；

• 财务专业知识与企业业务相匹配的实战经验，企业当中的人际关系处理，如何与领导形成良好的互动，怎么能管理好下属，晋升渠道和方法，处理跨部门的冲突等职场当中的问题；

• 财务工作之外但会影响工作的其他因素，诸如家庭、个人能力瓶颈、健康、人脉关系、甚至是自己的职业观等。

从财务职场的实战角度出发，本书将深入探讨财务人员在职业生涯实战当中遇到的种种问题，并剖析原因，总结规律，让广大的财务人员能获得职场当中的发展奥秘。一来避开迷惘和恐惧，提升认知，规划自己；二来体验执行，对职场规矩游刃有余，最后能在财务人生道路上有所获益。

本书分上下两篇来详解财务人生，给出财务职业生涯实战的"干货"。

上篇——财务人员的职场故事。详细披露现实财务职场当中的财务人员的发展情况，所遇到的问题，如何晋升，怎么处理协调各种专业经验、人际关系或非工作性质的相关的问题。所涉及的财务人员有各个层次，从初入职场的"小白"，到经验丰富的"老油条"，最后到位高任重的财务总监。这些故事真实再现了各个财务从业者在职场中曾经面临的各种困难、苦恼、迷惘以及各自的处理方式，直至他们最后在职场当中的表现和效果。从这些真实具体的职场故事当中，广大的财务人员能感受到职业发展当中有可能出现的种种情况。有所了解才能有所规划，若对职业发展的现实情况毫无概念，那路怎么走就更是一头雾水了。

下篇——财务人员的职业人生。本篇内容覆盖整个财务职业发展，将全面地披露财务人生的八大重要问题。这些问题涉及方方面面：如何认识财务职场的规律，社会和企业的类型，现实职场中的十大财务岗位，职场发展中常常出现的种种羁绊，财务职业发展必须有的原则，学会分析认清自己的个人边界，财务人生的阶段性及如何定好各阶段目标，识别职场当中常见的财务人员"款式"，最后，总结性地提出财务人生的普遍规律，即"财务的发展曲线"。了解这些财务人生的重大问题，希望大家能在职业生涯实战当中运用落实并发挥作用。譬如：认识职场实战当中的职位情况，设计匹配自己的职业发展路径；迷惘的时候该抓住关键的本质性问题；心理恐慌是否纯属无谓；怎么辨别领导同事的内心着力点；面临危机怎么躲避；如何认知个人的瓶颈；个人发展是否急于求成，自己的工作状态是否践踏了健康和家庭的红线，停下来知足常乐还是继续上路拼搏；等等。

如若这些经验、建议对你们有用，则不枉笔者费时用心写著此书：

- 在校学生，或有兴趣对"财务职业生涯、职场及财务人生"做一点提前认知的朋友。
- 初入财务职场的年轻朋友。
- 有意转行做财务工作的审计朋友。
- 各个岗位的财务从业者、财务经验者。包括出纳、资金、应收、应付、费用、固定资产、税务、成本、报表、预算、财务分析、ERP管理等岗位。
- 财务管理者，包括财务主管、财务经理、财务总监。

- 企业其他部门职员,譬如 HR 可以通过此书更深刻了解财务人员。
- 企业各部门的管理者。
- 有志于转行参加财务工作的朋友。
- 有兴趣了解"财务职业生涯发展"的所有朋友。

张泽锋

2016 年夏

目录 CONTENTS

上篇　财务人员的职场故事

Part 1　会　计　/ 003

1. 郭洁疲惫不堪再次辞职　/ 004
2. Cherry 悬崖勒马差点翻车　/ 020
3. 徐敏考试通过却有新烦恼　/ 036
4. Henry 自信爆棚自寻生路　/ 043
5. 杨春华工作平平险遭辞退　/ 057

Part 2　主　管　/ 062

1. Lisa 无法抗拒猎头的推荐　/ 063
2. 夏芳菲转向家庭为中心　/ 075
3. Emma 具备女强人的气质　/ 093
4. 林悠然追随领导不放弃　/ 114

Part 3　经　理　/ 128

1. 季莫后院起火闹翻天　/ 129

2　Ada 工作太投入太疯狂　/ 151

　　3　Peter 步入中年心已累　/ 168

Part 4　总　监　/ 184

　　1　杨丽办妥大事又晋升　/ 185

　　2　暴躁的 Ricky 不归家　/ 196

　　3　Helen 迈上职业新台阶　/ 207

下篇　财务人员的职业人生

Part 5　财务人生有规律　/ 223

　　1　为什么要探索规律　/ 225

　　2　人的发展有规律吗　/ 228

　　3　职业发展有规律吗　/ 231

　　4　财务职业实战技法　/ 234

Part 6　认识社会与职场　/ 240

　　1　财务发展依靠平台　/ 242

　　2　企业平台八大特征　/ 245

　　3　观察识透财务职场　/ 257

　　4　先有了解后谈发展　/ 271

Part 7　财务的十大岗位　/ 274

　　1　职业发展落到实处　/ 276

　　2　财务实战十大岗位　/ 279

　　3　报表前报表后岗位　/ 298

　　4　研发类管理类岗位　/ 301

Part 8　财务的发展模式　/ 304

1　财务职业发展模式　/ 306
2　物以类聚人以群分　/ 315
3　财务要走自己的路　/ 322
4　职业发展五大羁绊　/ 327
5　职业发展艰难抉择　/ 337
6　职业发展事在人为　/ 345

Part 9　认清楚个人边界　/ 349

1　个人的边界是什么　/ 351
2　财务人生物质边界　/ 357
3　财务人生精神边界　/ 362
4　人生的进步与知足　/ 366
5　阶段性发展是规律　/ 369
6　虽有限制但可突破　/ 376

Part 10　财务的发展曲线　/ 381

1　一无所知进入职场　/ 383
2　迷惘自卑职业初期　/ 385
3　烦躁没底的平台期　/ 387
4　意料之外受到教训　/ 389
5　逐渐走向成熟稳重　/ 392
6　知足常乐稳如磐石　/ 393

首版后记　/ 397

再版后记　/ 399

Office Stories
in Finance

上篇
财务人员的职场故事

——他山之石，可以攻玉

多年闯荡职场的亲身经历

用故事讲给你听……

作为财务人员，对于专业术语和财务指标应该再熟悉不过了，譬如银行存款、应收账款、固定资产、长期负债、所有者权益、资产负债率、存货周转率、资产收益率、投资收益率，等等。然而，在财务职业生涯的实战中，如何在众多主管职位的竞争中脱颖而出，怎么让领导接受你的建议并执行，令众人发愁的跨部门沟通问题如何有效解决，汇报工作怎么才能说到领导的心坎儿里去，等等，此类关于沟通、管理、解决冲突等性质的问题，其实更需要财务人员的软实力。

很多职场中的朋友抱怨"我的能力领导总视而不见""我做的新流程耗费了很多精力""我为公司做了很棒的税收筹划方案并被接受了但领导还是不为所动""领导根本不清楚细节就说我做得不对，其实是他不懂"……要处理这些令人纠结的事与情，要与上司、同事进行各种沟通，软实力就显得非常重要了。

职业生涯中的实战细节非常重要，却也是大部分财务人员无从获知的宝贵经验。在现实职场中，人们通常对这种"无形"的思维细节严格保护，在内心建筑私人经验的"护城河"。上篇中，真实再现了15位不同类型、不同背景、不同职位高度的财务从业者的职业发展细节，以此帮助大家更直观地感受和体会职业生涯发展的一些特性，为下篇探讨财务人生做好准备。

有所了解才能谈及发展，没有了解很有可能就成了职场上的"睁眼瞎"。看看别人走过的路，看看不同层次财务人员的发展策略，能为自己的职业发展带来启发，这将有利于大家在职业发展中更加轻松、更加睿智地去面对各种职业发展中的困难、解决职业发展中的问题。

会 计

1 郭洁疲惫不堪再次辞职
2 Cherry 悬崖勒马差点翻车
3 徐敏考试通过却有新烦恼
4 Henry 自信爆棚自寻生路
5 杨春华工作平平险遭辞退

1 郭洁疲惫不堪再次辞职

郭洁就读于所在省份的一所财经学校，专业是财务管理。在校期间，郭洁跟其他同学一样参加了暑期的实习，到实习单位做一些资料整理的工作。从现实的角度看，很多大学生就是这么度过大学时期的，这样的经历不见得很差，但也不是异常突出。

郭洁的父亲在企业上班，是个工龄很长的老职工，母亲在医院工作，双亲工作也挺稳定的，他们的收入足够支撑郭洁在学校期间的生活费。由于是独生女儿，郭洁的父母对她格外心疼。

毕业找工作时，父母希望郭洁留在当地城市，毕竟"父母在不远游"，这是很多父母的传统思想。在郭洁临近毕业的最后一个学期，父母已经帮助她联络到了一个工作机会，在一家当地的旅行社当会计。但郭洁志向远大，有意愿向大城市发展，她跟爸爸说："我从小到大都待在这边，你看好多大企业都在招聘财务人员。咱们这个小城市大企业不多，发展机会比较少，我也不见得非得在本地工作。你看我们学校就有很多同学已经按照正常的面试找到工作了，我也可以，你们根本不必为我的工作操心。"父母对着郭洁心疼惯了，心想既然这样，那就算了吧，由着她去，不过时不时还会劝说她找工作不要到离家太远的地方。

郭洁表面上答应，其实心里根本没谱儿，反正先找工作再说，找到哪里算哪里。经过一段时间的面试，由于在大学期间有实习的经验，加上学习成绩居中，形象良好，郭洁顺利地进入了当地一家会计师事务所做审计。审计是很多学习会计、财务的朋友都很期望的一个就业方向，郭洁成功获得录用，当然十分开心。此时离毕业还有一段时间，郭洁就约着同学来了一场短途旅游，一切看起来都稳稳当当。

毕业之后，虽然正式进入职场，但郭洁还是一脸稚嫩。工作了一段时间之后，公司安排郭洁随同审计小组出差做审计。郭洁一听出差起初挺开心，但经历了几次之后，郭洁感觉出差似乎太频繁了，好像跟自己对职场的预期不太一致，整天做基础工作似乎太枯燥了，缺乏"指点江山"的豪情，有时候甚至搞不懂自己每天究竟在做什么，就一直在查资料、搜集资料、填写表格……慢慢地，郭洁感觉到有点累，有点厌倦。到了年底，公司的业务逐渐增多，越来越忙，有时候项目组人手还不够，工作要做到大半夜。刚入职的前期，郭洁基本每周都跟父母通电话，联络感情，说说工作上的趣事，谈笑风生。随着工作忙起来，逐渐地一周一次的电话慢慢少了，有时候父母打电话过来，郭洁没有好心情，直接就说"别打了，很忙"，立刻就挂断。父母感觉很惘然。

元旦公休假期，郭洁也没有回家，爸爸打电话，郭洁随便说了几句就挂断。父母很疑惑：这工作怎么会如此忙碌，女儿是否能适应，她喜欢这个工作吗？但是从最近的通电话情况来看，似乎郭洁不太愿意谈及实际的情况。爸爸妈妈有点发愁。

这天夜里十二点，爸爸妈妈都睡着了，突然电话响起，爸爸猛然醒来，一看是郭洁的电话，心里"砰"地一下，感觉不对劲。一接电话传来郭洁的痛哭声，爸爸一听，心里很不是滋味，赶忙劝说："怎么了？别哭，别哭……没什么事情是解决不了，是什么事情受委屈了吗？"爸爸拿着手机，说什么都没回应，足足听了有五分钟的哭泣声，终于，郭洁安静了下来。

"爸爸，我好累啊，现在事情还没做完，明天就要交资料，我来不及了……"郭洁"吧啦吧啦"地吐了一个小时的苦水。爸爸很心疼，虽然对工作内容不太了解，但明显能感觉到女儿身体吃不消了啊，于是劝说郭洁请假回家。没想到郭洁还不敢请假，爸爸说要不然辞职吧，重新找个工作也不难，可郭洁还没想好，爸爸还想说点什么，郭洁想着手头工作任务还没做完，索性就把电话挂了。

那一夜，郭洁的父母都没睡好。而郭洁打完电话，又继续奋战，到凌晨两点多实在吃不消，就睡过去了。

第二天，郭洁睡过了头，直到经理的电话过来，她还迷迷糊糊，只听到经理的吼叫："你中午之前把表格发过来！"

郭洁心都碎了，听不进去经理说什么，感觉压力太大。没过几天，郭洁连爸爸妈妈都没有通知，就直接辞职了。

辞职后的那天，郭洁心里想着：这个公司太黑了，忙成这样，这根本不是我想要的工作。郭洁憧憬着在高大上的办公楼工作，穿上职业套装，像电视剧中的高级白领一样，每天优雅自如地开会，轻松工作。

辞职后，妈妈劝郭洁暂时回家休息一阵子也没关系，工作慢慢找总会有的。而爸爸觉得有必要跟郭洁谈谈工作的问题，不然女儿一个人在外面漂，谁知道未来还会出现什么困难。可是不管怎么说，怎么劝，郭洁都听不进去，她央求爸爸："我想去南方一线城市找工作，那边大公司多，就允许我再试一次，如果还不行就算了，再回老家也不晚。"爸爸无可奈何，只能默许了。

恰好郭洁有同学在南方一线城市工作，提前联系好之后，郭洁就跟着同学在附近租了房子，成了浩瀚"南漂"中的一员，只不过郭洁心里面是想的不是当个普通的"南漂"，而是实现当"白领""金领"的美好未来。

郭洁与同学聊天寻求经验，接着在几个大型的求职网站上面投递简历。郭洁是铁了心不想再做审计了，于是她投简历选择了会计类的工作，可是她也不太清楚自己能做什么工作，应收账款会计、费用会计、总账会计、预算等工作岗位，全部乱投一通。终于，两周过去了，郭洁开始接到面试通知。

郭洁面试了一家制造工厂的应收会计职位，但用人单位的经理感觉郭洁没这方面的经验，回答问题牛头不对马嘴，连应收账款周转率都讲不清楚，之后便无下文了。

面试的第二家是一个外资企业，需要考英文，郭洁硬着头皮做试卷，勉强填完几道专业题目。因其英文水平并不怎么样，而且考题当中还有很多专有名词，成绩不佳，后来也没有消息了。

第三家公司是软件开发企业，应聘职位是固定资产和费用管理，郭洁回答得磕磕巴巴，毕竟她才参加工作半年，连会计凭证都没做过。但由于个人形象还可以，毕业的学校也不错，这家规模不大的软件企业倒是愿意给郭洁一个工作机会，只不过工资低了些。对比自己之前的收入和其他同学的收入，郭洁感觉有点失落，最终拒绝了。

面试了几次，郭洁有点心灰了，找个工作不容易啊！虽然说大城市的机会多，但是，小企业工资太低，大企业要求太多，自己刚毕业半年多，也没有什么实际的财务经验……郭洁第一次感受到了难处，但她没有认输。

一个月、两个月过去了，一眨眼在这个城市待了近三个月，郭洁几次伸手找家里要生活费，爸爸每次都劝说她回去，但郭洁感觉自己非闯出一片天不可，不然没那么容易放弃。对着爸妈在电话中的啰唆叮嘱，郭洁要完生活费便直接挂断，几乎听不进去。虽然有老同学住得很近，但工作很忙，周六日常加班，也没时间陪着郭洁玩。在这个陌生的城市里，郭洁第一次感觉到孤单。

几天之后，又接到一个面试的机会。对于郭洁来说，三个月内已经面了十几家公司，她也没多注意，想着，反正有机会就过去看看吧。

这家公司地点在码头，离市区比较远。郭洁本着"如果面试不成的话长点经验也行"的态度，就积极参加面试。由于是外资企业，又进行了英文笔试。几个月来，郭洁已经成了面试的"老油条"，遇到不认识的单词就大胆地搜索，虽然难度不小，但她还是在规定时间内完成了卷子。接着是主管、经理和财务总监三个人同时面试，郭洁第一次遇到这种情况，压力不小。由于这家公司地处偏远，所以公司人力资源部门（HR）在安排面试的时候，都是统一在一起，节省面试者的时间，提高招聘效率。

这是一家外资制造加工企业，进口原材料，加工后在国内销售。企业规模不小，而财务部一共有 20 个人，管理起来并不简单。财务总监 Andy，直接下属是两个财务经理，其中一位是 Daisy，负责会计核算、税务和成本，其中税务主管是 Danny。Andy 在这家公司工作已六年，经验相当丰富，Daisy 也工作三年多了，而 Danny 是刚进公司不久的一个小伙子，在公司原来财务主管缺位的情况下，主动承担两个职位的工作，在上一年年末的考核当中，获得 Andy 的认可并获得职位。Danny 提升了职位之后，公司就开始物色新员工来承担原来 Danny 的税务会计工作。

Andy 经验丰富，但性格张扬，平日公司里面最爱开玩笑的是他，笑最大声的也是他，他通过有意无意的说笑来读懂下属的所思所想，甚至了解其工作的内容和质量。

郭洁参加的面试过程，Daisy 和 Danny 发问较少，基本都是 Andy 自己发问。由于郭洁有事务所的工作经验，而 Andy 以前也是在事务所担任审计经理，自然感兴趣地问起郭洁的事务所经历。郭洁说自己当时接触了几个大的审计项目，还有并购项目。但当 Andy 问到一些并购细节的时候，郭洁不太懂，只能礼貌微笑，场面有点尴尬。

第二天，当郭洁还在为自己的面试表现感到沮丧的时候，竟然接到了这家公司的电话，HR 通知郭洁在下周入职。

有时候，面试成功并不是因为很聪明、表现很好，或经验很丰富。由于 Danny 刚进公司不久，他的强项是税务的专业知识和经验，他喜欢的是没有太多其他公司经验的新人。虽然其他应聘者中并不缺具备相对丰富会计经验的人，但 Danny 担心进来的人带着较为丰富的经验可能会威胁到自己的管理,俗称"不听话"。因此当 Andy 提出郭洁有点天真、没什么经验的时候,Danny 立刻说就要她了。Andy 再次质疑说她没有什么经验、学习也不好的时候,Danny 马上说没有所谓的,自己会带着她。最后 Andy 表示那无所谓了,Danny 愿意带就可以。

在这个大城市待了三个月之后,郭洁终于找到工作了,她开心得跟猴子一样,上蹿下跳,全然忘记了工作是一个严肃的事情。她把消息告诉了爸爸妈妈,家里人也为她找到新工作而开心,只不过父母觉得这是一个新的开始,需要认真对待,不断给郭洁提建议,但郭洁似乎没多少心思预想未来工作过程中可能会遇到的困难。

正式工作后,郭洁比较听话,她很感恩自己的上司,对 Danny 的话言听计从。Danny 对工作内容进行重新规划,把比较容易处理的部分单独拿出来,有条理地告诉郭洁应该如何操作。对于税务会计的职位来说,一般需要具备多年的会计工作经验,但郭洁此次真是幸运了。公司里面其他会计人员,有做了三四年还没有机会负责税务工作。可郭洁并没有想到这些,她只管自己现在能做好领导安排的工作就可以了。而 Danny 是个钻研型的财务技术男,他倒不介意帮助自己的下属,回答她工作中的任何疑问,Danny 认为只要下属听话,愿意干活就足够了。

入职后三个月很快过去了,郭洁顺利通过了试用期的评估,她转正了。总体看来,Danny 对郭洁的工作表现满意。工作看起来四平八稳,与上司相处关系融洽,也没遇到什么太大的困难或太沉重的压力,良好的工作状态让郭洁找回了自信。她经常在公司跟别人说自己上司特别好,帮助自己解决问题,心情好了之后话还不少,甚至又开始憧憬自己的未来了：做一个工作生活都很规律的标准上班族，工资还可以，在外企工作也算体面，周六日短途旅游，参加一些活动……

同样的事情，不同的人能看到不同的结果。郭洁看到的是美好轻松的小日子，而 Andy 看到的是未来可能出现的"大灾难"！Andy 找了个机会，了解下这个小姑娘到底工作能力如何。

有一天，郭洁把当月的税务申报表如往常一样递交给 Danny 审阅，审阅签字后，递交给 Daisy 签字，然后交给 Andy。Andy 拿到报表，让郭洁进财务总监办公室。郭洁第一次单独面对财务总监，心跳加速，心率不稳，压力暴增，突然脸红到了耳根，喉咙像塞住了似的发声困难。财务总监问："这个境外支付的代扣代缴税是什么情况，你清楚吗？"郭洁吓了一跳，不过还好自己懂一些，慌忙解释了一下。财务总监不太满意，但一听还能基本说到点子上，就再问一句："所涉及的税金，做账你会吗？"郭洁一听，做账自己不太熟悉，慌了起来，慢慢地垂下了头，低着头不敢直视 Andy。三秒，五秒，一分钟过去了……郭洁尴尬得想哭。Andy 大发雷霆："怎么搞的！来公司这么久了，连做账都不会！"

这动静吓到了财务部所有人，其他会计人员并不知具体情况，只知道新来的同事在财务总监办公室被训斥，Danny 和 Daisy 连忙进入办公室，以图协助解释。Andy 大喝一声："谁都别帮她，让她自己说！"

郭洁支支吾吾地磨了十分钟，Danny 和 Daisy 趁机把话题转移到别的事情上，郭洁才有幸先离开。但这对郭洁来说是很大的打击，就如同第一次工作的时候被经理吼一样，她很难受，走在办公室的过道上，不敢抬头面对其他同事，感觉自己被所有人质疑。她径直跑到洗手间，孤单地流下了委屈的眼泪。

回来的时候，Danny 安慰了一下："没事的，你并没有做错什么。"郭洁内心的委屈得到认可，非常感激地说："就是的，我报税表没有填错……"Danny 安慰几句后，事情便暂告一段落。但郭洁的心情并没有平静，自那以后，她内心感到不安，因为搞不清楚什么时候 Andy 又会发火。

祸不单行，屋漏偏逢连夜雨。一个月后，Danny 发出一封邮件："今天是本人在公司的最后一天……" Danny 离职了，郭洁这才意识到以后自己没有靠山了，那以后工作中如果出现困难怎么办？

那天下午，Danny 像交代"后事"一样对郭洁说："以后你要自己多注意了，工作上的事情也可以请教 Daisy……"

第二天开始，公司里就再无 Danny 的身影了，郭洁开始独立负责税务工作。Daisy 可没有 Danny 那么好声好气，问她问题的时候总是"收获"到不屑的眼神和带刺的语言，郭洁不太敢接近她，而不管其他同事的工作情况如何，郭洁总感觉公司的气氛异常，每天带着不详的恐惧感，总是担心财务总监是不是会突然出现，真的是每天"提着个脑袋"过日子。郭洁开始失眠了，她心里没底，压力骤增。

又到了月底，快要结账了。每当这个时候，整个财务部节奏加快，气氛紧张，谁都不愿意在这个节骨眼出错，耽误总体的结账和报表事宜，就算是具备丰富经验的财务人员也会在这几天显得焦躁难安，加班是再正常不过的事了，目标就是保证能顺利关账、结账、出报表。

PART 1 | 会 计

对于郭洁来说,她需要确保本月发票金额与总账上所记录的金额一致,保证没有差错才可以顺利结账。可是公司规模大,月销售额近十亿之巨,发票有几百张,日常的会计处理事务,如果同事们存在半点疏忽,那么月末的发票金额核对工作困难重重。在 Danny 还没有离职的时候,碰到有差异的情况,总是 Danny 出手相助,快速解决。可这一次,独立承担此项工作,郭洁感觉压力太大了,因为她真的没有尝试过自己独立处理月末事项。

离月末关账时间还有两天,郭洁最近一周夜里都睡眠不佳,白天上班神经紧张、额头发烫,脑袋好像被什么东西填得满满当当。到了公司,一会儿有其他部门的同事来询问关于发票的问题,一会儿需要填报一些 Daisy 发来的管理报表,一会儿又要跑税务局办理相关事宜,她真的快忙坏了,几乎应付不过来,核对发票的事情根本挤不出时间来做。

下午两点钟,郭洁外出到税务局办事,回到公司已经过了下班时间,办公室里黑漆漆的,空无一人,开灯之后,夜里的灯光显得有点阴森,办公室里满是孤独。郭洁本已疲惫,见此情景脑海里闪过一个念头:"别人都回去了,我干脆也走吧"。但看着堆在办公桌上尚未处理的资料,她实在迈不出回家的步伐,心底里的责任感让她想都没想就开始工作起来。

这家制造业企业的车间工人实行三班倒工作制,夜间食堂依然灯火通明,但饭菜质量差强人意。企业远离商业区,附近没有餐饮供应。为了节省时间,郭洁盼着尽快做完事情,早点离开这个冷冰冰的办公室,她连饭也顾不上吃。

一般来说，企业的财务工作忙得让人难以应付，原因大概有这么几种：

第一，企业管理混乱，财务工作流程不顺，并且长期积累了严重的弊病，导致财务人员几乎是被动地执行工作，应付往日遗留的问题，无暇顾及正在发生或未来可能出现的问题，整体表现出财务管理水平较低和财务工作质量较差。

第二，企业业务内容复杂，但是财务管理工具没有跟上，流程和软件落后于企业的经营情况。

第三，财务部门缺乏财务人员，导致相关人员身兼多职。

第四，财务人员的经验和工作能力尚未达到岗位的基本要求，工作起来疲于奔命。

第五，上述几个问题在不同程度上重叠出现，那么财务人员工作忙和乱的现象会表现得更加突出。

从企业经营的角度看，为了节约人工成本，管理者往往对财务部工作的总体规划设计采用"凑合能用"的原则。因此，财务人员通常感觉到工作压力大、忙不过来、经常加班，可能还学不到东西。但是，并非所有企业皆如此。准点下班、工作轻松的财务人员也并不少见，这一方面取决于企业财务部的工作现状和财务人员的个人能力，另一方面也与企业的管理风格直接相关，因为有一部分企业相对重视财务工作，倾向于将财务部设计为"宽松有余"的部门风格。

聚精会神地工作，时间过得特别快，一晃已经到了夜里十点，郭洁有点累了，眼睛不自然地眯了又睁，严重影响工作质量，出现填错数字又重新修改的次数越来越多，她感觉自己撑不住，她想走了。可是核对数字还没完成，剩下一部分差异还没找到错在哪里。饭还没吃，饿着肚子，头脑有点发晕，她管不了那么多了，归心似箭，简单收拾后，一溜烟跑了。

明天是关账的最后一天，今天尚未完成的遗留问题明天还得接着处理。大公司的岗位分明，每个财务人员负责什么工作内容基本上被安排得满满当当，每个人几乎竭尽全力才能把工作完成，而自己做不完的工作，解决不了的问题，往往只能靠自己，要负责到底。不过凡事都有两面，如果能胜任工作也就意味着执行力超凡，从这个角度看，这是困难也是一种历练。郭洁的上司Danny就是因为能力强而在不久前被猎头挖走了，涨薪30%，换句话说，如果郭洁可以把工作内容承担起来，发展为熟手，那职业前景自然光明开阔，不过这是后话了。

连续几天没有休息好，白天工作繁杂，此时过于疲惫，郭洁在回程的出租车上一会儿就睡着了，这半个小时竟然是最近一段时间以来睡眠质量最佳的时刻。

"郭洁呢？"Daisy一早就在喊。

"还没来，可能睡过头了吧。"一位财务同事说。

"打手机问问是什么情况。"Daisy说道。

"打过了，没人接，估计是调了静音吧。"财务同事接着说。

"啊？你们睡觉的时候手机都调静音的吗？"Andy听到这对话，直觉反应就是有点莫名其妙，从独立办公室里走出来，他提高声量说，"我手机从来没调过静音，大半夜手机响照样接，这不是说我现在才这样做，这个习惯从我毕业就开始这样了，调静音那万一有急事怎么办，这倒不一定是工作上的事，懂我意思吧？你们有点搞笑啊！闹着玩呢？"

"没有啊！我从来没调静音！"离 Andy 最近的财务人员一脸愕然，随口就回应。

"我也没调静音！""我也没有！""我也没有！""没有！"……财务人员一个接一个，像玩接龙游戏一样，从近到远，直到回音消散。

"那刚谁说调静音的？"Andy 半带戏谑又不失严肃地说。

"郭洁！刚刚手机打不通，可能是因为调静音吧。"财务同事回答道。

"又是郭洁，现在还没来！怎么回事？Daisy！"Andy 转过头对着 Daisy 说。

"她没请假，应该晚一点会过来。"Daisy 向 Andy 解释，然后转过头严肃地对财务同事说，"她一会儿来了让她来找我。"

"这也太搞笑了吧！都要结账了，最后一天了，还迟到……"Andy 转过身，摇头叹气，嘴里自言自语，返回办公室。

大家看着 Andy 走开了，突然松了一口气。有几个年轻的财务人员都互相吐了吐舌头，相视一笑。时间很宝贵，事情还很多，几秒的轻松过后，大家又迅速地进入繁忙的工作状态中。

由于今天是关账的最后一天，Andy 一早就到公司亲自督战，而 Daisy 更是严阵以待，财务部上下不敢懈怠，每个人都神情严肃，绷紧神经。按照以往的经验，这一天谁的工作出毛病，领导绝对没有好脾气。Daisy 顺着工作流程，做各项检查，发现由郭洁负责的税务内容并没有做好，差异数字无法解释。而其他财务人员都在场，有什么问题只需分发到对应人员负责即可。由于郭洁不在，Daisy 在报表上用红笔画了一个大大的圈，写上"郭洁"二字，以防遗漏。

"叮零零，叮零零……"手机响了。

"糟了！九点半了！"设置好 7 点起床的手机闹铃足足被按停了五次，郭洁突然被闹铃吵醒，连翻身伸个懒腰都顾不上，从床上蹦了起来，心率急剧加速，心里默默地念着"惨了，惨了"，稍微整理了一下就匆匆忙忙往公司赶。到了公司已经十点多了。

到了办公室，从玻璃门外往里看，同事们如火如荼地工作。郭洁有点不好意思，不过打卡机就在门口，她刷了一下卡，发出"滴滴"的声音，这声音平时没怎么察觉，可这个时候感觉比"放鞭炮"还大声，似乎在心脏里面炸开了，郭洁把自己吓了一跳。反而同事们见怪不怪，都在埋头做自己的事情，几乎没人理她。郭洁硬着头皮，低着脑袋，轻轻地往里走，她感觉周围有几万只眼睛在盯着自己，不敢发出任何声响。她心里在祈祷着：千万别喊我。

"郭洁！"还是早上那位与 Daisy 对话的财务同事，她看见郭洁，大声地喊了她一下。

"啊——"越怕的事情越容易发生，郭洁吓了一跳，把工作牌和手机都晃倒在地上，她一边蹲下去慢慢捡起来，一边说："早啊！"

"呵呵……"有几个离得比较近的同事忍不住扑哧地笑了。郭洁已经有点失魂落魄了，不知道自己在说什么，她只顾着回应，想尽快把这点尴尬的时间应付过去，谁知越想躲避越不能轻易绕过去。

"Daisy 找你，你赶紧去她办公室一趟。"财务同事追加了一句。

"噢。"郭洁轻轻地回了一声，赶紧快步走到 Daisy 办公室。只见 Daisy 正在打电话，郭洁只能先回到自己座位，开始工作。

中午大家休息吃午饭去了，这个时候 Daisy 把郭洁叫到办公室里面。郭洁坐在 Daisy 对面，一脸委屈，不敢出声，气氛显得有点异样。

Daisy 直接说："知道为什么找你吗？"

"不好意思，Daisy，我上午迟到了，因为……"郭洁正想说自己昨天夜里太晚回去，实在太累，所以今天早上没准时到岗。谁知 Daisy 没有耐心听完，就打断她说：

"这个事情已经发生了，不重要了！现在最大的问题是，账没对清楚，有差异，你早上到现在对清楚了吗？"

"我还在对，发票太多了，我也仔细在看，不过还没完全对出来……"郭洁一听 Daisy 问住了自己的工作上的问题，心里有点慌。

"今天下班前就要结账，你这边还有下午这点时间，能完成吗？如果自己的工作内容不能把握好，那么接下来必须慎重考虑是否还能坚持下去？"Daisy 语气不急不缓，但字正腔圆地向郭洁传达这个事情的严重性。

"嗯！"郭洁感觉内心相当难受，她不敢直视 Daisy 的眼睛，低着头说，"没有人教我，我真的不知道能不能核对好，不知道怎么办！"

"你入职都快半年了，不应该再说这样的话！12 点多了，先去吃饭吧，晚了食堂都没的吃了。"Daisy 说完，对着电脑投入战斗，噼噼啪啪地敲打着键盘。

从 Daisy 办公室出来，郭洁浑浑身发麻，手脚发抖，她似乎感受到一种不祥的预兆，这是 Danny 离职后她第一次完成月结，可是眼前的问题没办法解决，她真的好怕自己维持不下去。下午怎么办？中午这顿饭味同嚼蜡，郭洁一点心情都没有。

与 Daisy 谈话之后，整个下午没有人打扰她，她专心在那边核对数字，可是到了下班时间依然没有完成，内心几乎要崩溃了，不过凭着天然的责任心她还在认真地核对着……

过了几天，人力资源部门的一个同事突然过来跟郭洁打招呼，这个时候郭洁才知道那是这位同事在公司的最后一天。那天中午她跟郭洁坐在一起吃饭，她们聊了很多，这可能是郭洁这一个月以来跟同事聊天最多的一次了，那天下午，这位同事就离开公司了。

从那之后，郭洁有点失魂落魄，她感觉自己在这个公司待不下去了，很害怕下个月结账的时候，经历过的一切又会重复发生，到时候又会面临失眠、加班，那是一种令人恐惧的精神压力。

在第二个月中旬，郭洁提出了辞职。Daisy 同意，Andy 也很快批复。这一次，郭洁并没有告诉家里人，她忍受着内心的煎熬，又一次走上了艰难找工作的道路。

2 Cherry 悬崖勒马差点翻车

Cherry 从小是个学霸型的女孩子，学习成绩优良。Cherry 的父母做小生意，由于深刻认识到自身知识短板的难处，所以寄希望于女儿能学有所成，不过关于究竟学什么专业，哪个专业的就业前途更好，他们也一知半解。在女儿的教育道路上，他们是支持支持再支持，但是如何科学发展，他们是不懂不懂真不懂。

Cherry 从小学习成绩很好，自信满满，高考填志愿也跟着同伴一起报考了会计专业，最后终于如愿地考进了一所综合性的名牌大学。大学期间 Cherry 考试成绩名列前茅，只不过有的同学寒暑假参加各种实习的时候，Cherry 却缺乏这方面的认知，她心里的想法是：在学校就关注学习，考试最重要。

毕业季到来，同学们早早地就开始找工作，在浓烈的求职气氛下，Cherry 也开始投入到找工作的大军当中。然而找工作的过程并不是那么顺利。各种针对应届生的招聘宣讲会、招聘会人头涌动，应届毕业生找工作的人确实不少，可是录用人数极少，同学们去参加面试总感觉自己充当"炮灰"，正所谓"不去白不去，去了也白去"。不过，正式被录用的情况也并不少见，这个月这几个人，下个月另外几个人，陆陆续续总有人拿到"offer"（录用通知）。Cherry 逐渐感受到压力，但是对于就业她还是个新手，常常去面试，却常常被忽视。

顺利拿到 offer 的同学对各种面试技巧津津乐道：

"讲解自己的实习经历应该注意什么"，

"自我介绍应该用几分钟"，

"跟面试官说话的时候眼睛看哪里"，

"最后一个问题究竟如何向面试官提问"，

"面试过程是否需要一直保持微笑"，

"学业成绩重要吗"，

"面试官为什么问起体育特长"

……

Cherry 在经历了两三个月的失败求职之后，变得有点内心忐忑，过往的自信变成了担忧，甚至逐渐对找工作这件事产生怀疑。但是，Cherry 很快就重新振作起来，认真在网络上搜索各种面试的经验之谈，加入各种群聊，试着跟更多的师哥师姐去询问有关面试的问题。了解过后才知道，原来同病相怜的人很多：有人找不到工作，有人找到工作不满意，也有往届的毕业生经历过短暂的工作时间就已经辞职重新找工作，有人甚至已经脱离本专业找工作。

对于 Cherry 来说，最大的弱点就是她完全没有实习经验，对财务职场当中的工作细节一无所知。做哪个职位比较合适，这种问题也会让 Cherry 瞬间脑子空白，因为她根本不知道公司里面的职位是什么概念，她只能说我学习能力强、能吃苦、有毅力，但这些笼统的表述并不能让企业信服。

　　经历了数月的面试过后，依然一无所获。可突然有一天，两个月前参加过面试的一家银行来电话告知Cherry本次是银行招聘的一次人员补充录用，而Cherry各方面表现符合要求，正式录用。Cherry非常高兴，第一次被认可让她激动得写下了一个长篇的求职日志，以表达心中难以言表的心路历程。

　　不过在一次群聊天当中，刚好有个在银行工作的师姐描述了在银行工作的现实情况。这一听，Cherry心都凉了，似乎银行的工作跟自己所设想的"运用高深的财务知识，分析企业财务经营，战略设计，指导运营"压根儿沾不上边。Cherry有点失望，她把这个offer当成后备机会，工作恐怕还得继续找。

　　又经历了两个月累死累活的东奔西跑，Cherry用尽了所有精力赶招聘会、赶面试，终于，幸运终于又一次降临了。面试了那么多企业，终有人表达了对Cherry的认可。这是一家全球500强企业在中国的制造工厂。一开始听说是工厂，很多同学连去都不想去，嫌弃工厂的工作环境差。虽然工资可以，但远离城市，信息闭塞，生活不精彩，不够小资，让很多人提不起兴趣。Cherry倒不介意，本着"面试多了，机会就有"的心态，她参加了这家公司一共三轮的面试。上司是一个在制造业的财务领域有着丰富经验的经理，愿意亲自带一张刚出校门的"白纸"。人生的机缘巧合，往往就是来得如此不经意。工厂"做五休一"，提供免费食宿，可以完全住在工厂的集体宿舍。这对于一个刚毕业的学生来说，未尝不是好事。当然也有很多学生会认为地点太偏，甚至说出去没面子，那就是"仁者见仁智者见智"的事情了。Cherry 作为财务部的管理培训生顺利入职。

此前一年，这家公司刚开始实施 ERP（企业资源计划）上线任务。以前销售部、采购部、仓库等这些部门的数据在传递给财务部的时候，更多的是用手工表或独立的表格，效率低、出错多，不利于财务核算和财务分析。因此，公司总部决定在各家工厂都实施 ERP 管理，而这家工厂是属于中国的 22 家工厂之一。

ERP 运转了半年的时间，管理效果有所提升，只不过这种伤筋动骨的流程改造给公司带来了一些"过渡期综合征"。财务与各业务部门之间的数据，上线初期就基本完成，但某些流程的细节问题仍在以按月开会的节奏逐步推进。公司的财务管理人员也发生了些许变化，原来的财务总监调走了，新来了一位财务总监。原来承担 ERP 上线任务的财务经理，也因为能力飙升而另谋出路。工厂的财务部人员一共有 15 人，流水的经理总监、铁打的财务人员，经理和总监都换人了，可财务部的小兵们依然稳如泰山。新来的财务总监重新招聘了一位财务经理 Tom，Tom 负责公司的成本、固定资产和预算。Tom 管理的成本预算是工厂的重中之重，下属一共有 5 个人。另外还有一位财务经理负责资金、税务、报表、财务分析，她在公司已经工作 8 年，带领下属 7 人。

先不论"一朝经理一朝下属"，Tom 认为现有的成本管理人员，思维比较固化，动力也稍显不足。虽然 Tom 在成本管理上有自己的理论和套路，但他不太愿意"白白转教"给现在的下属，因此提出要招聘一位财务部的管理培训生，财务总监表示支持。Tom 需要一个新的血液，

"白纸"也有价值，因为它很白；有些人生经历是擦不去的，有些工作习惯是无法改的，有些固有思想更是无法纠偏，因此没有那么多的人生经历，没有那么多的工作习惯，没有那么多的固有思想，反而体现了另一种价值。正是在这种情况下，Cherry被录用了。

当Cherry获知被录取的时候，还是跟第一次获得银行录用通知一样，并不了解为何就被录用了，她对自己在这家工厂的面试过程感觉平淡无奇，当然她肯定也无法得知这个职位设置过程在工厂内部的故事。总之，快要离开学校了，Cherry面对两个工作，必须谨慎地选择，大半年的时间终于拿到两个offer，也算是尘埃落定。可究竟是去银行，还是选择一家知名外企工厂，她也不懂。

人生总会面临很多的困难和迷惘，答案或许是客观存在的，就放在那里，但当事人总是无法轻易得知，这是人世间的基本常态。抱怨是得不到答案的，只能积极了解多一些信息，才能有助于做出恰当的选择；即便如此，人生往往在深度思考之后，仍然只是从一个深渊落入另外一个深渊。

在奋力搜寻过后，Cherry又获得了某一个师哥的启发：虽然制造业的工作环境艰苦，但很多财务理论都是发源于制造业企业。Cherry回想教科书的案例，动不动就是500强企业的案例，自动化生产线，财务信息化，貌似与制造业更靠近。至于银行，Cherry认为要坐柜台是她无法接受的一件事情。人们总在"编造理由"说服自己，然后才能放开手脚把日子继续过下去；找不到理由，就犹豫彷徨，而一旦找到理由，便心安理得，但是这个理由是否客观合理，人们往往并不在意。Cherry也终于找到了自认为靠谱的理由，于是果断选择了这家制造工厂财务管理培训生的工作。

根据HR对管理培训生的培训计划，首先管理培训生在各部门轮岗，轮岗完了之后再根据财务部为管理培训生设定好的路径，安排到财务部某个岗位工作。Cherry初来乍到，一切都那么新奇。一同来报到的，还有其他部门的管理培训生，有同校的也有不同校的，一起接受轮岗项目。本次一共有六个管理培训生，除了Cherry是指定财务部之外，其他人的去向部门暂未指定，轮岗完之后再做决定。

由于Cherry已指定在财务部工作，因此轮岗流程与其他五人不太一样。其他五人轮岗计划一致，主要涉及生产部、采购部、销售部、研发部等，而Cherry在生产和研发的时间会少几周，财务部则会单独安排出几周的时间专门给Cherry做培训。从计划上看，这个轮岗绝对是意义非凡，只不过当真正执行下去的时候，效果如何就各由天命了。

进入公司第一天，Cherry就被财务总监安排谈话，不过财务总监并非和颜悦色，面无表情不说，说话轻飘飘的，要集中最大的精力才能基本听清楚。财务总监讲话节奏非常慢，Cherry与财务总监谈话半个小时，好像经历了半年的时间，感觉说什么都引不起对方的注意，更别说引起重视了。在财务总监面前，Cherry感觉自己就是个"囊中之物"，分分钟会被"探囊取物"。

见完财务总监，HR介绍本部门的人员认识了一圈：这位是负责应收账款的，那位是应付账款的，这位是税务，那位是成本……讲的这些名词确实都知道，但是一天下来，没有记住几个，就记住了招聘她进来的 Tom。Tom 跟 Cherry 打招呼之后，笑眯眯地只说了一句"按照培训计划先轮岗吧"，然后就没理她了。一个领导是什么风格，整个部门都是这种风格，财务总监说话又慢有轻差点听不见声音，整个财务部便显得很安静，Cherry 内心感觉有点后背发凉。

轮岗照着计划来，可是计划没变化快。第二天，销售部的经理就跟 Tom 打招呼，说："现在急得要死，我们部门有人辞职了，听说财务部来了个管理培训生，里面不是有 4 周的销售部培训内容吗？"

Tom 慢悠悠地说："我不知道噢，都按照 HR 的计划来。"

销售经理："对的，我手头有 HR 的计划，可是他们把时间安排在下个月到销售部轮岗，那个时候那个辞职的同事就走了，趁着人还在，赶紧先跟你们借个人，反正培训计划颠倒顺序也没有关系嘛。"

Tom 又慢悠悠地说："你跟 HR 讲嘛，我没意见。"

就这样 Cherry 被"借"走了。到了销售部，每天一早开晨会，宣誓业绩，打鸡血，汇报当天的工作计划，还有遇到什么问题。晨会结束后，打电话接单，接客户投诉，解答产品问题，一切风风火火，工作节奏很快。Cherry 刚到，销售经理给她提出要求，赶紧学习 ERP，立马就需要学会下单，开始进入工作状态。

Cherry 差点没吓出"翔"来。销售部跟财务部完全是两个世界，这边的世界吵吵闹闹，像个菜市场，每个人走路都带跑，像打了鸡血一样。Cherry 突然被安排到一个小会议室里面，销售主管把一叠资料摆在桌子上给 Cherry，大致介绍了公司的产品情况，半个小时快节奏的讲解，然后扔一下一句话："先把资料看看，熟悉产品，明天早上 10 点，给你做

1个小时的培训，时间紧急，立刻行动。"还没等 Cherry 缓过神来，销售主管已经甩门而出，Cherry 心中很有礼貌地补充说：好。销售主管早就回到工作岗位上，操起电话说个不停。

小会议的墙面是一个大的落地玻璃窗，从会议室里面往外看，销售部的一帮同事个个斗志昂扬，边接电话边操作键盘，有人说急了站起来讲，有人低声下气劝说，有人脖子上夹着一个固定电话，另一只耳朵边上还接听着手机……这一切对于初入职场的 Cherry 来说，还有点不太适应。

第二天上午培训，下午立马开始上机，用真实账号，接电话开始正式接订单。如此快速，Cherry 心里想着我连产品型号都没搞清楚，怎么接呀，不过销售主管催得急，也只能硬着头皮上。看着陌生的 ERP 软件，听着很多第一次接触的术语，那个快要离职的同事告诉她：别慌，慢慢就习惯了，我初入职的时候，订单录不完，夜里睡觉还梦见接订单，三四个月后就好了，熟悉过来了。Cherry 一听，又是心里一震：我是学财务的，怎么轮岗培训要到销售部，还立刻就要学习下订单？一脸的茫然，一肚子的委屈！心里不解是肯定的，也没有人会给你详细解释，总之让你做你就做吧。初期肯定常常出错，受尽冷言，挨着全公司最大的训话，头都不敢摆正，腰也不敢挺直，说话缺乏底气，走路双腿都不够劲。

Cherry 在销售部开始工作，其他一同进入公司的小伙伴中已经有人还没挨过轮岗期就想离职了，而在这期间，去年来的一个管理培训生在干了一年之后也离职了。各种各样的信息就这么蜂拥而来：什么在这里工作工资太低了，你看谁做了5年才升到主管，工资也不高啊，这家公司的轮岗根本就没有用，就是浪费时间，说白了让你当一个其他部门的免费苦力，还有整天轮岗干的就是打杂的活，这工厂虽然有免费食宿但是就跟监狱一样，这地方太偏僻进来困难出去更困难，这财务部里面的斗争可是非常严重，听说这边基本要等3年以后才有可能升职……Cherry真心感觉信息量太大了，实在有点接不住。

Cherry来的第一个月，被销售部"借"走了，做了销售的各种杂七杂八的事情，不过也体会了一个销售部的工作内容和流程。天天晨会，天天接单，天天出现问题，一个月下来，没少加班，天天玩心跳，终于完成了所谓的"销售部的培训"。接下来就是跟销售部非常相关的采购部，然后是物流部、生产部、仓库和工程部。总而言之半年下来，Cherry从自己的角度看，真累啊，受尽了"人间的苦楚"，每到一个部门，就被冷眼相看，所谓的培训其实是没影的事情，除了销售部，要让她干活，才有那1个小时的销售主管培训，其他部门基本跟放羊差不多，到了一个部门，找一个空位子坐下，什么都不清楚，别的同事都在做自己的事情，或者在聊天开玩笑，自己融不进去，不好打扰别人也不好问，有时候呆呆地坐上一天也没人理会。对于不太懂职场的Cherry来说，觉得相当委屈，因为财务的工作内容半点没学到。轮岗半年后，Cherry内心竟然产生了质疑：财务部到底是否需要我？她慢慢动摇了。想象中的财务工作，似乎不是这样的吧？

在其他部门完成轮岗之后，就回到了财务部报到，Tom安排Cherry跟着一个成本会计Lulu学习成本。但是，对于刚毕业没有多少工作经验的 Cherry 来说，跟着 Lulu 学习简直就是噩梦，问什么，都被 Lulu 说"你怎么没有悟性啊，怎么老讲不通啊，不要跟我背书好不好……"。Cherry 越来越觉得这工作怎么是这样的啊，Lulu 根本不喜欢自己，而且每天就叫她在系统里面导出数据，也不知道这些数据是干嘛的，问也不讲，自己对财务部其他工作其实也根本不了解，别说成本的这些数据是怎么来的，就连公司报销的流程，Cherry 都搞不清楚。Tom 工作很忙，委托给 Lulu 带之后，就没再怎么理 Cherry 了。

Cherry 快发疯了，感觉自己融不进去这个财务部，好像总在被他们排斥，而每天干的都是杂活，没有一个人跟她讲财务部的各项工作是怎么关联起来的，ERP 系统里面的数字都是什么意思，就是偶尔这个人看她在发呆就喊过来帮忙录一些数据，那个人喊过来帮忙做点 Excel 表格，月末整理凭证这种无聊的工作，自从 Cherry 来了之后都是她的活儿。而眼下这个阶段正好遇到了年底审计，审计人员进场后，与财务经理、财务总监高谈阔论，透过办公室的玻璃墙，Cherry 认为自己应该是像财务总监那样的工作状态才对呀，可是她又被人叫去帮忙找凭证、复印、扫描、归档去了。当把东西准备齐了，搬进审计的会议室之后，她又被"命令"离开，没办法参与交谈，Cherry 感觉自己总在无聊地重复地干一些太鸡毛蒜皮的事情。

从 Tom 的角度出发，他是想着先帮 Cherry 占个成本的"坑"，Cherry 第一年多干点杂活儿，多做一些基础工作，多认识整个公司的基础情况，对后期理解成本很有帮助。而 Cherry 设想的是自己要实践书本中的复杂财务模型，跟审计师、其他部门的管理者去开会、商讨各种公司的运营问题，可是进来半年几乎每天都在"流浪"，到了财务部也感觉"不受待见"。

　　Cherry有点无法理解，渐渐地她陷入了迷惘和抱怨之中。工作不顺，吃饭不香，Cherry的父母慢慢察觉到Cherry的状态不是很好。可是Cherry向父母说出了公司的一些情况，父母不太理解，只是从做人的大方向上劝说道："刚开始工作，不要太着急，可能工作久了，大家自然就熟悉起来，工作内容也要慢慢熟悉，才工作半年不至于那么快就让你承担重要的工作呀，再忍耐一阵子吧。"Cherry认为这种陈词滥调已经过时了，根本不适合她的财务工作。

　　"我们那个年代没什么像样的工作，就是给人打下手、做学徒，什么事情都要做，连师傅的衣服也要帮忙洗呢，受人冷言冷语也只不过是一个开始。"父亲向Cherry说起自己的过往。

　　"哎，你们那都没文化，我们在学校学习各种财务知识，经过各种考试，学完了理论再开始工作的，不是什么都不知道，跟您那个时候的学徒工，不是一个层面的事情。"Cherry带着情绪回应父亲。

　　"我是不太懂财务，但是做什么事情不都一样吗？哪有你一毕业，让你当老大，带着其他人干活，他们能服你吗？"父亲虽然不懂财务，但是从最朴素的做人道理开始讲。

　　"哎，爸爸，您根本就不懂财务，我们学的都是很深奥、很高级、很复杂的知识，这到了企业本来就是要用在高层管理上，现在我感觉就是被欺负了，他们有意压制我发挥自己的才能，天天安排我做杂活，根本不匹配我的能力。哎，您就别管了，我自己都很烦了。"Cherry这个岁数完全听不进去父亲那些朴素的为人之道。

父母与 Cherry 谈不下去，代与代之间的社会体验、人生感悟相去甚远，无法顺畅交流。

面对工作犹豫、彷徨，Cherry 每天在公司就如同行尸走肉，精神萎靡不振，对自己的发展前景一无所知，不知道这到底是一场骗局，还是真正的财务人员发展就应当如此。心中的疑问无法解开，Cherry 无心应付工作。渐渐地工作质量出现问题，同事们也对这位新来的管理培训生的能力表示怀疑，纷纷议论起来。语言是一把双刃剑，用在好的方面形成良性沟通和互动，用在坏的地方变成尖利的刀锋，直刺人心。工作场合表面上和和气气的同事们，午饭时间，或者下班后的娱乐休闲总会说上几句：

"新来的财务管理培训生好像什么都不懂！"

"做事情太慢了，而且毛毛躁躁，上次我还发现她凭证装错了，后来才让她重新拆了再装！怎么连这都做不好！"

"公司招聘管理培训生，安排那么多轮岗，我想去其他部门学习连机会都没有，她好像也不珍惜。"

"我感觉她有点傲，事情做得太少！就该让她多做一些小事情，再磨一阵子就好了。"

"我猜她很快就会辞职，你信不信？"

……

上司态度冷淡，同事冷言冷语，工作内容杂乱，职业前景迷茫，Cherry 似乎明白了为什么有人刚工作一年就要辞职，或许就是遇到了这种情况吧。她"重操旧业",又开始写简历、找工作了,心里想着"这是不小心走进了贼窝,没一个好人,重新找个工作,离开这个鬼地方"。

简历投递出去之后第二周,就开始有回应了,Cherry心中窃喜,感觉自己换一个工作应该不难。一天下午,一个陌生电话打过来:

"您好,是Cherry吗?"

"嗯,您是哪位?"

"我是一家猎头公司的职业顾问,您现在说法方便吗?"

Cherry一听是猎头,她生怕别人知道自己在找工作,就跑到一个小会议室里面去接听。

"您现在是在职还是离职状态呢?"

"我还在职,不过很快想辞职了。"

"才工作半年多,怎么那么快就想辞职呢?"

"我在这边没什么发展空间。"

"没什么发展空间?但是这个工作年限太短,估计对您找工作是一个障碍!"

"可是工作内容不好,也要继续耗时间吗?这有点不好理解,您这边有新的工作推荐吗?"

"我们在帮一家公司招聘成本会计,由于您现在所在的公司在业界挺有名气,因此有很大的机会,不过您工作年限很短,恐怕……不过我还是可以给您推荐过去,看看对方公司的反应。"

"嗯,好的,谢谢。"

猎头的这通电话打得很及时,Cherry似乎觉得自己很快可以到新的公司上班了。可是 Cherry 预料之外的是匆匆忙忙走进会议室，门忘记关了，挂了手机之后，突然看见上司 Tom 和几个其他部门的同事在会议室门口说话。Cherry 心里吓得不轻，感觉自己打电话的内容都被 Tom 知道了，她低着头，把长发拨到前额试图盖住自己整张脸，以便不让 Tom 认出自己来，接着偷偷地顺着墙根溜走了，一句招呼也不敢打，心里默念着：吓死我了，这什么情况啊！

"Cherry！" Cherry 听见一个熟悉的声音喊了她一声，两只脚停了下来。正当她想把头发拨开看看到底是谁，又听见这个熟悉的声音，噢，那是 Tom。"你去喊 Lulu，过来会议室开会。快点，这边等她呢。"

"噢——" Cherry 心想：今天是不是撞到鬼了，实在太尴尬，猎头电话被听见，还被当场拆穿成这样，还让不让人活了。她应了一声之后赶紧溜走，生怕与 Tom 正脸相对。

回到办公室后，Cherry 的内心一直忐忑不安，想换工作的事情都被 Tom 知道了，等会儿他开会回来该如何面对他？Cherry 内心翻江倒海，久久不能平静下来。

快下班的时候，Tom 开完会回来了，他路过 Cherry 的办公位置，Cherry 感觉到他回来了，但是没敢抬头看。Tom 似乎什么都不知道，直接回到座位上去了，接着打电话与他人沟通工作上的事情。虽然 Tom 什么都没有说，但是 Cherry 心里一点都不好受，她心想选日不如撞日，就今天把辞职的事情说清楚吧，省得每天内心饱受煎熬。

下班之后，其他同事都陆陆续续离开了，Tom 还在忙工作上的事情。

Cherry 没有走，她鼓起勇气，走到 Tom 身边，Tom 还在敲打着键盘，没有停下来，仿佛不知道 Cherry 走了过来。

"Tom，我这边有个事情。"Cherry 扭扭捏捏地说。

"……"Tom 全神贯注地工作，没有任何回应。这下 Cherry 更尴尬了，不知道自己站在那儿干嘛，也不知道要不要继续说下去，还是离开算了，心里七上八下早就乱了方寸。

过了几分钟，Tom 突然问了一句："怎么？有什么事情？"

Cherry 本来就魂不守舍，Tom 突然说了这么一句，她有点惊慌失措，"啊，我……感觉，我想辞职……算了……"

"到底是想辞职？还是想想算了？"Tom 重复地问了一句。

"我不想待在这里了。"Cherry 说。

"理由呢？"Tom 说。

"感觉学不到东西！"Cherry 直接说出口。

"猎头没跟你说吗？才半年时间，什么都没学会，找工作能找到更好的吗？"Tom 反问。

"啊？我就知道你都听到了！哎……"Cherry 嘴巴嘟起来有点不好意思，不过既然被拆穿了，心里反而释然。

"Cherry，你太学生气了！要知道，从经验的角度看，人是分层的，你的一举一动、一言一行、一丝一毫的想法，比你经验丰富的人全都能看明白，换句话说你就是个透明人，你感觉犹豫不决，想很多不切实际的事情，你以为这些是自己的秘密，开玩笑！这些别人早就全看明白了，只是别人想不想帮你指出来而已。其实，有工作任务就好好做，做多了自然就懂，不需要整天空想这个那个，没有人天然是你的敌人，如果有那也是你的无知导致你的内心出现的假想敌！"Tom 严肃起来，接着说："我其实不需要跟你说这些话，完全没必要，你以为别人不懂我讲的这些道理吗？都明白，只是都不说，懒得说，因为没意义！职场上最没有必要的就是去劝别人，因为劝很大程度上意味着帮，凭什么让别人帮你？你很困惑，很迷惘，那是你自己的事情啊，与任何人都没有关系，我可以不帮你的，你走好了！到其他地方去感受竞争的残酷性，当然可以，与我何干？你以为我再招聘一个没经验的人会很难吗？你以为你的竞争优势真的很大吗？我不晓得整天不认真工作的勇气从何而来？你一走，不知道得多少人抢着进来，想想吧，问题到底出在哪里！我只讲最后一句，职场上没有任何人必须帮助任何其他人！"Tom 边说边收拾东西，说完最后一句，直接拎起电脑包，昂着头，挺直腰，大步流星往外走，瞬间消失得无影无踪。

　　Cherry 缩着头，耸着肩，蜷曲的身子在颤抖。她偷偷瞄着 Tom 远去的背景，内心有所触动，这一刻，Cherry 似乎明白了什么。

3 徐敏考试通过却有新烦恼

徐敏出生在一个三线城市，自小学到大学都在当地读书，学习成绩中等水平，虽不是学霸，但也并非学渣。从小在这个城市长大，非常习惯这里的生活，也没有强烈的意愿非得去闯荡世界，成就一番大事业。父母开店面做小生意，长年累月，苦心经营，养家糊口。父母的文化程度不高，只知道会计有点用，所以希望自己的女儿能学点会计，至少能帮家里算算账也不错。

从徐敏的角度看，家庭并没有给她施加什么压力，从小到大，轻松学习，正常娱乐，生活上不是大富大贵，但也算是衣食无忧。徐敏习惯了无压力的生活，学习上也比较随意。总之，该读的书读了，该考的试考了，该毕业也毕业了，然后就是顺理成章地找工作。在三线城市工作机会不多，以中小企业为主，这里的工资水平自然不能跟一线城市相比较，要说像一线城市一样，一个财务经理动不动就拿几十万年薪，那不得了，在三线城市可算得上是个小土豪了。

在小城市长大的徐敏，从来没想过要拿多高的工资，一毕业拿3000出头的月薪，足够了。既不会由于工资攀比而心生妒忌，也不会因胸怀天下而感觉工作过于平淡。简简单单干活，轻轻松松生活，应付柴米油盐足矣，知足常乐。小城市的风徐徐缓缓，吹在脸上清清爽爽，工作向来不紧不慢，小日子过得也心欢。

大专毕业后，徐敏就在当地一家电子商务公司工作，公司一共才30多个人，她是会计兼行政，上司是财务经理。财务室才两个人，没人聊天还会犯困呢，人不多嘴不杂，没太多的竞争关系，工作起来自然而轻松。就这么一种状态，徐敏跟着老师傅慢慢学着做，老师傅即使心里不情愿也得教，否则全得自己干，不烦不累么？唯一要注意的就是，徐敏要学会尊重经理，谦虚点，勤快点，嘴巴甜一点，在这样的小公司里面，这非常受用。

徐敏也没别的想法，经理安排做什么就去做，吩咐跑跑腿就跑呗，业务也不是非常多，累也不会累到哪儿去。她也从来没有什么成就感，当然也不会有危机感。公司人员关系简单，容易相处，都是抬头不见低头见，大家业务都不多，基本没加过班。

没有竞争，没有太多的欲望，就容易过得稳当。徐敏毕业就进入了这种状态，她偶尔也会考虑个人发展问题，往后发展当然想着自己也可以当个经理，让年轻人跑腿做事。因此，徐敏能想到的对她未来发展可能有帮助的就是考证了。她报考了初级会计，打算一年考不过就考两年，能过就过，不能过就下一次再说。

到了考试的前一个月，别人都在紧张地刷题，可她却在追连续剧。心想也无所谓了，今年就算了吧，明年再考一次呗。就这个状态，报考之后能过就过，不能过就当练练手，在她看来做题也就是熬时间。如果玩游戏、看连续剧、交男朋友、外出旅游等事情比较重要，那就把考试的事情往后挪吧。徐敏心想，反正是报考了，有考证的心，只不过考不过而已，考不过也没什么，她很容易就能原谅自己。

徐敏经常跟以前的同学聊："你这次考过了吗？"

同学回应："没有呢，烦死了，听课没听完，题目也不太会做，懒得考了，这次基本属于裸考。"

徐敏说："我也没过，哎，考试前两天我还去看电影了。"

同学："噢，看电影，和谁呀，不会是换人了吧？"

徐敏："没有呢，还是他，我本来不想去的，他自己喜欢看电影，非得要去。"

同学："有男朋友陪不错嘛。"

……

男朋友的话题比考试可重要多了，她们聊着聊着就跑偏了。

当然也不是每一年都如此，在考第二次报考的时候，徐敏还算不错，把初级会计考过了，她开心了一番。考过了初级会计之后，徐敏的工作依然继续，她也从来没有考虑过换工作，在这家公司3年多，工资每年涨一点点，现在月薪也近4000元了。

徐敏跟父母住一起，消费自然少，除去自己单独的吃喝玩乐（跟男朋友一起的时候也不用自己花费什么），这几年下来，徐敏算是积累了一点小钱。徐敏就开始想，做点什么有意义的事情呢？思来想去，想到了一个主意，先考个驾照吧，到时候让爸爸给买辆车，大不了油费自己掏钱。接着，徐敏就报名驾考培训班，周六日开始忙活起来。乐悠悠的她，学了三四个月后，开始考试，结果第一次考试倒车入库就挂科了，那就重考呗。终于磨磨蹭蹭，来来去去半年左右就把证拿到了。

四年过去了，这家公司已经由当初的30多个人变成了60多个人，业务干得还不错。但是就靠经理和徐敏两人干会计工作，事情有点多，人手不足。徐敏就跟经理报告要招人，不然忙死了。都是四年老同事，经理当然也好说话，两人商量着用什么理由合适，对对口风，合作想点招之后，就由经理跟老板汇报，要再招一个人。

生意好，业务拓展了，那招人好说呀，老板爽快同意。很快公司就来了个小姑娘，徐敏不知不觉地就当了小领导，终于可以像经理一样使唤新人了，自己顿时也感觉轻松了些。新来的小姑娘，跟自己当初一个模样，经理对徐敏还不错，徐敏对新手也照顾到位。会计的"两把刷子"，一代传一代，代代相传。

不知不觉，到第五年了，徐敏月薪已经突破4000元。这一年，徐敏结婚了，一直从大学谈到现在的男朋友，终于转变头衔了。忙完了结婚的事情，就在这一年，徐敏怀孕了，挺着大肚子上班，老公忙着接送上下班。

工作第六年，徐敏生了女儿，从此进入了人生的新阶段，这回可够忙的。三个月的产假完了之后，开始进入工作状态。不知不觉地，徐敏的女儿就快要学会走路了。

可就在工作的第七年，一直都很顺利的徐敏遭遇了人生的第一次职业危机。徐敏所在的公司，业务锐减，这家民营企业做了十年之后竟然裁员了，公司业务员、客服人员裁掉了一小半，老板也把徐敏的下属劝退了。虽然自己没有被裁，但裁员的事情对徐敏触动挺大。

徐敏突然想起自己还得再考个中级会计，有个证书心里踏实点，当然有机会还得找大企业，毕竟现在成家了，家里上有老下有小，开支不少。家里人劝她小孩还小，多花点时间在家里，考试的事情慢慢来。徐敏虽然有打算考试，但是她对考试的态度还是一如既往："当然慢慢来了，报考没说一定要考过嘛。啥时候考过，那得看运气呀！"

就这样，徐敏开始了中级会计考试的复习。上班的时候，小孩有老人帮忙带，徐敏下班还要带小孩，几乎没有时间看书复习。但是徐敏还是当初的徐敏，带小孩，那就不看书了呗，不复习了呗，无所谓啊。考中级的第一年，她没有考过。第二年，她还是没有考过。

自此以后，她的会计工作一如既往，中级会计也是年年报年年考，按她自己的话说，就是什么时候能过就过，不能过就接着考。

有了家庭之后，徐敏的很多时间都花在小孩身上了。对于她来说，家庭更重要，考证的事情或许成了遥远的期望。然而上次公司裁员的事情还是给她留下了很深的印象，她害怕自己真的哪天没工作了，要找工作的时候，缺乏证书，没有竞争力。只不过生活中的琐事繁多，徐敏往往都是考前突击式复习，但若遇到一点什么别的事情，就又把考试复习的节奏打乱了。

徐敏生活的压力不大，家庭开支还是以丈夫的收入为主。因此，考试不考试并非燃眉之急，关系不大。徐敏从小到大也不是一个有急迫动力的人，凡事自然而然，顺势而为。把家庭、生活和工作协调好，就成了徐敏的人生主题。

PART 1 | 会 计

小孩上了幼儿园之后，徐敏感觉轻松了一些，有空余的时间就学习，虽然考了很多年都没有考过，但是把考试当练习，久了也成了考试老手，在接下来的两年里，徐敏竟然把中级会计考过了，她好开心，着急地跟老同学分享自己的快乐。

有了证书之后，徐敏的自信一下子提升了不少，她感觉自己也可以像经理一样独当一面了，毕竟在这个小城市里，有个中级会计证书说出去也挺有面子的。徐敏似有似无地关注着是否有其他的工作机会，心里偶尔幻想着搞不好有个什么机会就可以当上经理，可能是自己的经理离职了（虽然概率不大），也有可能是有别的公司需要经理，虽然这些想法有点零散，也不是什么成熟的规划，但是时常在徐敏的脑子里冒出来。

无独有偶，事情赶巧。徐敏在老同学聚会上获知了有个同学在省会的一家大企业当财务经理，下属管理很多财务人员，而一个主管的岗位工资就是徐敏现有工资的两倍多，并且公司一直在扩张，还需要招聘财务主管，这有点触动了徐敏的神经，徐敏从心里有点羡慕。

徐敏回家后跟丈夫商量："有个老同学在大企业工作，他们那边的主管工资可高了，我现在有中级证了，你看我要不要去试试？"

丈夫："在哪儿呢？"

徐敏："省会啊！"

丈夫："那么远，太远了。你住宿怎么办，小孩怎么办？你父母年纪也大了，他们以后怎么办？你一个人去肯定不行，照顾不来的。"

徐敏："那咱们都过去那边生活，小孩也快上小学了，以后在那边

041

上学，前途更好。你说呢？"

丈夫："噢，想想就行，别做梦了！你说工资可能高一些，这我理解，但是房价是咱这边的五倍，晓得么？你那同学是老家就在那边，生活各方面都有基础，你一外来人想在那边立足就难了，房价高买不起，消费开支大，工资高但基本都花在房租和生活成本上了，说白了一个月到头来也剩不了几个钱。还有，大企业工作压力肯定也大，有的大公司讲究狼性文化，员工压力大到猝死，你没看新闻吗？不合适的，洗洗睡吧。"

徐敏："噢，那倒也是！还有这么多问题！"

徐敏想着高工资脑子一热觉得很不错，考虑事情比较简单，以为就自己跑去工作赚高工资，但是丈夫把家庭生活上的事情一大箩筐摆出来，徐敏也感觉这想法不切实际。那就算了，时间不早，睡吧……

4　Henry 自信爆棚自寻生路

在一线城市工作和生活，是一件压力特别大的事情，这里几乎没有懒人，因为你周围的人都在拼搏，如果一懒就会表现得很明显。有太多的发展机会，视觉和听觉冲击让你分分钟都能感受到差距，并形成动力。对于年轻人来说，一线城市是奋斗拼搏的乐土，当然也是身体和精神磨损最快的地方，这里需要你每秒钟都绷紧神经，情商智商一起开足马力，方能获得安身的立足之地。

Henry 从小就在一线城市长大，父亲做小生意，母亲是个普通的公司职员。并非每个大城市里面的家庭都非富即贵，更多的是普普通通的老百姓。Henry 小的时候，他家所在地属于郊区，但是随着 Henry 的成长，城市也一直在扩张，他家附近慢慢成了市区，附近的农田全变成了钢筋水泥，天上的鸟不再经常看到，地下还开挖了地铁。等到 Henry 长大之后，地铁线路早已经覆盖超过了他家，他家也顺便成了这个城市里的又一个中心。

Henry 上的是专科院校，但专科毕业在这个大城市很难具备竞争力，父母便安排 Henry 出去留学，至少见见世面，即使学不到什么专业技能，锻炼外语能力也不差。Henry 很乖，从小听爸妈的话，那就留学吧。

学的是会计，那当然就是从会计工作开始做起。对于一般的"海龟"来说，或许会把自己看得很高，基本工作干不下去，工资要求也高，坚守自己的"出海价码"。但Henry却不是这样。性格或许是从小就形成了，回国之后的Henry依然是个乖乖仔，家庭生活里面如此，进入工作场合也未改变。

这个大城市从不缺乏工作机会，到处都是大型公司，每天都在招聘。Henry是个典型的海龟"小白"，但英语还过得去，与外国人沟通基本没有问题，这一点成了他出任会计的额外优势。Henry要求并不高，比较轻松地就找到了一个外资企业在中国设立的公司，虽说是外资企业，但在中国公司的财务人员全是中国人，日常当中用到英语的机会也比较少。但Henry觉得无所谓，有工作就可以了。

这家公司是贸易型的外企，财务部有六个人，一个财务经理带领五个财务人员，Henry被分配做报销审核和费用记账工作。因为刚刚进入财务职场，没有任何经验的他也不太计较，虽然工资不高，但是Henry从不抱怨。

初来乍到，公司的报销流程、发票、财务软件等这些事情Henry都不太懂，不过他性情温和，分配什么任务不管多少照单全收。一开始经常犯错，也没少挨骂，但Henry本着"打不还手，骂不还口"的原则在这家公司"生存"得不错。虽然有时候受点欺负，但脾气温顺招人喜欢，公司的女孩子也爱跟他玩，大妈、阿姨也喜欢拿他开心，总之Henry人缘不错。经常可见戴着一副复古造型眼镜的Henry，眯着双眼向拿他取乐的人挤出一个僵硬的微笑——"呵呵"，然后立刻恢复正常状态。

这社会，职场中脾气好绝对是难能可贵的，人的性格没有绝对的好和绝对的坏，Henry 的好脾气，为他带来了越来越多的工作内容。有个女孩子休假，就让他帮忙开发票，Henry 爽快地答应了；另外一个女孩子想准时下班去约会，就让 Henry 帮忙把应收账款做一下，Henry 也接了。工作一年之后，公司里面其他人基本都能准时下班，Henry 却经常在公司忙到晚上八九点才走。

当然，Henry 运气不会总是那么差。经理是个负责任的人，每天都要在下班后总体检查各方面的工作，然后才离开公司。他发现，几乎每次他走的时候，Henry 都还在办公室入单子、做凭证、做报表。有时候经理也会调侃他两句，但 Henry 不太会说话，总是"呵呵"应付了事。时间久了，经理跟他开玩笑，他还学会了一本正经地回答。

经理问："Henry，看你都二十好几了，怎么也不找女朋友啊。"

Henry 从座位上一下就立正起来，一本正经说："经理，我的报表还有五分钟就做好了，然后发给你。"

经理笑眯眯地拍着 Henry 肩膀说："干什么呀，没让你立正啊，聊聊天，放轻松，问你为什么不交女朋友呢。"

Henry 看到经理离自己那么近，自己业务还没做好，有些局促，脸部僵硬地说："呵呵。"

经理看跟他聊不起来，就走了。

Henry 一直都在很认真地在做事情，但他并不是傻傻地做。工作两年之后，Henry 把公司里面的应收应付岗位业务都搞清楚了。这家伙看上去傻乎乎的，其实精得很，默默帮助别人干活，悄悄地把工作都学会了。至少他知道应收账款、应付账款是怎么回事了，要交什么报表，开会的时候经理会问什么，甚至连应收应付的会计平时打电话聊些什么，他都听到耳朵里了。Henry 只不过是将别人聊天、约会、喝咖啡、开玩笑的时间都放到了工作上而已。

Henry 入职两年之后，负责应收账款的女孩子 Amy 辞职了。Henry 一本正经又稍显呆板地说："Amy，你找到新工作了，恭喜你啊，呵呵。" Amy 看着 Henry 那真诚呆萌的样子，发现竟然没有什么临别赠言留给他。Henry 没有得到什么热情的回复，又回到座位开始工作起来。

Henry 这样的乖乖仔，财务经理是绝对不会看走眼的。财务经理打了个电话给 Henry："来我办公室一趟。"

Henry 一听是经理本想说点什么，还没来得讲话，经理已经挂断电话了。

Henry 走路从来都是一幅憨憨的样子，头稍稍前倾，眼睛往地面看，腰有点弓着，可能是工作久了总是趴在电脑前面养成的习惯，走起路来有点"漫画人物"的感觉，不是很自然，加上他戴着一副厚实的眼镜，还有那不抽烟不喝酒规律作息养出来的白皙皮肤，简直就是个冻龄童颜，有点可爱。但在财务职场中，他可没少受"虐"，这不，部门里面的姑娘们"虐"完，就轮到财务经理"动手"了。

"经理，你找我啊。" Henry 一本正经地说，天真无邪的眼神让经理都有点不好意思"虐"他了。

"Henry，别紧张，坐。"经理示意他坐下，接着说，"Henry，最近工作如何，忙不忙？"

"经理，嗯，没事，我做得来，我现在做得很熟悉了。"Henry担心经理找他麻烦，连忙解释，"我一般早上到下午都要做凭证，偶尔她们请假，我还会帮她们顶工作，开开发票什么的。我工作一直很认真的，就是有时候大家报销的发票经常出错，特别是销售部的员工，贴发票很随便，计算数字也不好好算，你说他们加几张出差的发票，数字都能加错，有一次，我竟然发现……"Henry眼睛直勾勾地看着经理，感受到经理的眼睛里充满期待，便滔滔不绝地讲个不停。

"Henry！"经理听了几句，感觉不对劲，这孩子讲话不过脑子，又没有说到重点，便吆喝了一声。

"啊？"Henry吓得全身抖了一下，迷离地看着经理，也不知道该不该往下说，经理突然又不说话了，Henry像小朋友做了错事一样怯生生地低下了头。

"这样，Amy离职了，我刚看你跟她道别呢？"经理把话题转入重点。

"噢，对啊，听说她找到了新工作，也还是做应收账款，不过工资比这里……"又来了，Henry又不知道讲哪儿去了。

"喂喂喂，我不是让你说这些八卦。"经理有点嫌Henry多嘴了，怎么讲起这个来，立刻打断他。

"你这样，Amy做的应收账款，从今天开始就由你来负责，你能做吗？"经理觉得靠他自己是领悟不出来的，就直接讲了。

"啊？应收账款啊？"Henry有点惊讶，有些激动，瞪大眼睛看着经理。

"怎么？你还不会做吗？如果有压力那就……"经理想着是不是 Henry 还没有能力做，既然有压力那就算了。

"不是，我做！" Henry 一惊一乍，打断经理的话，这次总算领悟到了，表态也表对了。

经理差点被他吓着，叹了一声："噢？"

"经理，我来做应收账款，没有问题，小意思，我动作很快的，费用和应收，都我来就行了。应收账款不就是那几张表格吗？跟客户的对账我也会，Amy 有时候出去玩都是找我代她做事，这也不是一天两天了，那点东西我都会……"滔滔不绝犹如长江之水，Henry 一旦进入状态，那是挡也挡不住啊。

经理一看，这次 Henry 明白他的意思了，就没有阻止他说话，Henry 一口气讲了二十多分钟。经理看任务已经分配出去了，就赞了 Henry 几句，让他好好干，以后有前途。然后就送他走出办公室。

Henry 确实很开心，争取到了做应收账款，终于可以多接触一些东西了，心里暗暗高兴。就这样 Henry 一直做了三个多月，公司招来了一个新会计 Echo 接手了 Henry 之前负责的费用工作。Henry 开心得不得了，做应收要比做费用好多了，能了解多一些公司对外的经营情况，积累自己的商业意识，要知道利润表首当其冲就是收入，应收账款跟收入可是"孪生兄弟"。

但做了应收账款之后，Henry 经常受到一个做报表的老会计人员李姐的质疑，起初没少被她训。

"今天下午就要结账了，你现在的应收账款搞清楚了没有？还有，客户收款的核销你要核对,别搞得人家出纳的银行账跟你对不起来,你别害我今晚还要加班帮你核对账务!你要是能力不够,就别做这档子事儿了!你以为 Amy 做这个很简单啊?你要是下个月还不行,我就让经理把你炒了……"诸如此类,Henry 没少受到李姐发飙式的训斥。

不过 Henry 脾气好,每次被训的时候,就低着头,两个耳朵红得跟胡萝卜一样,一句话也不敢回。嘟着嘴巴,盯着电脑屏幕一直查呀查,找哪里出错了,找啊找,看哪里不对啊。

但是这个李姐可是厉害角色,每次训完也不帮忙,让 Henry 自己负责到底。自己要么跑一边跟人聊天去了,要么就直接干脆甩一句:"你今晚自己弄好,我明天一早就要用,你千万别到明天还跟我说要调整啊。"然后甩头就走了。

刚接手的那三个月,简直是噩梦,Henry 不得不打破早睡的铁律了,经常熬夜到十点多才开始回家,睡觉都快到凌晨了。脸上开始长痘痘不说,在公司 Henry 也不怎么说话了,又不好意思问李姐,更不好意思问经理,他最害怕的就是别人说他不行。其实 Henry 是一个需要稍微称赞一下、给他点信心,他会做得更卖力的孩子。要是不断地给他压力,甚至"侮辱"他,他会变得思路缓慢,甚至花很多时间去想为什么自己如此卖力还被人质疑,会想到别人怎么那么坏,生闷气,甚至脑子短路。

但是,人各有自己的性格,有着比较丰富经验的李姐就是不依不饶。李姐的思维就是"棍棒出孝子""不打不成器",不"侮辱"几次不成好会计。但是,她没有考虑到这些方法适合用来对付不太自觉的人,而

Henry 是个自觉得不得了的人，埋头干活还被无端端指责，又没有人做相应的指导，就靠自己摸索，相当难受。很明显 Henry 不是一个领悟能力、创造能力很强的人，Amy 临走的时候也没有很好地交接工作。总而言之，Henry 在这段时间里压力非常大。

一开始李姐是主张让经理招一个有成熟经验的会计来顶替 Henry，但是经理自有打算，还是让 Henry 来做应收，而招聘了一个做过费用的会计来接手 Henry 原先负责的费用工作。

每个人都有自己的考虑。李姐当然希望自己的合作伙伴比较成熟有经验，这样免得害她加班、等待、找错，产生各种不愉快。但是对于经理来说，Henry 是个示范，在这个公司卖力工作是有前途的，是有机会的，而不是每个人的位置定死了就不会变，一潭死水。给了 Henry 一个学习的机会，Henry 是一个懂得感恩的人，野心也不大，从另外一个角度看，也是让 Henry 要更加努力工作的意思，是种激励。

公司人多嘴杂，有这些小的意见分歧是正常的、必然的。不管如何 Henry 还是强忍着自尊心受挫的局面，三个月后，终于摸清楚了结账、对账、分析的一些要求，自己也总结出一些比较实用的表格。第三个月以后，由于 Echo 进来，原先的工作慢慢交出去，Henry 腾出更多的时间，更加认真地工作，到第六个月的时候，Henry 对应收账款的工作内容已经非常熟悉，可以称得上是得心应手了。

李姐看为难 Henry 没有用了，心里更不痛快，眼看着这小伙子才来几年就做了两个岗位的工作，心里暗暗想："老娘我当初在别的公司得做四五年才有这样的机会，气死我了。"就这样，李姐对 Henry 还是脾气不改。不过，财务经理对 Henry 却越来越满意，觉得这小伙子有培养价值。经理越是对 Henry 好，李姐就越看不下去。李姐的道理比较直接："他如果还换岗位，那不是很快能做我这摊事了？到时候我不得走人了？"

财务部除了经理，一共才五个人，李姐算是比较有经验的，其他几个都是普通会计，她这么担心也不是没有道理。人嘛，首先为自己的利益盘算。Henry 倒没有体会到李姐的恐惧是出于这个原因，在工作得心应手之后，Henry 又恢复了经常"笑呵呵"的状态，该开玩笑开，该帮别人做点小事也做，夜里早睡保持皮肤嫩滑的习惯也恢复了。

Henry 的日子似乎平静下来了。可是事情往往没有想象的那么简单。对于 Henry 来说，工作确实得心应手，但是李姐却每天提心吊胆，看着 Henry 整天笑呵呵，不像是那种对她掏心掏肺、死心塌地的人，年纪稍长的李姐要想办法让 Henry 离开这个岗位，而离开这个岗位除了让他离开这个公司之外，也没什么别的办法了。公司岗位就那么多，没有太多的其他岗位给他换，并且现在经理还挺喜欢他，那么可以操作的空间很小，必须从经理并不知情的小细节下手。

李姐阅历丰富，做得一手好账目，报表结账的事情都做了十来年了，年年如一日。其实她的追求也很简单，就是工作轻松，在公司心情爽朗，但是经理隔着她支持一个 Henry 就是她很不喜欢的事情，心里自然痛苦。人对一件事情看不习惯，如果大度一些，就会改变自己的想法，接受对方；如果小气一些，就会让对方改变想法，适应自己；如果都不改变，就会形成僵持状态，大家貌合神离。职场中的利益关系总是相对而言的，

Henry 舒服了，李姐心里就特别别扭。因此为难 Henry 是李姐的阶段性目标，最好让他心里难受主动离开。

说回 Henry，他哪有这么复杂的内心，仅仅是觉得自己要尽量跟别人处好关系，从没有动过主动为难别人的念头，对经理是这样，对李姐也是这样。就这种状态，Henry 顾着做好自己的工作，而李姐感觉 Henry 以后会扰乱自己的工作，最大的问题是 Henry 又不会听她的。每天似有似无地，李姐有时会关心一下 Henry 的家庭生活或个人问题，有时就会改变状态，紧紧逼问工作任务，每次结账的时候总会来几句：

"Henry，你下午又做不完了吧？你啊，还是太年轻。"

"经理怎么就让你做这个工作，我看，你根本就不行。"

"不行就不要做，不然做错了，要你好看。"

……

有时候还会故意在 Henry 面前跟别的同事说：

"Henry 是留学回来的，在我们这小公司，可委屈他了，他应该去更大的公司啊……"

"我看经理就是忽悠他，让他这么有能力的人在这里做这些小事。"

"他是海龟啊，如果去大公司，肯定工资过万。真傻。"

……

总而言之，李姐是认定了采用骚扰战术，让 Henry 不战而败，击溃他的心理防线。而 Henry 又从不主动攻击别人，当 Henry 正处于工作繁忙的时候，听到类似这样的言语，心理免不了难受。但 Henry 就是不懂得反击，也不知道用什么语言反击合适，而其他会计人员都迫于李姐在工作上的"老资格"，不得不跟李姐形成良好互动，Henry虽然对每个人都很好，但是老好人在公司却逐渐被孤立了。

李姐有时还会在各种休假日组织公司同事聚会的私人小活动，请其他几个小姑娘吃饭，也不通知Henry，约她们一起去逛街、看电影，做一些女人们都喜欢的事情。

有一次在办公室，李姐买一些零食，分给大家吃，故意在Henry跟前，对着其他同事说："工作忙的人啊，他只会工作，不会喜欢吃东西的。"然后同事们就顺便起哄："李姐说得对啊，真好吃，这哪儿买的呀……"

Henry头也不敢抬，只能忍着，故作不知道的状态，可是心里很担忧，全身一阵发凉一阵发烫。像这种冷言冷语、冷嘲热讽的戏码，李姐时不时地就上演一场。

有时候李姐会展现出很关心、很诚恳的笑容，对着Henry说：

"Henry，这几天工作还顺利吧，要不要我帮你啊？"

"Henry，像你这么好的男孩子，工作认真负责，又很成熟，怎么会没有女朋友呢？我介绍个朋友的女儿给你认识吧？她很漂亮的……"

但是，这些很"诚恳"的关心，更让Henry如坐针毡，浑身不舒服，偶尔看看李姐的眼神，好像要吃人一样，后来只要遇到李姐的当面发问，他就总是低着头，好像做错事了一样。有时候，李姐更是在财务部的会议上故意挑一些问题问Henry，而Henry不够自信的情况也让经理看在眼里。

Henry 本着做好本职工作的目的待在公司，却总是受到李姐等同事的发难，他也很委屈，真心感觉在这公司的每一天都过得很没底，心里很担忧是不是会出什么事情。

经理虽然不知道这些日常的小细节，但是从公开的会议也可以看出 Henry 对李姐呈现出一种"惹不起躲得起"的态势，他隐隐约约感觉这里面有点问题，可能是工作任务上的，也有可能是两者的沟通问题。但是经理并不愿意去挑战李姐在工作上的"老资格"和"权威"，换过来，他想问问 Henry 的一些心理上的想法和意见。

经理又把 Henry 叫到办公室，说："Henry，新的工作岗位还能适应吗？"

Henry 如实说："刚开始几个月因为做两个岗位的事情，有点忙不过来，但是 Echo 过来之后就好多了，现在应收账款的工作任务我都能做了，做来了几个月很熟悉了。"

经理："那李姐对你的工作好像不太满意，会议上说的那些问题你平时有注意吗？"

Henry："我的工作范围内的事情都做得很到位的，李姐说的很多都不是我负责的工作内容。"

经理感觉有点奇怪，接着问："那你怎么没回应呢？"

Henry 一脸无奈，漫不经心地说："我也不知道怎么说呀。"

经理察觉出了工作之外的问题，说："感觉你怎么无精打采，没精神，是不是昨晚休息不好呀？上哪儿玩太晚了吧！"

Henry 说："没有啊，我都是十点之前就睡觉了。"

经理发现 Henry 似乎多了一丝沉重，没有之前"笑呵呵"的感觉，感觉再聊也问不出什么，就先让他回去工作了。

Henry 感觉自己得罪了李姐，但是具体原因是什么他无从得知，对于如何修复这种关系更是无从下手。经理也发现了 Henry 和李姐之间似乎有点针锋相对但本质原因是什么他也暂时拿不准，而这一切都由李姐在背后操作，其他财务人员顺势而为，更加忌惮李姐的隐秘权威。

工作了三年多的 Henry 第一次有了换工作的念头，并不是由于工作任务无法胜任，而是由于一种不可名状的办公室气氛。Henry 的背景其实不差：海归背景，加上在一家公司三年多的工作经历，勤勤恳恳的工作风格，其实他只是缺乏野心，但是这种踏实肯干的作风其实在市场上挺受欢迎。在公司他逐渐变得沉默，笑呵呵的状态已然一去不复返，职场把这个仍保有一部分童心童颜的大男孩磨得逐渐成熟起来。"骑驴找马"两个月后，Henry 顺利地进入了一家大型企业担任应收账款会计的工作，由于平台切换工资涨了不少，而这家大型企业业务繁多，需要经常与外国客户沟通，这也让 Henry 的英语能力有了更好的发挥空间。

辞职的那天，财务经理表达了很多不解，当场许下承诺年底加工资，希望能留下 Henry。可 Henry 这种低调的实干派风格，一旦想好离职，根本由不得劝说，石头一块，油盐不进，必走无疑。财务经理只能表达遗憾，闷闷不乐，反而李姐第一次露出了来自灵魂深处的欢欣微笑，李姐这一次是认真的、诚恳的，她内心着实感谢 Henry 的离去，真诚地向 Henry 道别，还给他送上良好的祝愿，祝他在更好的平台上发挥自己的潜能，祝他前程似锦，事业有成！

PART 1 | 会 计

5　杨春华工作平平险遭辞退

杨春华喜欢到处嚷嚷，这可不是参加工作之后才这样的。上学的时候，杨春华学习成绩还过得去，中等偏上的水平，并不突出。但是杨春华有另外一个兴趣，或叫天性，就是喜欢嚷嚷，什么事情都要插一手，表达出个意见来，如果有人认可，她更加滔滔不绝，而且话题不限，真是恨不得别人不知道她的一肚子话。她很喜欢到处说话，有时候连自己并不在行的内容也要说，这就容易出毛病、闹笑话了。可是对于杨春华来说，这并不是什么大问题，她不怕人笑，只要有人关注，刷足存在感就行。

杨春华从小在二线城市长大，爱玩的她基本把这个城市里的吃喝玩乐都搞通透了，哪里有什么八卦，不管是听说的，还是听说别人从别的地方听说的，都要再参与一把，属于善于体验生活、享受生活的人。杨春华考大学的时候，父母说：女儿喜欢体验生活，那以后要找个不太忙的工作，学会计吧，会计在城市里容易找工作，也不会很忙，到时候如果感兴趣考个公务员也不错，退一万步讲，确实不行的话找找关系这个专业也不难找活。

就这样，对自己人生、工作职业从来没有多大想法的杨春华进了当地的一所本科院校，读了四年的会计专业。上大学前，一直在体验生活，上大学后，继续体验生活，体验了四年之后，开始找工作。杨春华想，找工作也要找个能满足她体验生活的工作。

杨春华找工作跟别人不太一样，她对发展空间并不看重，而看重的是准点上下班。她锁定目标：第一，只能在市区找工作，离家要近；第二，准点下班，多一秒都不想留在公司；第三，公司比较体面说出去不丢面子。譬如说自己在某某公司做会计，人家一听挺不错的。至于工厂即使有良好的晋升空间，甚至财务总监亲自带，这些她根本无所谓。

不久，杨春华便找到了一家知名品牌服装公司的出纳工作。因为没有任何工作经验，碰到很多问题一开始她不太懂。但是杨春华性格摆在那里，她不是低声下气去乞求老会计人员的帮助，相反她遇到问题就叫叫嚷嚷，这个问题怎么回事，那边又是怎么操作。初出学校，初入职场，工作的时候杨春华高调嚷嚷，不工作的时候还爱跟同事聊天，各种八卦娱乐、奇闻怪事聊个不停，惹得带她工作的老同事不是非常满意。不过，杨春华自有妙招解决人际关系问题，纯属生活体验派的她经常买些小零食给周围的同事，平时还关心其他人的生活小细节，很快地她就把周围的几个同事"笼络"起来了。如果仅仅是工作时间干这些事，那表现只能算普通，可杨春华很快就在私底下约同事出来一起玩，因为她早已玩透这个城市的每个角落了，所以带人吃喝玩乐，感情很容易就升温了。教她学习出纳工作的会计跟她关系逐渐就好了起来，这个超级"自来熟"并喜欢到处嚷嚷八卦的小姑娘无形之中就在公司站稳脚跟了，并且财务部几个同事都喜欢跟着她玩，只不过财务部的经理对她这种风格不是很满意，因为公司运作，太过于讲人情，纠缠在一起，对工作效率和工作质量没有好处，往坏处说容易导致"拉帮结派"。普通会计不懂这个道理，财务经理可全都看在眼里。

虽然如此，但好在杨春华对自己的工作也算是做得清清楚楚，并没有招惹到什么麻烦。很快就过去了两年，做了两年出纳的杨春华虽然没有什么远大的志向，但是几年如一日的工作内容，也开始让她生厌，经常跟同事抱怨工作无聊每天都一样，对其他部门的同事问及收款、付款相关的问题，也没有多大的耐心，总之别人着急的事她也慢慢悠悠做，看着他们急自己心里就当没那事。无独有偶，这一年有一个会计人员要离职了，她负责费用、固定资产的工作，杨春华见此大喜，她很希望自己能换个岗位，而这也无可厚非。但是当杨春华通过自己的上司向领导提出来的时候，经理却表现冷淡，轻轻地说："杨春华没有会计经验，不太合适。"

杨春华听到经理这样的回复之后，就故意在公司跟人抱怨，说经理偏心有意不让她转岗，一肚子苦水都往外倒，财务部的同事知道，其他部门的同事也都知道。经理也听说了杨春华这碎嘴传出去的话，内心更加坚定了自己的意见，对杨春华不理不睬。

经过了几个月的抱怨，杨春华一肚子气撒出来没人帮忙，她觉得在公司不受待见，就重新找了一份工作，还是在市中心的写字楼工作，不过这一次，她如愿以偿地找到了会计工作。杨春华虽换了公司，但享受生活的心可没有改变，依然像在上一家公司一样，主动跟人交好关系，注重工作也注重生活。杨春华还非常念旧，经常约以前的同事一起玩。这一次的工作也基本满足了她的想法，做一名普通会计就够了。因此，她逐步进入稳定的生活状态，这个新的会计工作做了两年多，她也不在意是否升职。年龄逐渐增长，家里催促杨春华的婚姻问题，杨春华在这方面也很成熟，在寻找到如意郎君之后就筹备结婚，紧接着就计划生宝宝了。

杨春华是个生活型的会计人员，丈夫收入不低，家庭支出完全不用依靠杨春华的工资。而杨春华不太愿意待在家里做家庭主妇，那就继续工作呗，就当找人陪着聊天陪着玩好了，做个普通的会计人员，该工作的时候轻轻松松"闭"着眼睛都能完成任务，下了班休息的时间，尽情享受悠闲的时光。总体看来，杨春华的工作生活两不误。

当杨春华在新公司工作了三年多的时候，这家公司刚好需要对流程做总体改造，需要实施 ERP 系统。为了实施新系统，公司上下忙得不可开交，财务部的工作任务也逐渐多起来。可杨春华不管现实情况如何，始终不愿意过多加班。一方面她对工作内容特别熟悉，手脚麻利，工作效率高，另一方面，她一点儿不想承担额外的工作内容，能推就推，半点都不想在这个实施 ERP 的过程中承担繁重任务，也不指望以此赢得什么功劳，或者升迁。

公司的财务领导看在眼里，知道加大动员和激励对杨春华根本不起作用，但由于杨春华基本工作还是做得相对不错，领导对她确实一点办法都没有，只能默认杨春华保留自己的工作节奏。领导虽然比较大气，对此不计较了，但是其他同事不服气，有个财务主管就把这事告到了人力资源部。

财务主管说："财务部的工作很忙，但是杨春华缺乏团队合作精神，她总是早早下班。"

人力资源经理说:"这样啊,那你有没有反馈给部门领导?"

财务主管说:"跟领导提过了,但是没有什么改善呀。"

人力资源经理说:"那你有什么诉求吗?"

财务主管说:"我觉得应该把她开除。"

人力资源经理说:"那按照程序应该先反映给部门领导,然后再到人力资源做审批。"

财务主管说:"人力资源不是负责公司人员管理嘛?可以从您这边直接开除她呀。"

人力资源经理说:"哎呀,开除一个人也需要正当的理由呢。这样吧,你如果对此事很有意见,可以按照程序先走,流程到我这边的时候我会处理的。"

财务主管感觉向人力资源经理反映,那是一点用都没有,问题还是在于财务领导的看法,她就找到财务领导反映这个问题。

可是财务领导也挺为难,因为她早就向人力资源经理反映过这个事情,人力资源经理的回应是:杨春华工作三年多,公司其他员工对她评价并不差,开除员工需要付出赔偿的,可她工作并没有出现什么大错为何要开除呢?工作效率高不加班帮助公司节省人工成本是好事啊,反而财务部最近几个月加班费太多,这倒是要控制一下。

其实,杨春华跟人力资源经理的私人关系不错,常常在休息时间一起活动,譬如她俩都很喜欢瑜伽,经常一起出去健身锻炼。

虽然公司实施新的 ERP 项目,但是杨春华一来没有耽误工作,二来也没有耽误生活,并且协调得还不错。

主　管

1　Lisa 无法抗拒猎头的推荐

2　夏芳菲转向家庭为中心

3　Emma 具备女强人的气质

4　林悠然追随领导不放弃

1 Lisa 无法抗拒猎头的推荐

Lisa 是个要强的女孩子，上大学的时候报考了省会的大学，但因为分数达不到所报考的专业，被校方调剂到了理工科类的专业。虽然 Lisa 并不喜欢，但既来之则安之，也坚持着把本科念完了。

由于对自己的专业不感兴趣，Lisa 采用敷衍的心态应付每一次考试，过及格线即可，其他时间 Lisa 忙于寻找各种兼职工作。从大二开始，Lisa 销售过电话卡，寒假做过店面的销售员。大三做了家教，在做家教过程中接触到其他做家教的同学，恰巧其中有几位同校商学院的同学，本着"一打招呼二聊家常三交朋友四闯天下"的交往理念，Lisa 和几位商学院同学逐渐熟悉起来，也了解到了财务这个专业，她感觉自己对财务挺感兴趣，毕业也可以争取做一个会计。Lisa 一直对商业挺感兴趣，通过对会计的初步了解，在大四的时候，Lisa 就报考了会计证的培训班，由于第一次学习会计，难度比较大，尤其是非常多的会计术语，听着云里雾里。Lisa 虽然参加了会计培训，但对考试没有信心，结果没有报考。

毕业在即，就业迫在眉睫，和大多数比较迷惘的毕业生一样，Lisa 并不知道自己适合从事什么工作。由于非常不喜欢自己所学的专业，因此她也从没有按照相关专业的方向去找工作，最后 Lisa 想着"先就业，后择业",先找到工作活下来再说,就找了一个珠宝销售员的工作。珠宝销售的店面开在一个综合商业中心里面,商业中心的后面是两幢甲级写字楼。相对于其他同学来说,其实Lisa做销售员的收入并不低,但是经常站着,而且是前台工作,这不是她想要坚持长久的工作。

想着自己做销售员,每天要晚上十点才能下班,工作时间太长,是个体力活,不知道什么时候才能熬到店长的位置,这不是Lisa想要的工作状态。并且每次看着甲级写字楼里面出来的白领金领们,正常的上下班时间,拿工资凭智慧,周末双休,这样的工作才是Lisa设想的理想工作。因此,Lisa暗暗下定决心要换工作,但是换什么好,周边的朋友同学都讲不清楚。混乱之中,Lisa想起来自己曾经学习过会计,那就从这个开始吧。一边做销售员,一边复习会计,Lisa计划着一定要把初级会计证考下来,否则再往后拖,自己进入职场的年龄就太大了,缺乏竞争力。

终于,凭着自己的努力,Lisa在毕业后的第二年,通过了初级会计考试。从那个时候起,她就想着如何找工作的问题。因为做销售员这么久,积累了不少客户资源,其中还真有做财务相关工作的客户。Lisa经常跟她们闲谈,也表达了自己有证书和想从事这个职业的想法。Lisa也联系了以前同校商学院的同学,了解各种信息之后,Lisa晓得了做会计要找到大企业才比较好,并且业务越复杂的企业,能提供的发展空间越大,这样后期才能发展得更好。虽然有了大概的想法,但是究竟如何入手,也是个难题。凡事开头难,不过总得试试。

Lisa试着投递简历,参加面试,尝试找会计类工作。由于Lisa很急切想获得工作机会，所以在工资问题上她并没有多大的要求，月薪3000元可以，4000更好，低于3000元她也不介意。终于，耗时一个多月，有一家做贸易的企业，由于是刚成立不久，急需会计人员，开出2800元的工资，便录用了Lisa这个转行的新手。Lisa到公司的时候，办公室装修还没正式完工，一边工作一边还有装修工人进进出出，这个角落修修，那个角落补补。财务部就一个经理还有另外一个会计，算上Lisa一共三个人。Lisa心里想反正什么刚开始做不太懂，先入行比较重要，所以不管是什么工作内容Lisa都尽力去做，毫无怨言。此前做了一年多的销售员，Lisa积累了一笔小钱，所以对工资多少并不敏感，在Lisa心里，是想赶紧学习和积累实实在在的会计经验。

跟着有经验的会计学习，Lisa一开始便需要跑银行，一跑就是一年，也做很多打杂的事情，如装订凭证之类的，虽然很琐碎，但Lisa感觉这些都是以前完全没接触过的东西，挺新鲜的，做起来兴致勃勃。但公司的平台似乎有点小，Lisa第二年开始有点厌烦了。公司财务部就三个人，暂时也没有别的位置可以转岗，思来想去Lisa准备寻求新的出路。

经历了这家公司，Lisa虽然对出纳的工作比较熟悉了，但是对于怎么记账、做报表之类的工作，只稍有接触还几乎不懂。Lisa知道自己还是处于非常初级的状态，她计划着这次要换到一家比较大的企业了，否则还是这么做下去，五年后公司业务规模没有什么变化，根本轮不到自己学习别的内容。Lisa很想换一个公司，但中小企业很多，大型企业机会难得，就算是直接到网上搜索，也不容易获得面试机会。Lisa有些着急，几乎向可搜索到的会计职位都投递了简历，第一周、第二周都没有消息，第三周有一家企业招聘出纳岗位，但是面试下来Lisa询问了对方的财务部有多少人员，当知道只有五个人的时候，Lisa觉得这家企业的平台还是太小，所以并不想去重复地做出纳工作。

于是她搜索了经济比较发达的城市的出纳、会计岗位的招聘信息，发现多得不得了，翻都翻不完。Lisa心里非常激动：大城市确实机会多很多，肯定可以找到大公司，而只要有好的平台，凭着自己耐心认真的工作态度好好做，肯定能积累不少经验。想到一线城市经济发展好，工业园区工厂林立，中央商务区金融业、服务行业非常发达，交通便利，工作节奏快，Lisa就心潮澎，她很明白，只有经济发达的城市才更有利于自己未来的发展。经过全面的考虑之后，Lisa决定南下到一线城市去试试。

Lisa先在网上投递了合适的岗位，两周的时间就有三家企业通知她面试，Lisa记下面试时间后，提前启程。先解决好住宿问题，她租了房子，安顿下来之后便开始准备面试。三次面试之后，Lisa获得了其中一家的认可，做一个最基本的工作：出纳。但这是一家外资企业，工厂的地点非常偏僻，对于生活在大城市的人来说，简直就是穷乡僻壤，虽然有班车到市区里面，但是基本要一个半小时以上。其实，这家企业招人也相当困难，离职率非常高，让人难以置信，这家公司HR部门的所有人上至HR总监下至HR专员一共五个人，两年里面就都换了个遍。而财务部的人员在三年内也换过了一半，财务部一共有13个人。这么高的离职率如果提前跟面试者说明白那准能把应聘者吓回去，但是新进来的员工哪能事先知道呢？况且对于Lisa来说，她根本不考虑这些问题，因为这对她来说都不是问题。当企业的招聘难题不足以为难候选人的时候，匹配的程度就大大提高了。Lisa一股脑只想进大平台，至于这个平台是在海边、在山区，环境多艰苦，她没有多考虑，能进就行。

虽然地处偏僻，但是该有的福利待遇应有尽有。并且由于地方环境艰苦，公司还特意给每个员工增加了五天的带薪年假。正如艰苦环境对于Lisa来说根本无所谓一样，这个额外的福利，对于Lisa来说也是透明的。总而言之，Lisa是奔着前途来的，其他的一切只是过眼云烟。

虽然都是出纳岗位，这边的情况复杂多了。经常要跑银行，那是一样的，但是跑银行的内容大不一样，这边有外币业务，还有对海外的款项支付，每次准备的资料都是厚厚一叠，这些资料对Lisa来说简直就是天书。Lisa虽然工作上很忙，但精神上非常充实。平时晚下班不说，周六日还自愿到公司补充整理资料、表格、档案。人忙起来时间过得就快，不知不觉地Lisa就工作满一年了。

工厂的财务总监专业能力很强，个性也强，但是对于没有功劳也有苦劳的勤奋员工，待遇也是相当人性化，会体现在相应的KPI（关键业绩指标）中，最终反映到工作报酬上。企业招聘了像Lisa这么拼搏的员工也是万幸，工作稳定，而且勤奋好学，而这家公司最不缺的就是学习空间。Lisa目前只做了出纳职位，财务部还有其他的会计职位，如应收、应付、费用、成本、税务、预算、分析，简直就是无底洞，只要你肯干没有不让你干的道理。财务总监当然欣赏Lisa这样的工作风格，年终给了Lisa超过正常水平的奖金，也算是对劳动成果的奖励。财务总监主动问Lisa是否想过做其他职位，Lisa当然满口答应，不过有这种想法是好的，但要等机会，有职位空缺的时候才有名正言顺的职位调整理由。

任何一个财务的管理者都不会把职位调动做得很突兀，要么是有人离职，要么是业务拓展需要，再不就是有人休长假等类似的原因，那么工作调动就会显得自然而然，大家心服口服，否则为了提拔一个人而特意安排职位调动，会引起其他人的心理不平衡。如果说"师出有名"的话，这便是财务总监所考虑的问题。因此，财务总监给 Lisa 明示，一有机会就给她更好的发展空间。

第二年，应付账款会计离职，公司新招了一位应届毕业生，顺理成章地就接替了 Lisa 的位置，而财务总监将 Lisa 调任为应付账款会计。比起出纳工作，应付账款涉及的内容更多了，各种复杂的审批流程、公司的内控制度、供应商的账务管理、接触各种付款的合同、账龄分析等，又是一大堆新的工作。Lisa 在出纳的岗位上打了一年的鸡血，奋力战斗，这工作岗位一换，又没时间休息了，继续奋战。Lisa 这种工作状态，不计辛劳，一方面对她自己积累经验有好处；另一方面，也为公司创造价值，这些财务总监都看在眼里，一方面他想着 Lisa 能兼顾更多的工作内容对公司绝对是好事，省人省钱；另一方面，对 Lisa 来说确实也是一种锻炼。因此，虽然 Lisa 很累，但她一门心思扑在工作上也没多考虑个人得失，正因为如此，更获得了财务总监的欣赏。

在某次加班时，财务总监私底下开玩笑对 Lisa 说："你的工作状态确实不错，是我二十年职业生涯当中见过的努力程度排名前三的人。"得到财务总监的赞赏并不容易，既然一位职场老将如此赞赏，当然是好运要来了，至少走对了路。不过，社会上的企业是多种多样的，每家企业的文化并不相同，一种工作风格可能在一家公司很受认可，但在另外一家公司可能就会显得格格不入，这些就是企业文化差异所导致的。这家公司有足够充分的发展空间，因此欣赏如此拼搏的人，而另外一家公司可能没那么多空间，正所谓"庙小请不了大神"，可能并不喜欢野心太大的员工。所以在工作方面，个人风格和企业文化相互匹配非常重要，Lisa算是找到了如鱼得水的发展环境。

这一年，公司财务部又有人离职，还有同事怀孕请长假，这腾出来的都是工作机会啊，财务总监知道Lisa应付账款的事情够多了，虽然不太好意思，但是本着给她多一些锻炼机会的原则，把合同管理的任务也交给了Lisa。Lisa爽快接下，依然毫无怨言。

难道Lisa没有别的生活乐趣，只有不停地工作？非也。来公司两年，Lisa由于经常坐公司的某一路班车，与销售部的另一名老乡兼同事产生了情愫。顺便地，Lisa在事业拼搏的狭小空余时间里，交了男朋友。

应付账款做了两年多的时候，Lisa便成家了。恰逢成婚，财务总监亲自封了鼓鼓的红包，以表认同和赞赏。工厂地处偏僻，招人不易，公司并没有反对内部员工之间的婚姻问题。虽说大城市的房价贵得一般人难以承受，但郊区的房子并不算贵，价格基本与二三线城市差不多，由于Lisa的丈夫在这家公司已经工作八年多，稍有积累，再加上父母的赞助，Lisa一家总算是在这个一线城市的郊区买了房子。到此为止，在这个以外来人口为主的大城市里，Lisa顺利完成了工作和家庭的两件大事。

结婚这一年，Lisa怀孕了。

当 Lisa 产后复出工作的时候，公司又换了两个财务人员。当 Lisa 产后再工作半年的时候，成本会计也到另外一家外资企业去工作了。这个公司为什么离职率这么高？一来地处偏僻；二来大城市外来人口本身就很难有归属感；三来在这家公司工作过一段时间的财务人员都能积累到相对丰富的知识和经验，这要拜这位财务总监所赐了，此人对下属工作要求极高，因此一般财务人员做几年后换一家企业便能轻易涨薪 25%。就如这位成本会计，在此工作三年，现在去了另外一家公司，已经从在这边的月薪 6000 多元变成了年薪 12 万元，那个做成本的小伙子当然是笑着离开的。出去的人乐呵呵的，在公司内部的人也偷笑，这么好的岗位空出来了，哪只"狐狸"看到肥肉不流口水？不过幸运是用口碑换来的，Lisa 已经不知不觉成为公司的老员工了，多年以来财务总监对她也足够信任，因此，Lisa 顺利地被财务总监任命为新的成本会计。

Lisa 又一次面临新的工作岗位，这不是第一次应该也不会是最后一次，Lisa 已经熟悉了如何快速学习和积累新的岗位经验。半年有余，Lisa 对新工作内容便已得心应手，按照上一位成本会计的跳槽经验来看，她至少已经在市场上值 12 万年薪了。这是 Lisa 工作后的第九年了，她也确实已从当初的一个非会计专业的菜鸟成长为一个市场价值不菲的财务老手。而这一路走来，确实不易。Lisa 自从考了初级会计之后，就再也没有参加过考试，甚至连个考试的念头都没有，因为她一直在忙、忙、忙，要么在加班，要么在加班后回家的路上。当 Lisa 获得了这个市场标价不低的岗位之后，她并没像其他人一样跳槽另谋高薪，而是一如既往地踏实工作，她知道财务工作还有很多内容她没有接触过，慢慢做还有的是积累和发展空间。当然Lisa从来没把这样的想法透露给其他人，她还是一如既往地勤奋和勇于承担，该加班时就加班。如果说有些人善于在不同公司间跳槽而获得晋升加薪，那么Lisa是属于一旦逮住机会就抓住不放的那种类型。

人们常说，爱笑的人运气不会差。其实关于运气，还有很多与个人素质有关的因素。譬如，勤劳的人运气也不会差，勇于承担的人运气也不会差，不斤斤计较的人运气也不会差，与公司文化匹配的人运气更不会差……

运气不差的人可能是掌握了某种发展的规律，但也有可能根本就没有去细细考虑，只不过做人的风格恰好获得了领导者的欣赏。不去强调Lisa的真实内心，而Lisa也从未跟人细细谈过自己的想法，或许她才是真正的高手，知道领导喜欢什么样的工作风格，而自己跟这个风格很相近，便在一次次地获得认同之后，将这种风格进行强化，那好运当然是滚滚而来了。

在成本会计的职位上做了快两年的时候，成本主管也离职了，Lisa顺理成章地担任了成本主管，这是这家工厂的核心岗位之一，这个时候的Lisa已然是财务总监的老部下。在很多企业，普通财务岗位的工资不会很高，但是，一旦升任了主管，再往上经理、财务总监，那工资简直就是"火箭式"上涨。因此，Lisa在担任了成本主管之后，月收入也接近1万元了，加上年终奖金，比之前那位"出逃"的成本会计可高多了。更美好的一方面是升任主管以后Lisa有了两个下属，能够将日常操作性的工作交给下属，自己能腾出更多时间来思考管理上的问题，而加班也变得越来越少。从这个角度讲，跳槽是否真的具备价值？不一定！不能肯定那位跳槽的成本会计能在两年内就获得升职，那一跳确实突破了原有的工资范围，但也跳断了之前所积累的职场信任。从某种角度看，在职场上走得越远，信任越值钱。在很多中高层的岗位往往信任比专业技能更值钱，这是职场的规律之一。

从 Lisa 进入这家企业到如今，她已经没有多大兴趣去其他公司工作了。一方面，为了积累更多的经验；另一方面，她已经在这里积累了足够多的人脉和足够深刻的信任，而且她已经逐步走向中层的管理岗位。

商业社会，信息往往就是价值的另一种形式。当 Lisa 升迁主管岗位不久，猎头手上的人才库信息也及时更新了，因此中高端职位的候选人名单中，Lisa 已然入列。Lisa 无意寻求外部职位，但消息通过某种渠道自然就传播到了猎头们的手上，这样的信息对于 Lisa 本人来说可能不太重要，但是对于猎头们来说，这些信息背后就是价值呀。

时间是金钱，信息也是金钱。担任成本主管不久，Lisa 就接到了猎头的邀约。

"您好，请问您是 Lisa 是吗？我是专业的猎头顾问。"

"嗯，您好！"

"现在公司有一个职位，经过我们的评估与您的职业背景非常吻合，希望您可以了解一下。"

"具体是？"

"这也是一个制造型的企业，与您现在所在的公司是同个行业，并且业界也很有名气，目前这个职位就是会计主管，但是年薪可以争取到20万，我们专业的分析过您的工作内容与目标公司的需求，匹配度非常好，您如果有兴趣的话，我们可以约个时间参加面试。"

"这个……我现在要开会，晚一点再通话。"20万比现在的工资高太多了，Lisa的内心有点小激动，虽然此前并没有真正思考过跳槽的事情，但是当对方把工资报出来的时候，Lisa还是有点被震撼了。可能太久待在一家公司，并没有花时间去了解市场上的情况，她没有想到自己埋头苦干了几年，工资已经涨上来了。

如果按照之前的说法，在一家公司持续地工作，能够积累信任度的话，那么另外一面是工资尚未被真正的市场化，也就是相对于外部的工资而言还比较低。而像Lisa这样的工作能力和工作风格，其实别说这家公司很欢迎，到相同行业的其他公司大概率上也是被接受的，因此何不趁着这样的机会实现大幅度涨薪呢？毕竟换了公司，照样努力拼搏也就相当于从一个更高的起点继续前进，总体上看，可以省去很多年的职业发展时间。简单说，如果不跳槽，从主管到经理，这个难度非常大，因为从Lisa入职以来，经理还没换过，未来还会换吗？而如果换了一家公司，同样不考虑升职的情况下，工资大幅度提高那就是眼前实实在在的好处！

Lisa思来想去，拿不定主意，她和家里人一起讨论这个问题。

第二天，猎头又来电话："Lisa，您好，请问现在方便通话吗？"

"嗯，我有点担心对方企业的工作风格。"Lisa比较担心的是这个问题。

"明白您的意思，这方面您放心，由于您现在所在的公司在业界比较知名，而对方公司同属一个行业，在工作内容和工作风格上有很大的相似性，简单举个例子，最近几年从您这家公司过去对方公司已经有好几个人了，工作很顺利，适应性也很好。"猎头的回答直接解决了Lisa最大的担忧，她真的动心了。

"那好。"

"Lisa，对方公司在同行业也有一定的知名度，我先把您的情况推荐过去，后续如果需要约面试的时间我再联系您。"猎头说。

"好的。"

Lisa已经开始为下一阶段的发展进行筹备，不一定会成功，但可以作为一个了解外界的窗口。

2　夏芳菲转向家庭为中心

夏芳菲从小到大就是个宅女，生活轨迹简单，但头脑可不简单。进入大学后，别的同学忙着谈恋爱，忙着找兼职，忙着社团活动，忙着接触社会，可夏芳菲并没有。稚气未消的夏芳菲，戴着眼镜，整天就出没于图书馆、教学楼、食堂和寝室，她背着双肩包，标准的学霸造型。她上的是二本的院校，对自己所学的会计专业很感兴趣，经常会为了一些小问题试着寻找最终的答案，主要的知识积累来自课堂老师、专业书籍，还有网络上的一些资料。

大学期间，夏芳菲平心静气，沉浸在专业课的学习中，优异的成绩令其他同学望尘莫及。有时候上课，同学们迟到的迟到，旷课的旷课，代替点名的情况也时有发生，抢占教室最后一排直接睡大觉人的也不少，但是夏芳菲永远坐在第一排，选择离老师最近的距离。有时候上课就看着她在第一排跟老师一对一交流某个学术问题，旁若无人，仿佛此课只为一人讲。她就是如此认真，在课前预习功课，上课与老师交流，课后仍积极复习，做到高度自律。

做自己有兴趣的事情效率高效果好，夏芳菲是再合适不过的例子，几乎每次专业课考试，她都远抛第二名。同学们借鉴作业也是抢着要夏芳菲的本子，那些要求不高的同学就直接预定夏芳菲的同寝室同学的作业了。夏芳菲也不局限于专业课的学习，她早早地就跟老师沟通过关于就业的事情，老师大概说了做会计这一行要多考一些证书，以后找工作有用。

在家听父母，在校听老师，工作了就听领导。在校的时候，夏芳菲就通过了初级会计考试，还考了证券从业资格证，证书对夏芳菲来说也并不具备什么太大的含义，只不过听进去了老师的建议，仅此而已。到了大三，她根据学姐们的建议，打算以后考注册会计师，就开始着手准备；她还接触了一些上研究生的师姐，她们都在写论文。夏芳菲好忙啊，大三开始，就拿着注册会计师的教材认真学习，并开始准备一些课题试着发表论文，查阅各种资料，请教不同老师。

到了大四，即将毕业。夏芳菲俨然一个学习型毕业生，没有实习经历，证书倒有不少，还发表了一篇学术论文，这在本科生当中算是佼佼者了。学习阶段告一段落，即将毕业，必须开始找工作了。

有些同学最讨厌找工作的时候要参加笔试，但夏芳菲最喜欢了，通过率极高，有要求笔试的职位，夏芳菲很容易就走到面试阶段，而面试阶段她也是出类拔萃的人才，毕竟她有实实在在的证书论文摆在那里，当然别的同学也会有其他方面的优势。不过非常顺利的是夏芳菲才面试了两家公司，就拿到了当地的一家大型企业的录用通知。就这样早在毕业前的几个月，夏芳菲就放弃了继续找工作的念头，又投入到注册会计师考试的学习当中去了。

进入7月办完入职手续，夏芳菲开始正式工作了。这家大型公司给夏芳菲安排了最基本的出纳岗位，夏芳菲理论知识扎实，虽然对各种票据、表格还不太熟悉，但是勤奋的她有着不错的运气，工作挺顺利。年轻的夏芳菲并不满足于目前的工作状态，所以休息时间都在努力复习注册会计师的考试，从大三开始复习到现在，其实她已经非常熟悉了，这一年的考试她过了其中的三门，她高兴得不得了，剩下几门第二年继续考。日常的工作对她来说并没有太大的难度，而紧张的考试任务过后，她总算可以轻松几个月了。

在公司，夏芳菲该聊的天就聊，该做的工作就做。大型公司的管理体制还过得去，每个人的分工相对清楚，但是职场的氛围还是跟学校不太一样。学校里面学习成绩好，老师就很欢迎，但是职场当中，工作认真考证也勤奋，可有时候你还要承受比别人多的工作，杂活也还得干。这些职场的现实情况，一时半会儿夏芳菲还不是很能理解，渐渐地，夏芳菲感觉自己有点大材小用，做出纳不是她想干的事情。

再怎么不想干，眼下也得做呀，现实就是如此，才工作不到一年，难道辞职换工作吗？夏芳菲跟妈妈吐苦水，说公司的各种杂事很多，老会计人员总是让她去装订凭证，那个凭证跟枕头一样厚，一大沓堆起来像山一样高，每次都让她一个人待在档案室，然后等快弄好了，他们就过来凑热闹，让领导感觉是大家一起做完的一样，夏芳菲心里非常委屈。

妈妈当然理解这是怎么回事，耐心劝说："职场就是人堆，人都有私心，谁不想让自己轻松些，把苦活累活让别人干呢？不过刚毕业的小年轻多做一些事情就做呗，最少做三五年，积累点经验，然后咱们可以寻求好的工作单位。就像你表姐，她刚毕业的时候在小公司工作，现在已经毕业五年，在一家外资企业做主管，收入很不错，你以后照样可以。小不忍则乱大谋，不是吗？"

夏芳菲听这些道理，感觉跟背书没什么差别，但能否理解到位就未必了，面对现实的时候，心里还是不服气："凭什么呀，就因为他们比我年纪大吗？"不过，她暂时没有别的什么招，只能忍耐。

不知不觉过了一年，夏芳菲又一次全情投入到注册会计师考试的紧张复习当中，有时候甚至白天工作任务完成之余的空闲时间也在公司摆本书看。如此爱惜时间从一方面讲是好事，但从另一方面讲其他同事可受"刺激"了。每次其他同事想找夏芳菲聊天，她没几句回应，其他同事凑在一起瞎聊八卦，她也好像没多大兴趣。财务部女性扎堆，夏芳菲整天在公司看书的事情就流传开了，领导也知道，就找她单独谈话。这下她可就紧张了，心里想着："领导怎么说我的不是呀，我工作任务没落下，只不过是抽空学习，再说平时在公司聊那些八卦有什么意思吗？什么电影明星出轨，哪个同事结婚，这些事情可够烦的，我可真的是没兴趣。"

领导当然知道夏芳菲的这些想法，不过还是劝了劝她："芳菲，公司就是公司，有时候要学会合群，如果跟别人太不一样，很容易被孤立的。"

夏芳菲一肚子委屈，听到领导这么说，更是窝火："那我以后不在公司看书就是了。"

领导还是一如既往笑眯眯地说："你还是年轻，有些办公室的事情你还不懂，好吧，说太多会给你太大压力，我也是为你着想，想帮你。

总之,简单处理就是以后在公司别再看书啦。"

夏芳菲气得不行,鼓着嘴巴,斜眼看着领导:"还有什么事情吗?没事我工作了。"

领导看着她这个样子,一点生气的意思都没有,就说:"嗯,开始工作吧,工作要开心点,别老是苦着脸,呵呵。"

第一次被"约谈"就这样结束了。领导觉得小事一桩,但是夏芳菲心里极度不满,她心里有个声音在呼喊:"气死老娘了!"

此时距离考试还有两个月的时间,夏芳菲感觉有点来不及复习了,挺紧张的,公司又不让看书,虽然领导笑眯眯的,但他竟然站出来说,那就是反对呗。整天做那些出纳的事情烦死了,也没什么专业技术含量。"我干脆不干了",夏芳菲心里第一次冒出这个念头。

"妈,我不想工作了。"夏芳菲回家跟妈妈说。

"为什么?不是做得挺好吗?难道以后都待在家里?你有什么计划吗?到底在公司怎么了?"妈妈听了之后满是疑惑。

"我不是一直不干,最近要考试,公司不给看书,我怕来不及复习啊,急死人了,那个什么破领导,脸上笑眯眯的其实跟那帮女同事一个德行,整天在公司八卦聊天还背地里炒股票,他们以为我什么都不知道,不跟他们混在一起,看个书就说我不对。"夏芳菲气在头上,就把心里话抖了出来。

妈妈一听,感觉确实女儿受委屈了,但也不知道怎么说才好。

夏芳菲感觉妈妈没话了,沉默意味着赞同,夏芳菲以年轻人所拥有的天然冲动,就递交了辞职申请书。谁知道,领导不给批,又把夏芳菲拉到办公室里面谈话了。

"怎么要辞职了？不会是上次说了你几句就这样吧？"领导语重心长地说。

"我要考试啊，急啊，你不是不给看书嘛。"

"就这个原因？"

"这还不够啊？我考不过到时候怨谁？"

"呵呵，芳菲，你看这样，你在公司工作能力还是很不错的，你的工作我一直看着呢，很少有毕业生工作像你这么专业，也有上进心，长期来看这绝对是好事。但是就像上次我跟你说的一样，职场是个小社会啊，各式各样的人都有，你看她们年纪比你大很多，也没有多少精力和毅力去考试，她们看到你如此拼搏，对比之下自然心有不甘，扰乱你的计划自然是她们最希望看到的结果，如果你辞职就中计了，她们非但不会觉得可惜，还可能觉得更痛快呢。"领导看着夏芳菲，跟她讲透、讲明白了这一切。

"啊？！"夏芳菲非常惊讶。

"人都有需求，她们有聊天的需求，解闷的需求，聊天八卦就是一种恰当的放松方式。工作日复一日本来就很枯燥，你适当地也满足一下她们嘛。否则你只顾自己考试，她们就会感觉你讨厌她们。人在职场，跟人合不来，终究不是好事。我是非常看重你的，现在做出纳确实大材小用，但这都是打基础的工作。我们公司这几年业务增长很快，明年需要新招员工，自然你就可以做别的工作岗位，慢慢积累才能逐渐实现理论和实际相结合的目标，这样下去人生价值才能得以体现嘛。"领导以长辈的身份，诚恳地表达出对夏芳菲的期望。

夏芳菲有点蒙了。领导讲得也挺对的，但是工作过程中被人欺负，分工不平均也算了，自己想看书又被排挤，心里还是挺憋屈的。不过领导如此诚恳地讲出心里话，她还是有点动心，决定就相信他一次。

夏芳菲说："好吧，那我不辞职了呗。"

领导接着说："这就对了，人生会遇到各种委屈，但是总有解决的方法。'冲动是魔鬼'，这句话好像也是你们年轻人的口头禅，不是吗？呵呵，行吧，芳菲，开始工作吧。"

夏芳菲被领导说服了，但是领导并没有解决她考试复习的问题啊。"好吧，我只能靠自己的业余时间了。"她心里想。

紧张的复习过后，终于迎来了考试。这一次成绩下来，只过了一科，另外有一科竟然才差两分，真是"气死宝宝"了。虽然一科通过已经可喜可贺，但是以两分告败的那科还是让夏芳菲耿耿于怀。她一直就是个考试能手，但是从来没有一次考试的过程竟然是如此拖沓，心情确实不好，而且为了考试，还得承受别人的冷言冷语。

考试过去之后，公司的"八卦小组"又来问七问八了："哎哟，芳菲啊，这次考试都考过了吧，你这么认真，肯定能过的。"夏芳菲像泄了气的球，本不想理睬她们，又担心被人说太冷漠，就敷衍道："没过，没过，考不过啊。"心里想着："还不都是你们这些人，烦人啊，考前怎么对我的，考后就跑过来关心，真是虚伪。"

就在考试后不久，有一次办理付款申请，业务部门将需要付给一家供应商的款项，误写成了另外一家公司，但是发票过来的时候却显示为正确的供应商名称，这张付款申请，经历了部门申请人、部门经理、财务部会计娟姐和财务部领导的签字，最后到夏芳菲的手上，她也习惯性地认为所有领导都完成签字，应该信息准确了，就直接按照申请单上所写的公司信息付款，结果把 12000 元的款项付给了错误的供应商。

事情在月末对账的时候查出来了，娟姐把事情告诉了领导，说："领导，我们这个月有个付款付错单位了，夏芳菲不小心把给供应商的款项付错了，不过，这小姑娘可能是无心的，就是偶尔工作不谨慎而已。"

领导一看所有的单据凭证，心里当然清楚是怎么回事，也知道不是夏芳菲一个人的错，付错款是个大事，要赶紧想办法把钱追回，然后口头让娟姐赶紧写申请书，加盖公章向对方申请返还。

不过，娟姐走出经理办公室后，就直接跑到夏芳菲面前就说："都是你害的，付款也不仔细看，整天考试，考成书呆子了吧！付款给什么单位看都不看，会做题目有什么用。"

夏芳菲什么事情都不知道，本来考试没过就心情低落，还被如此数落，心里气得无以言表，乖乖女也会发飙，立刻回复："你干什么啊？"

"干什么？你付错款了，领导让你写申请，申请退款啊，懂不懂啊！"娟姐把单据扔在夏芳菲的桌子上，扭身就走，跟其他同事唠嗑去了。

本来领导了解情况后，是让娟姐去做这个事情的，但是这些都在领导办公室里面说的，夏芳菲可是一点也不知情。等到娟姐走出办公室教训夏芳菲的时候，财务部的同事都看见了，听到了，在众人的眼里耳朵里这个事情就变成是夏芳菲一个人的错误了。这对夏芳菲来说肯定是难以忍受的事情，但是与此类似的事情在财务职场中也实属"正常"，为什么呢？因为在公司不可能任何地方、任何角落都装上无死角摄像头和录音设备，即使有，领导也不会大费周折地拿出证据来弄清楚是谁的错误。对于领导来说，这个事情只要有人扛、有人解决就可以了，至于是娟姐还是夏芳菲去补救，他根本无所谓，也无暇顾及。但是对于娟姐来说，这个事情要让她一直看不惯的夏芳菲负责，并且过过嘴瘾对她来说是一件"必须"办的事情。只是对于夏芳菲来说，无缘无故被死对头"教训一顿"，只觉得冤死了，想反驳也不知道怎么说好，只能是有泪往心里流。

夏芳菲一看，确实付错款了，但是她没有想到其实就这个事情可以拿出"前面签字的所有人有错在先"的理由，去帮自己挽回哪怕一点点的面子。从心里出现认倒霉的念头开始，这个事情基本就要由她背黑锅了。

公司申请盖公章是有流程的，相关部门签字后要给到总经理签字，总经理签字要找个理由。结果，娟姐直接写上"由于出纳的疏忽，将款项付给了错误的供应商，现申请资料加盖公章追回货款"。这样一来，总经理一看申请盖章理由，心里就有印象了：原来财务部的出纳连付款都会付错。这对夏芳菲来说无疑是个非常沉重的打击，不过她根本没有看到这张申请单，都是娟姐一手操办。

夏芳菲感到非常委屈，不过单纯的她没有意识到被娟姐"陷害"了，还在反思自己真的太粗心了，当天夜里为这个事连觉都没睡好。

自从这件事情之后，夏芳菲不太愿意接触娟姐，也不太愿意接触财务部的其他人。慢慢地，夏芳菲成了财务部的"路人"。虽然没有明说，但是其他人心里大概也清楚："夏芳菲这小姑娘恐怕坚持不了多久就要走了。"果然，财务部的这些老会计们江湖经验非常足，她们看中了夏芳菲感觉到这里不是她要长久待下去的地方。或许，就差压倒她的最后一根稻草了。

对于没有进入这家公司的人来说，公司的工作岗位简直就是肥缺。公司大，资金雄厚，够稳当，工资福利比其他公司要高，基本没有人会主动辞职，个个都稳如磐石，因此也就没有太多的机会让夏芳菲转岗，没得转岗意味着要做出纳做到老？当然夏芳菲有自己的想法，她始终认为，要通过注册会计师考试，才算是真正能走自己的想要的道路。

夏芳菲一直忍受着公司里各种不公平的待遇，虽然公司的气氛不太好，自己也不是很能融入团体，但是至少这家公司几乎天天都能准时下班，这对于复习考试也挺有帮助。第三次考试又快到了，夏芳菲比上一次更认真，争取最后两门一起考过，然后下一年就能进入综合阶段考试，她甚至幻想着自己拿到证书的时候会是多么骄傲和开心。

在公司与同事们的关系冷冰冰的，但日子也容易过，各走各的路呗。显然，夏芳菲和其他员工的年纪相差较多，摆在面前的代沟很深。这样也好，各过各的生活，互不干扰，都在"好日子"里面慢慢变老。

这一年考试下来了，夏芳菲最后两科全通过了，终于如愿以偿。这一刻，她又找回了在学校里面考试的感觉，她感觉下一年的综合阶段考试几乎也要到手了。通过考试的第二天，夏芳菲立刻写好了辞职信："本人已经过了注册会计师考试，需要寻找更好的发展空间，别了，养老院。"

经理看了这些字，知道再也无法挽留，庙小供不了大菩萨，经理自己也没考过,只能表示无奈,就对夏芳菲说:"恭喜,恭喜,非常不容易,夏芳菲同学,祝前程似锦!不过,以后要注意跟同事处好关系啊,专业技能固然重要,职场毕竟还需要一些软实力啊,咱们公司发展前景很不错的,如果你以后在别的公司遇到什么挫折,还可以再回来,我们一定会欢迎你的。"夏芳菲拿到辞职申请的签字后,一句话都没说,立刻转身,甩门而出,"砰"的一声,差点把经理办公室的门框摔出来。经理目送她的背影,心里暗暗念叨:"小姑娘,职场这个池子里的水有多深,你真的是一无所知,你才刚刚蹚进来湿了鞋,以后可得多学学职场软实力啊,否则你越走越远,会被暗石碰得头破,被暗流卷走淹没,真心祝福你吧,夏芳菲!"

  夏芳菲不知道多开心,虽然还有一门综合阶段的考试,但是她已然感觉胜券在握。她不慌不忙地制作简历,把证书、考试通过等信息放在自己的简历中最显眼的位置,为自己的简历增色不少,她要去大公司,坐上高职位,接触复杂高端的业务,这才是她想要的人生。很快地,夏芳菲接到录用通知,她来到一家大型集团公司的总部,担任报表处理的工作,对下属12家子公司的账务进行综合管理。

  这是一家民营集团公司,下属公司分散在全国各地,往来账款的管理和合并,做起来可够复杂的,光每个月各内部公司相互之间的对账,就乱得够呛。跟上一个工作不同,这个工作不是理论上有多么难,而是操作上非常烦。从企业的角度讲,每空出一个岗位,说明这个岗位自有它的难处,否则干吗要招人?就是招来解决一些内部人难以解决的问题呀!如果是好的岗位,光领工资不办难事,轻松可以完成的,一般人员很少有人流动，很难空出来，或者一旦空出来，马上被内部人员抢先占领，夏芳菲此次入职的岗位正是这一类型的困难岗位。这次可真是体会到了什么是忙，相较之下，在上一家公司那可真是闲得发慌。

不过忙归忙，处理账务相关的问题可真是夏芳菲的兴趣点。因此，三个月试用期过了，凭着她手脚麻利、学习能力和总结能力强的特点，很快就制作好各种模板，下属公司上报的表格经常有错，她能快速找出，帮忙解决。渐渐地，干了半年以后，她也能准时下班了。

夏芳菲的上司叫胡自强，此人专业能力倒不是很强，不过他是公司的老员工，深得大老板信任，所以能在集团总部有立足之地。他从普通的会计开始，在这家公司做了八年，也终于当上了财务经理。胡自强自己能力不怎么样，但是凭着夏芳菲的考试成绩和最近半年的工作表现，他感觉自己要火了，因为下属还挺厉害的，这算是赚到了，他心里不知道有多少次偷着乐。

月度例会开完之后，胡自强把夏芳菲叫到办公室里面，以真诚的眼神看着她，用非常有磁性的声音，轻轻地说："芳菲，请坐，来公司半年了，工作上感觉怎么样？"

夏芳菲虽然平时有点忙，但是自己总算理清楚了，就如实回答："下面子公司的账有点乱，不过我已经整理好各种模板，总体感觉工作还好吧。"

胡自强一听，跟自己平时的观察没多大出入，更加肯定夏芳菲的能力了。他用期盼和肯定的眼神看着夏芳菲，说："芳菲，我看得出你是个有能力的人，可以很坦诚地讲，我们公司的业务在逐年扩大，八年前我来公司的时候，这家公司才只有一个子公司，现在经过了八年的发展，已成为年销售额过100亿的大集团，这里面对个人的发展来说，机会非常多。其实公司对于每个愿意努力奋斗的年轻人都是非常看重的。我们这样的集团，能够快速发展，当然是好事，但是也有弊端，就如你所讲，子公司的财务做得不够好，所以我们才需要像你这样的人才，如果你足够努力，公司会有更多的业务内容可以让你发挥自己的才能，我们是不会埋没能力超群的人才的。可是，现在公司发展有点太快，集团的合并报表一直是个难题，你的学习能力很强，专业技能也到位……"

夏芳菲一听是合并报表，这是财务体系里面非常难的部分，她既想接触，又怕自己做不来。于是，她诚恳地说："胡经理，我合并报表这块还没真正实操过，我怕……"

胡自强斩钉截铁地说："我相信你一定能做好，每个人的素质是不一样的，像我处理一些人际关系还可以，但是做合并报表我肯定不如你，我相信由你来做合并报表，肯定能将我们集团的财务工作效率和质量提升一大截。如果你真有兴趣，可以今天回家考虑考虑，什么时候感觉自己能承受，随时可以到办公室找我。记住，公司绝对不会埋没掉一个有才之人，我相信你未来有很大的发挥空间。"

胡自强一直注视着夏芳菲的眼睛说话，语气恳切，可谓掏心掏肺，似乎夏芳菲就是他的救世主。这番谈话下来，夏芳菲已经觉得自己可以胜任整个集团公司的财务报表整改任务了，自己就是那个帮助集团财务工作上升一步的关键人物。

胡自强让夏芳菲回家考虑考虑，但是夏芳菲连回家的时间都省了，当天下午，夏芳菲便叩响经理的办公室，接下了这个任务。第二天，夏芳菲就开始接受挑战，当然其他事还得继续做，因为胡自强根本没有提到把原来的工作任务交给别人。

接下来第一个月，夏芳菲可够忙的了，12个子公司的合并报表，仔细一看，原来的合并过程做得太随便了，没有什么理论支持，有时候公式错了都没有人知道。平时就乱做，等到年末让审计帮忙修正，而审计修正了什么内容，公司里面竟然没有人真的能搞明白，换句话说审计说多少就是多少。这算什么情况？夏芳菲吓出了一身汗，原来财务还能这么做？而且在这么大的集团财务报表竟然如此蒙混过关，好吧，既然接受，那就承受。

第一个月，根本没有周末，连续好多天奋战到晚上十点才回到家，勉强应付过去。妈妈开始担心夏芳菲的身体，平时拼命工作，周末也没有休息是否能扛住，哪有这么忙的工作？夏芳菲还信心满满地说："公司领导相信我，给我支持，给我发挥的空间，我应该庆幸才是啊，妈妈你不太了解这一行，我比起那些做审计的同学要好多了，他们经常要熬到凌晨呢。"妈妈也确实不懂，就没怎么多说。

第二个月，继续熬夜，夜里十一二点才能离开公司。

第三个月，夏芳菲痛定思痛，希望能找到问题的症结点，让工作时间正常下来。集团公司每个月8号开经营会议，需要用到财务报表的所有数据和分析结果，按照规定，最晚4号下班前要求子公司将所有报表上报完成，可是一直以来最拖时间的就是子公司的报表，每个子公司上报的报表乱七八糟，经常4号报完了，5号说要调整，5号帮他们解决问题，6号还有一两家突然有变动，真的是令人精神崩溃。每个月从1号到7号，这个星期的劳动强度非常大，其他人又不太懂合并报表的问题，夏芳菲凭借一己之力，忙得天昏地暗，虽然说在工作技能上对自己也有很大的锻炼，但本质问题并不是夏芳菲所能解决的。而此时的夏芳菲毕业才四年，说实在的，别说她没有能力解决这些报表拖延的问题，她甚至没有意识到解决拖延问题比解决报表的技术性问题更重要。

第三个月又熬过去了。可是夏芳菲的身体已经开始出现问题了，偶尔出现头晕，要到医院吊水。

第四个月，第五个月，第六个月，不行了，问题一点也没有减少。夏芳菲竟然连续工作了一天一夜，到第二天早上7点才回家，妈妈被她吓了一跳。结果回家休息了才两三个小时，夏芳菲就说要去上班了，不然公司有什么问题别人都不太清楚。妈妈一点都搞不懂这是什么情况，那么大的公司，竟然要依靠女儿一个人才能解决问题。妈妈确实有所不知，合并报表这码事，在这家集团公司里面，确实没有第二个人懂了。

看着女儿太累了，妈妈就阻止女儿去公司，想让她多休息一会儿，但是夏芳菲责任心强，立刻整装待发，她对妈妈说："不行，我要过去，不然公司那套表格他们不是很懂，经理开会期间经常有问题会问到的，每个月都是这样，我还是要过去。"妈妈看不下去了，说："什么公司啊，这不是见了鬼嘛，这是什么管理风格，难道事情都靠一个人在做吗？"夏芳菲觉得自己责任心强，也不能理解妈妈，就不耐烦地大声说："我今天是必须去的，你拦着也没有用！"然后就大步流星，打车回到公司。

一到公司，财务部的其他同事就在窃窃私语，夏芳菲一打听，才知道原来胡经理参加了经营会议，但是老板说了，这个月财务部的工作做得不好，竟然开会了还要各位老总在干等财务部的报表分析资料。胡经理一大早跑过来，匆匆忙忙整理打印，弄好的时候已经9点半了，而会议在9点开始。

这一下，夏芳菲感觉自己确实做得不够好，心里突然有了深深的愧疚感。不过，自己已经非常尽力了，忙到身体快扛不住，两个眼袋乌黑乌黑的，眼睛里布满血丝。夏芳菲回到座位刚打开电脑，中午休息散会了。胡自强被老板当场指责心里很不痛快，见到夏芳菲在座位上，就说了句："你，过来我办公室。"夏芳菲有种不祥的预感，不过还是走了进去。

胡自强果然憋不住了，他受了委屈，自然要找人发泄，夏芳菲正好在场，便被抓过去当了靶子。胡自强说："你怎么回事啊！报表开会要用，你应该知道的，都做了半年了，怎么还是做不好，是不是能力不行啊！要是不行，就干脆别做了！"

夏芳菲想想刚刚自己身体快撑不住了，自己也熬到通宵，非常辛苦，还为了要回公司跟妈妈吵架了呢，竟然受到这样指责，心里非常委屈，听到这里她已经听不下去了，胡自强继续在嚷嚷什么，她完全不想听，转身夺门而出。胡自强背对着夏芳菲，完全不知道夏芳菲已经出去了，还在大声嚷嚷，门外面的同事被吓到了，还以为胡经理这是怎么了，门口有个同事不忍看到这种尴尬的场景，鼓起勇气走进办公室，轻轻地对胡自强说："经理，芳菲已经出去了。"

这一回胡自强的话对夏芳菲的打击太大了，她好好回想这几个月，忙得都不成人样了，把整个集团公司的合并报表和分析的模板，都制作成 Excel 模型，本来想着自己可以慢慢改善，未来能控制好完成时间，但是没想到做出来成型的资料却把自己身体都累坏了，得来的却是领导这样的训斥，她完全接受不了。

当天中午，饭也不吃，她就回家了，妈妈看到夏芳菲回来，眼眶湿了，满是心疼，夏芳菲再也忍不住了，抱着妈妈痛哭起来。

夏芳菲顺便请了几天假，胡自强本来不答应的，但是想想那天对待夏芳菲确实有点过头了，还是准许了。不过胡自强万万没想到，这一次，夏芳菲是彻底把事情想明白了，放假回来，夏芳菲就提出了辞职。

胡自强又像当初劝说夏芳菲接受集团合并报表工作的时候那样，连分析带讲解，又是拿出集团的发展宏图，又是个人职业的发展空间，可谓苦口婆心地劝。但是这一次，夏芳菲去意已决，泼出去的水收不回来了。

夏芳菲把自己辛辛苦苦几个月做出的 Excel 模型，全都移交给了胡自强，虽然去意已决，但是工作移交时，夏芳菲还是非常配合地给胡自强做了详细的讲解。月底，夏芳菲把工作交接完成后，就离开了。

胡自强惊叹于夏芳菲的能力，他仔细地把夏芳菲留给他的"技术遗产"研究了两个星期，才稍微有点头绪。夏芳菲走后的第二个月，他以集团财务经理的身份，召开各家子公司财务负责人开会，强烈要求提升财务报表资料提交质量，然后按照夏芳菲制作的表格和流程来落实执行。胡自强惊讶于自己竟然能把集团合并报表的工作任务撑起来，还顺利地完成了相应的工作。这真的是"踏破铁鞋无觅处，得来全不费工夫"，天上掉的馅饼砸到胡自强头上了。

夏芳菲身体熬坏了，妈妈也劝她暂时休息吧，这一年注册会计师考试的时间又快到了，夏芳菲索性待业在家，一边养身体一边复习备考。休息了几个月后，夏芳菲终于迎来了喜讯，她通过了综合阶段考试。

经过对之前的工作经历的整理，和对未来工作的思考，夏芳菲认为自己确实只在专业技能上发挥了自己的能力，但是在其他职场关系处理上似乎有很大的缺陷，她跟爸爸妈妈做了比较深入的沟通和分析之后，感觉自己以后还是应该去制度成熟的公司，不要承受这种改革创新性的任务，解决其中的困难并不是她的优势，工作要以生活为主。经历了这家集团公司总部的财务工作之后，夏芳菲的专业技能也有了较大的提升，只不过在职场实战方面的软实力，她确实意识到那并不是自己的强项。

找工作要按照匹配的能力来，夏芳菲痛定思痛之后，找了一家大型企业，担任财务分析主管一职，没有带下属。只不过这一次不再是有十几家子公司的集团合并报表了，而是一家独立公司，基本准点下班，一个月加班两三天。自此，夏芳菲逐步迈进入了职业发展的稳定期。

男大当婚女大当嫁，工作上实行战略收缩之后，夏芳菲专注于精致的生活，空闲时间渐渐多了起来，放松心情之余，通过亲戚朋友的牵线搭桥，她认识了生命中的另一半，一个让她为之倾倒的男士杨于修。他任职于一家大型银行，担任高管职务，从专业的角度上两人有共同的话题，从生活上彼此也有共同的兴趣，从此夏芳菲进入了热恋期，而工作方面夏芳菲只需花费 3 成的精力。

甜蜜的爱情经历了三年之后，夏芳菲与杨于修奉子成婚。

小孩出生之后，夏芳菲忙于家庭，事业发展凑合即可，稳定而美满的家庭生活才是夏芳菲的人生重心。

PART 2 | 主 管

3　Emma 具备女强人的气质

在本科毕业之后，Emma 就在一线城市的一家外资企业工作，虽说毕业能进入外企工作，收入不错，但是面对一线城市的高房价高消费，Emma 的生活压力也很大。Emma 在外貌方面具有一定的优势，虽谈不上貌美如花，但五官端正，眉清目秀，已经凸显天然竞争力，加上爱笑的女孩运气不会差，不管在学校还是参加工作之后，Emma 一直都过得挺顺。

如同大多数校园情侣的命运，Emma 在大学相处的男朋友也在毕业季分手了。不过参加工作之后，Emma 在工作之余，也从没放弃寻找男朋友的念头。由于在市区工作和生活，虽然日常开支较大，但约会也方便，喜欢或者被喜欢都能凑足机缘。女孩子的生活需要完全依靠自己吗？这是一个哲学问题！但 Emma 从没考虑过依靠自己独立生活或者工作，面对高房价高消费，为何不寻找一个可靠男士，相互扶持过日子？

工作第一年当然是租房子，但是单身女孩子租房成本太高也不够安全，与同事合租是一个较好的方案，既安全又省钱。第一年工作经验不多，但是外企工作氛围还不错，新手进入公司有师傅带着做，有样学样，有什么做什么，经常微笑加上自身的学习能力不错，基本就能满足工作要求。这家外资企业是中国区的总部，每天处理很多业务，财务部有

40多个人。除了财务总监以外,其他人每天几乎忙得鸡飞狗跳,Emma当然也不例外,但凭着勤奋向上,她很快就能胜任本职工作,除了月末的结账两天要加班,其他时候都能做到准点下班。这家企业的工作氛围相对单纯,总体上没有那么多的人情世故,工作量做到位,没出什么差错,不需要靠跟别人拉拢关系而生存,这点Emma还挺喜欢的,感觉这样可以花多一些时间丰富自己的私生活。

下班后偶尔约会吃饭,周六日逛街出游,生活在大都市的女孩子大都这样,当然消费也比较高,需要一身像样的行头,还得整天考虑是否变着穿,上档次的商场偶尔逛一逛就没了"余粮","血拼"是给自己动力,攒足了钱根本禁不住一次往外掏。第一年过去了,赚到的钱花出去了,消费能攒生活经验,Emma把这个城市的吃喝玩乐体验了个遍。年轻就是资本,暂时不用考虑别的事,刚离开学校靠自己的劳动生存,此时不自由何时更自由?

第二年,Emma暂时没有想过要突破自己寻求晋升,工作方面只求稳稳当当便可,但是生活上的花销可不是白花的,Emma也有机会认识到了她人生中的一个重要人物,她日后依赖一生的男人。

他是一个传说中"足不出户能知天下事"的IT男,名叫Vincent,在一家全球知名的IT公司上班,比Emma大八岁。别看他非常低调,甚至眼光呆滞,但一个月光靠电脑键盘就能在一线城市赚足好几平方米的房产。IT男看上去对生活没有什么激情,好像自从掌握了技术就看透了世界,什么事情都能用IT理论理智地解说个遍,你要是不闯入他在行的话题,他一句不说,静静倾听,你就是话题女王他也不搭理,但一旦误入他的专业地盘，他一秒就进入激活状态，辩驳起来对你不依不饶，一定要让你佩服得五体投地方才罢休。Vincent 与 Emma 在第一次见面的时候就彼此欣赏，看到对方的眼睛都不愿意移走，甚至互看一眼的时候就能想象到日后的相恋和缠绵。果然做财务的 Emma 就喜欢上了这个 IT 男，而这个"内心高傲低调闷骚"的 IT 男也喜欢这个"智慧内秀身材曼妙"的女孩。于是乎，经过频繁的相约相见，很快便相识相知。如果说被女人喜欢的男人很容易就爱上那个喜欢他的女人，那么这句话对女人同样合适。缘分来得太猛，这对相知相惜的恋人在第一次见面后不到一年便结婚。Vincent 的内心闷骚，那是对自己，一旦对自己心爱的女人，那是晴空一样的明朗。关于生活，Vincent 给 Emma 的建议是：你可以继续工作，也可以完全不工作，随意。不过 Emma 认为自己还年轻，应该再寻求职业方面的突破。

结婚了，对于 Emma 自己来说，开支就小多了，解决了婚姻的后顾之忧，她想到自己应该在职业发展上加一把劲，更深刻地体验职场，丰富自己的人生阅历。

无忧无虑的时间过得特别快，Emma 已经在这家公司待了三年，其间由于有内部人员调整，换过一次岗位，但是依然属于基础的会计工作，对于成本、税务、报表、预算、分析，这些比较复杂的内容，她还没真正接触过。对于一个财务人员来说，最难受的莫过于新的工作机会"千年等一回"。而这个时候，Emma 遇到了职业发展的绝佳时机。

财务总监召开财务部全体大会，颇显严肃地说："全球经济格局有所转变，区域竞争逐步加大，中国区所占份额凸显其重，集团的全球战略是加大对中国的投资力度。那么对于财务部门来说，要做好对新业务拓展和现有业务维持的支持和服务，这是新的一年我们部门的战略重点。从微观上讲，我们今年要引入一个新项目，集团决定成立财务共享服务中心。财务共享是跨区域财务管理的潮流，这是一个激动人心的项目，顺应全球性的财务发展趋势。我们所有的财务人员都需要面对这场变革，都必须信心满满地投入到这个项目之中，从个人的职业发展来说，这也绝对是个千载难逢的好机会，希望各个团队的管理者，每一个财务人员都积极参与到这个项目中来……"

每次开会，一般的财务人员就是暗暗聊天，私下玩手机，打哈欠，睡大觉。不过Emma可不是，虽然没有拿着笔记本在记录，但是财务总监讲的话，她可字字入耳。对于财务共享服务中心，她虽然不太明白，但立刻意识到这是一个大好机会。

Emma把当天听到的消息告诉了Vincent，希望见多识广的他能帮助分析分析。这个话题正中下怀，Vincent的"小宇宙"立刻被激发，他从沙发上一跃而起，从ERP的前世今生讲到全球化信息共享的管理变革，从商业格局说到底层技术。Emma听得无比兴奋，感觉人生的巨大转折点就在眼前，高兴之余，双臂大开，给了Vincent一个大大的拥抱，连连赞叹："老公，你怎么懂那么多啊！"这可能就是Emma那么快就结婚的重大理由之一吧，她想尽早锁定这个知识的宝藏。

第二天，Emma向财务经理发了一封长达千字的电子邮件，表达了自己对财务共享问题的理解以及投入这个项目的激情和信心。两分钟后，电话响起："你过来。"经理 Julie 这么快就看完了邮件，Emma 一点也不惊讶，这家外资企业的办事风格就是快速高效，"事情能立刻做完尽量不留过夜"是这个公司财务部特有的文化之一。

Emma 充满期待地进了 Julie 的办公室。Julie 开门见山："坐，说说你的想法。"

Emma 一直是个基层的小员工，对着经理直接一对一沟通还是第一次。不过凭着 Vincent 的讲解和自己的思考，她尽量说明自己的来意，表达对财务共享项目的兴趣和自己如何为公司创造价值的做法。

毕竟阅历不够，经验不足，Emma 虽然讲了很多，但是磕磕巴巴，重点不清，特别啰唆。Julie 打断了 Emma："你到底想说什么？"

Emma 一下子蒙了，心想："我不是说了那么多吗？怎么还没听明白？难道我说错话了吗？"

Julie 显然读懂了 Emma 的内心，说："我当然不明白，你讲的什么东西，再给你说一句话的机会，你想干吗？"

Emma 停顿了一下，理清思路，镇定地说："我想参与前期财务共享的调研小组。"

这个回答让 Julie 内心暗暗点了一百个赞。不过，Julie 故作挑剔说："你觉得你很特别吗？我昨天晚上就收到十封这样的邮件，你今天才发过来邮件，其实都算晚了。"

Emma："啊？"

Julie："不过，你既然有如此强烈的兴趣，可以让你参加，毕竟财务总监在会上也说，这是千载难逢的职业发展机会。"

Emma 缓过神来，不过她可能还不知道这个工作可不好做，这个项目时间紧急，而且要连续工作，四处奔波，恐怕连喘气的机会都没有，否则 Julie 怎么那么轻易就答应，毕竟好的项目个个都挤破头想参与。而 Julie 说的十个 Email 根本就是没有的事，实际上很多员工都不愿意接这个活，怕苦怕累。

接下来，说到做到，Julie 让 Emma 加入这个小组成为其中一员。前期的调研小组一共就六个人，分两个小组，需要在接下来两个月里面，分别跑遍所有的子公司进行调研。别说时间紧急，就是能力也是个问题，Emma 才做了三年的基础工作，远没到调研流程的水平。那怎么办？还有两周的时间，项目正式启动，Emma 被告知必须自己利用空余时间快速学习，公司给她提供机会、资源，但是如何做是自己的事情。

时间过得非常快，从这一刻开始，Emma 就像被打了鸡血一般，在公司走路都用跑的，急急忙忙，风风火火。Vincent 全力支持自己的妻子，有这样的机会，他也觉得年轻人应该把握住，该出手时就出手，只不过看到妻子如此拼搏，也会嘱咐一句："你可要多注意身体啊。"

每个在职场中工作的人，其实都聪明智慧、能量满满，只不过由于存在各种现实问题或对人才安排不当，诸如工资要求、沟通不畅、家庭琐事、同事竞争、领导态度、他人嫉妒、性格矛盾等问题，而导致才能无法充分发挥。一旦这些问题处置得当，让人能够随着意愿、兴趣和能力尽量发挥，其实一个人能迸发出数倍的能量。Emma 此时就如火箭发射前最后一刻完全被点燃，她在最后这两周里面一有时间就请教同事，研究资料，下班时间从五点半延迟到九点半，周六日也主动跟进，全情投入。

全情投入下的时间过得更快，一眨眼两周就过去了，眼前的工作简单交接给其他同事后，Emma 立刻启程，以一种"老娘拼了"的气势，两三天转一家公司，快速学习当地的业务，梳理各种流程，看大量文字、数据、表格、制度，在酒店、公司、机场、高铁间不断变换，一轮之后，又是新一轮。终于在身体和精神饱受折磨，瘦了一大圈之后，大功告成而归。

Vincent 夜里到机场迎接，看见 Emma，心疼不已。"娘子，恭喜，恭喜！你竟，成功，瘦身。"这个 IT 男开了一个"不合时宜"的玩笑。Emma 面如菜色，只轻轻地叹了一口气："这，并不好笑，赶紧回去，我想睡觉。"

第二天继续上班，调研项目顺利完成，Emma 是其中一员，没有什么特别出色的地方，基本能完成工作任务，辛苦两个月，回来后把所有的资料都提交，接着打回原形，又继续做回原来的工作。但 Emma 通过一起出差的同事了解到，有的同事仍然保留在该项目团队中，而自己却需要交出所有资料移交给其他人，这让 Emma 非常不解，并心生怨恨，Emma 心想自己已经非常投入地做项目，但一回来还不能像其他人一样继续保留项目职位，跟进项目工作，她非常懊恼。

Emma 忍受不了这窝囊气，她找到 Julie，试图了解具体原因，但是 Julie 表现得有点异样。跟两个月前大不相同，她只跟 Emma 说了一句："这是公司的决定，我有权安排你的工作内容，你在项目上的表现我已经看见了，会给你今年的 KPI 加分，但是仅此而已。项目的事情暂时跟你没有关系，请你继续做好自己的本职工作。"

Emma 想说明自己的优势："可是我已经花费了两个月的功夫，如果由我继续做下去，我肯定比别人有优势，我并没有推掉目前的本职工作，我可以两边一起做，我可以……"

Julie 根本不想听，转过身去望着窗外，轻声淡语地说："行了，我说得够明白了，请你回到工作岗位。"

Emma 内心非常委屈，强忍着眼泪，退出了 Julie 的办公室。Julie 看着玻璃窗里面 Emma 渐行渐远的背影，想起来多年前的自己，内心也泛起波澜："一个努力的年轻人，拼搏上进，足够勤奋和智慧，但即使机会近在眼前也并不意味着每个人都能稳稳抓住。姑娘，希望你以后能理解公司的决定，我，其实也是身不由己，无能为力。"

原来，公司临时拼凑的团队仅仅是个过渡性的组织，在财务总监的授意下，公司从外部重新招聘了一位新的项目经理，专门负责这个财务共享的项目。而按照此人的指示，没有足够的阅历和经验的人是绝对不能进入这个新成立的团队的，他宁愿重新招聘人员，也不愿意采用新人。这是一个"做好了就具备划时代意义，做不好将伤筋动骨"的大项目，别的不说，光是预算就是巨额的开支，因此如此谨慎也无可厚非。但这一切岂能对 Emma 说清道明。

回家之后，Vincent 免不了开导 Emma 一番："这是公司的决定，而 Julie 没有给你做进一步的解释，应该是她有难言之隐，别误会她。你也没有必要泄气，至少你体验过这个项目了，增长了经验。"

可是 Emma 不服气，不认输，她半哭半闹地说："明明是我的功劳，就这么移交给别人，我心有不甘……那是我的心血啊。"

Vincent 对这个事情觉得很平常，因为他早就经历过，这种事见多了。想当年他自己辛辛苦苦熬夜完成的编码，同样无条件移交给他人，这种事经历过太多了。Vincent 慢慢开导："公司里面，拿别人当枪使，然后自己占功劳，很常见噢。你这算幸运了，还能保留原有位置，有些人被利用完了，直接开掉，那他不得跳楼？人生有很多挫折，怕什么，至少我们没有吃亏，你现在经历了这一趟，对公司的业务不是理解得更深了吗？加上你之前的经验，你要是觉得不能再留在这家公司，咱们可以跳槽，以你的经验另找工作不难。离开这个伤心地，可不是吗？多么痛的领悟……"

Emma 道出了心里最真实的憋屈："我只是觉得被 Julie 给耍了。"

Vincent 看着稚嫩的妻子正在紧握双拳，她恨得拳头都捏紧了。他轻轻地叹了一声："我以过来人的经验告诉你，Julie 是无辜的，她应该还是很器重你的。"

Emma："何以见得？"

Vincent："她跟你谈话便已显出诚意了，她并非刻意陷害。我猜想，你们公司可能有专门的人在管项目，而不是她。"

Emma："这么说，我还有机会？"

Vincent："你估计没有机会了，如果有机会，就不是今天这样了，既然是这个结果，说明完全没有机会了。"

Emma："那我还继续工作吗？"

Vincent："当然，就让往事都随风，重新认真工作，而且继续工作，Julie会关照你的，我预测你表现正常可能有机会换岗，做更有挑战性的工作。一个部门又不只是一个项目，还有其他工作，你目前还只是一线员工，她看中你的认真、谨慎、有责任心，帮你调动一个工作岗位，太简单了。"

Emma："噢，但我心里还难受呢，平常怎么面对Julie？"

Vincent："就当没这个事，听我的，准没错，工作矛盾如果能化为平常，那么感情就会飙升。你现在要做的就是让这个事情恢复正常，把心态调整一下，你可以做到的。"

Emma："怎么你什么都懂，分析如此透彻，在你身边我感觉到满满的安全感。"Emma像只小猫一样暖暖地躲进Vincent的大胸怀里。

Vincent："因为，我是温厚的长者。哈哈……"

Emma想明白了Vincent所讲的一切，便收拾心情，重新做回自己的工作，遇到Julie没有一丝尴尬。Julie虽然没有当面了解Emma的心理变化过程，不过她知道这姑娘做到了忍耐和承受，她必然能承担更复杂、更重要的任务。

这一年就这么过去了，在公司的第四年，机会终于来了，有一位负责税务的同事离开了公司。Julie一直帮忙看着哪里有机会，想给Emma试试，机会来了,Emma感谢Julie的同时也庆幸家里有位绝佳的"谋士"。

对Emma而言，税务工作肯定是个挑战，不过相对于当初紧张的项目而言，这简直是小巫见大巫。凭着Emma强大的学习能力、承受能力、责任感，三个月之后，Julie 便在一封给财务总监的 Email 里面写道："我们的团队有一位成员 Emma，短短的三个月时间便胜任了我们的税务工作……"

Julie 的一封信，把对 Emma 能力的认可宣传开了，至少，财务总监知道有这么个人了。

果然，做了税务工作之后，Emma 更加深入地理解了公司业务。公司税务并不简单，把目前的税种、纳税时间点、计税方式弄清楚已经相当不容易，慢慢要熟悉怎么从会计账务上取数字，怎么与税务局稽查人员进行沟通，怎么提高效率把税务风险放在业务发生之前仔细考虑，解答部门间的税务疑问，最后慢慢过渡到税务筹划，这是税务专员的发展过程。不过，Emma 目前仅仅是入门阶段，Julie 对她的赞美其实也就是鼓励她在这条路上继续走，她相信 Emma 的素质足以胜任。Emma 果然不让人失望，在做了一年多的税务工作后，公司普通业务的税务筹划都可以胜任了。

人怕出名猪怕壮。Emma 这头"猪"混得稍微有点壮了。突然有一天，她接到了一个电话。

Emma 一接，对方很知性的声音："您好，请问是 Emma 女士吗？"

Emma 不太能辨认对方的声音，一开始还以为是房产中介，试探性地说："是的，你是？"

对方接着说："我们是一家英国的猎头公司，我叫 Alice，对您的工作经验非常欣赏，很希望能邀请您参加我们公司针对职场人士的个人职业发展规划，请问您这周有时间吗？"

Emma 心里一阵窃喜，传说中的猎头竟然也找上门来了，整理思绪后，她镇定地说："我考虑一下。"

对方继续说："请问您是没有时间吗？我们知道很多职场人士都是周末才有时间，如果您愿意，周六日的时间都是可以到公司来，我们见面详谈。"

Emma 一听，这说到心坎里去了，顺口就说："好吧，那就周六早上吧。"

对方："Emma，我们就定在周六早上 10 点钟吧，好吗？欢迎您的到来，稍后将地址发给您。"

Emma："好，可以。谢谢。"

挂断后，Emma 心脏猛烈地蹦了一阵，不是因为第三方公司对自己的认可，而是进入这家公司以来还没有想过跳槽。既然有人认可，为何不尝试呢？或许真如传言，跳槽一次能加薪不少呢！

虽然加薪不是 Emma 最主要的目的，因为家中的 IT 男才是挣钱的大户，但是被人认可是一种美妙的感受，Emma 第一次被市场认可又怎么会拒绝呢？

按照约定时间，Vincent 车载 Emma 来到了这家公司，竟然是在市中心最繁华的中央商务区。对于 Vincent 来说，去猎头公司是司空见惯的事，而 Emma 感觉很新鲜，Vincent 就带着她来尝尝鲜。Vincent 在楼下咖啡馆等着，Emma 自己上去谈。

猎头这个行业是怎么赚钱的，Emma 可能完全不知道，但是当走进这一座高档的写字楼，便感觉这一行肯定非常暴利。接待她的是当天通过电话的 Alice，Alice 先简单说明自己是从英国留学回来，做猎头有两年了，对于 Emma 这样的情况，她之前有过向其他公司推荐的成功经历，机会很大，平台很好。

简单的寒暄之后，Alice 让 Emma 先填写一份个人简历，然后离开会谈室。

20 分钟之后，Alice 重新回到会谈室，就着 Emma 填好的单子，详细地与 Emma 沟通单子上的内容，从教育背景到工作经历，从个人兴趣到未来梦想。最后 Alice 说："我现在手头有一家英国公司，寻找一个税务专员的职位，与您的工作经历非常匹配，就我的经验，您应该不难获得这个职位，我下周一及时为您推荐，您觉得如何？"

Emma 被这么突如其来的机会弄得有些不知所措，之前工作确实有过不顺，但是经过 Vincent 的开导，后来也没想过要辞职，而且 Julie 对自己也挺看重的。思来想去，有点犹豫。

Alice 追加几句："您在这家公司已经五年，对一个职场人士来说，也具备足够的资历和背景了，非常多的职业经理人，都是有不同公司的从业经历，从不同公司也可以积累更丰富的职业经验，对一个人的能力积累非常有好处……"如同卖时装一样，猎头 Alice 滔滔不绝地向 Emma 推荐这件新来的"英国高档服装"。

Emma 自信心被拉高了三尺，便答应了，Alice 表示将尽快跟进信息。

临走之时，Alice 指着简历说："Emma，麻烦您填写您的直接上司及其联系方式，这是我们公司的规定，在您正式被录用前，一定会为您保密。"

Emma 心里有点不愿意，怎么要写 Julie 的信息，但是刚刚被说得天花乱坠，便没有形成抗拒的外在力量，不由自主地方写上"Julie"，翻开手机通讯录，把 Julie 的手机号也填上了。

Alice 甜舌蜜语地送走 Emma，转身回到上司办公室对着另外一个人说："Dave，搞定了，你要的 Julie……"

一个西装笔挺的男子，脸面干干净净，不过却难掩深邃的眼神和眼角的细纹，这个成熟的男人就是 Alice 的上司 Dave。如果说 Alice 销售的是高档服装，那么 Dave 卖的是定制类珠宝玉石。

Dave 笑眯眯地："手法不错。Oh，Julie，不错，这是我的'货'。"

Emma 下楼后，把面谈细节都告诉了 Vincent。Vincent 轻轻说了一句："你帮她老板拿到了一个很贵的联系方式。"

Emma："啊？"

Vincent 继续说："猎头，拔起萝卜沾满土的职业，把一个人从一个坑挖到另外一个坑，再拉另外一个人填到新挖的坑，坑还是那些坑，但是挪来腾去的过程中，成就了这个'辉煌'的职业……"

而 Alice 确实卖力推荐 Emma，做了一套标准资料后，推荐给英国客户。

Emma 当然也是具备实力的，就凭实实在在地在外企工作了五年，就足以令人信服。

约好面试时间后，Emma 第一轮面试，遇到的是英国公司的 HR。这家公司关心很多软性的问题，譬如：稳定性如何，背景是否真实，谈吐如何，性格是否有什么缺陷，自己对自己的认知问题，自己的弱点和优势是什么，文化是否与公司匹配，执行力是否足够匹配新职位，等等。

Emma 很正常地发挥，顺利通过了 HR 的面试。

接下来，是来自这家英国公司税务专员的直接上司的面试。直接上司招人看重的是此人的工作能力、工作风格，与上司汇报的技巧，抗压能力，解决问题的能力，专业技能的经验，若没有大问题，基本就可以纳入考虑范围；但是如果有亮点，那就非常好了，亮点一般是从业经历中的突出事件、项目、业绩等。Emma 将自己对所在公司业务的理解讲得很到位，由于积累了五年的经验，讲起来是底气十足，随便一想，便能拿出执行过的实在案例，也因为都是自己一手经历的事情，所以讲起来非常踏实。这种风格正是面试官所欣赏的。

基本上直接上司通过了之后，这场面试已经 90% 通过。但是财务总监出于"重视"，在通过直接上司面试后，以"混个脸熟"为目的，财务总监也见了 Emma。面试内容是谈谈自己的兴趣、对税务的理解、工作规划，了解面试者的心理素质、回答问题的逻辑，等等。如果谈得舒服，合拍，可以谈一个小时，如果不舒服，早早发现严重缺陷，也会很快结束。当然，Emma 属于知书达理、经验厚实的一类面试者，很顺利地通过了这个英国公司的税务专员职位的面试。

在面试完的第二周，Emma 就接到了英国公司的 Offer，比原来单位涨薪 30%。

Vincent 当然是祝贺自己的妻子，顺利地通过猎头获得新的职位。这至少说明了这个人已经在市场上有了客观的价值，能"明码标价"了，这对于一个财务人员来说，可喜可贺。

接下来就进入辞职流程了。对 Emma 来说，Julie 可以说是她的贵人，说不上"恩重如山",但确实是她的"嫡系子弟"。当初经历了一个信息共享项目的小风波,还能依然理解坚持跟着上司工作,而这个上司,也并非"泯灭人性"式的"一将功成万骨枯"。Julie 看着 Emma 有自己年轻的影子,关照"年轻的自己",是职场老人的"通病",所谓传承不也就是如此吗?

对于自己透过猎头找到了新工作,Emma 有点内疚。不过,Emma 也没有必要自责,因为 Julie 何尝不懂,职场"骑驴找马"是多么自然而然。

在一家公司工作久了,沉淀了很多内容,价值没有办法在内部完全展现,当市场出现类似职位的时候,向外迸发的人,会在市场得到一个相对客观的价值。但是,如果说跳槽能满足工资上的需求,那么跳槽失去的东西依然不少,因为你自从跳槽进新公司的那一刻开始,你就是个"外来者",而当你拿着相对弱的工资在旧公司的时候,你拥有着一些工资无法表达的价值,譬如"根正苗红""职场人缘""上司信任""工作风格默契度",等等。而跳槽之后,所有这些东西都要重新建立。不过这是 Emma 的第一次跳槽,她当然没有办法理解这些深层次的含义,而 Julie 肯定全都明白,那面对 Emma 的辞职,Julie 怎么办?一个字:劝。

但是人总是容易喜欢新鲜,Emma 也想像 Alice 所讲的那样,去看看别的公司运作如何,去经历几个大型公司,然后成为经验综合的职业经理人。所以,劝,八成是无效的。

Julie 说:"Emma,你在这边非常卖力,我看在眼里,也一直在向财务总监推荐你,你的前途在这家公司非常好,而且你是毕业就在这家公司工作，人缘好，公司的信任度非常高。在一家公司做久了，重大的价值是在后头才体现，你现在一走，之前积累的东西，就全没了，你懂吗？"

Emma："对不起，Julie，我想走出去看看别的公司，多积累一些……"

Julie："这些话是谁教你的，都是鬼话，能在一家公司做10年、20年，才是重量级的元老，懂吗？元老可不是那些跳来跳去的人能轻易获得的荣誉，你以为一个年薪几十万的所谓财务经理，到一个新的公司，就能立刻得心应手吗？搞不好，还要翻船。更何况，你这才是普通的税务专员……"

人生阅历总有深浅之别，Emma身处这个阶段就是不懂，她也可以不懂，因为她身体上的年龄就是年轻，很多弯路等着她去走。在Julie的"失望"中，Emma离开了旧公司，投入新公司。

果然，新的公司，一切都要重新建立，试用期就是个挑战。买东西不喜欢还能退货呢？更别说一个职位，试用期三个月就是个随时都可以执行的退货期。当然，Emma没有让这个"退货期"的功能发挥作用，她埋头苦干，一进公司就处理了上任税务专员遗留的种种问题。

天下没有一个有前途的职位是舒服的、清清楚楚的职位，公司也不会从外部请一个人来做简单有条理的事情。从这个角度讲，Julie讲的是对的，一切都要重新建立。不过从另外一个角度讲，也能锻炼你的处理问题能力，对积累经验有好处。每个事情都有两面，Emma在辛苦的三个月试用期过后，顺利拿到了转正通知，三个月积累了非常多的新的税务经验，不能不说这在Emma的职业生涯上又添上了漂亮的一页。

Emma 和上司的合作还不错，毕竟愿意努力付出的职员到哪儿都受欢迎。不过，想要升职可就没有那么简单了，每家公司都有升职评估体系，财务部那么多人，一年下来要提升谁？老员工一堆，都伸长脖子等着呢，而作为"外来人"的 Emma 第一年肯定是没有机会的，第二年也够呛，第三年才慢慢有点"老员工"的味道。

不过 Emma 没有那么"顺利"地做到第三年，在第二年，Emma 怀孕了，这当然不是突然的，而是"蓄谋已久"的计划，毕竟这一年已经是 Emma 毕业后的第六年了。Emma 也常常调侃自己说："再不生，我怕未来不会生了。"鼓起勇气的她，在职业相对平稳的这一年，选择了怀孕和生产。这一年年末休了三个月产假，一转眼，就是职业生涯的第七年了。Emma 已经从当初稚嫩的应届生，成长为成熟的税务专业人员了。

休养过后，Emma 重新回到公司，公司当然给"哺乳期"的女性相对宽松的工作任务。

这个时候，久别重逢，Julie 又出现了。Emma 离开原来公司之后，Julie 可没有断过与 Emma 的联系，由于当初离开的理由是"和平分手，我想看看外面的世界"，所以 Julie 和 Emma 一直保持着高浓度的友情。当 Emma 已休完产假返回工作的时候，Julie 所在的公司也发生了一些变化。

原来，当初财务共享服务中心的负责人离职了，而 Julie 在公司熬了多年之后也出成果了，刚升任财务副总监，兼任财务共享服务中心负责人。这个时候 Julie 身兼二职，新兼任的团队，成员都是刚离职的原财务共享中心的旧下属，而 Emma 是 Julie "可靠的老部下"。因此，召唤 Emma 的回归，就是 Julie 兼任财务共享中心负责人后的第一步棋。

如果 Julie 没有 Emma 这么可信任的老下属，那退一步讲，也会从公司外部重新招聘人员，来充实新团队，形成自己真正的"实力"。

Emma 几乎没有"正当"的理由拒绝 Julie 的邀请：Julie 直接开出 50% 的涨薪，职位上升一级当财务共享中心主管。条件如此优厚，Julie 又是合作满意度非常高的领导，何必拒绝呢？就这样，Emma 美美地吃了一口回头草。

不过，财务共享服务中心的工作并不是那么简单，否则原团队负责人也不会轻易离职。财务共享实施的几年来，整个集团的业务已有了一定程度的集中度，但实施财务共享之后又出现的问题是共享中心的人员不断增加（这是建立共享必然的结果，是合理并可理解的），但各子公司原有的财务人员却精简不了，相当于花巨资建立了共享之后，新旧两套人马几乎同时存在，费钱又费力。由于原有的项目负责人一直改变不了这个状态，子公司原有的财务人员也不太理解现实的处境，而各子公司的业务团队更无法理解财务共享的意义在哪里，甚至有一部分业务管理人员还主张干脆恢复旧的管理机制。总而言之，项目实施了几年之后面临着一定程度的再升级的需求，而财务总监认为财务共享的基本框架已经搭建完成并且运行良好，外聘项目负责人在改善和升级方面没有办法提供更有效的帮助，因此决定由 Julie 挑大梁，希望能完成该项目的提升工作。

Emma 此前并没有尝试过财务共享的具体工作，不过本着强劲的拼搏精神和领导对她的信任，她即刻投身到这个新的领域当中，学习和整理财务共享的内容，负责税务模块的整合工作。

虽然面临的升级需求有一定的难度，但多年的运行过程也积累了很多业务数据和财务数据，这为接下来的工作提供了坚实的数据基础。经过谨慎的研究之后，Julie 重新规划并确定了保留财务共享的核心功能模块是：资金、税务、总账、往来、资产、费用和报表等模块，其余处于执行中但效果不佳的功能暂时停掉，等核心功能充分发挥之后再做远期规划。

有了总体规划之后，对财务共享中心近 200 名财务人员的工作能力进行重新识别和筛选，以匹配相应的工作岗位，接着又进行新一轮的子公司调研，目的在于调查子公司财务功能的使用情况、财务人员工作情况、业务团队对财务共享的支持情况等，以便有针对性地对子公司进行人员和业务精简。Emma 又一次参与到对子公司的实地调研中去，Emma 在多年前参与的那次调研比较简单，属于初步流程调研，那个时候的 Emma 经验尚浅相对稚嫩，如今她已是一名具备成熟工作经验的税务专业人士，参与调研的内容将直接成为 Julie 做决策的重要依据。

这是一项有挑战性的任务，不过非常符合 Emma 强烈的事业心，她认为攻克难题才是真正的工作意义，如果每天都做一些重复性的简单工作，她会觉得非常乏味并且缺乏斗志。

接下来的两个月里，Emma 又是四处奔波，在不同的子公司之间重复着调研，讨论，测试，并最终形成解决方案。项目提升计划实施了半年，终于有所见效，子公司财务人员减少 50%，财务共享中心的数据运行并没有受到负面影响，财务总监对财务共享的升级结果和 Julie 的能力赞赏有加。

  财务共享中心多个核心模块都分别设置有经理人员，唯独税务模块经理职位空缺，Emma在主管职位上锻炼了两年之后，成绩斐然，Julie将她提升为经理，补充了税务模块应有的人员配置。

  Emma又一次实现了升职和加薪，职业发展过程顺利畅通，越来越具有女强人的气质。

4 林悠然追随领导不放弃

林悠然，跟大多数同学一样，也是从外地考进这个二线城市读大学的。林悠然从小生活在一个小城市的小镇上，父亲是小镇里面乡镇工厂的会计，母亲也在这个工厂工作。林悠然从小对外面的世界充满期望，虽然在他生活的小镇上，很多人都在那里生活工作一辈子，但林悠然却憧憬着到大城市去感受一番，他最奢望的工作状态是稳定而持续的，是没有多少忧愁的，是有儿有女的稳定家庭状态。

林悠然是个老好人，不喜欢招惹麻烦。大学的时候经常有同学因为生活琐事而产生矛盾，彼此处于"不服"的状态，"火力"够猛的同学甚至因小事就拳脚相加。但在林悠然的世界里面，防守才是最好的进攻，而且他打心底里准备防守一生，即使跟别人有矛盾，他都会忍住，"退一步海阔天空"。有同学熬夜玩游戏，林悠然早早准时休息，却往往是闭上眼睛睡不着，熬到同学也睡觉的点才开始睡觉，但他不说，忍着；有同学中午在寝室看电影开音响很刺激，但是林悠然吃完中午饭就要睡觉休息，常常闭上眼睛睡不着，但他不说，忍着；有的同学外出游玩不愿意上课就让林悠然帮忙签到，林悠然心里觉得很烦，但他照办，忍着；有同学比较傲气，看着软绵绵的林悠然就直接说他以后肯定没出息，林悠然听着不舒服，但看也不看他一眼，忍着……类似的事情太多了，在林悠然的世界里，"防守才能过好这一生"。

虽然在同学关系中表现平平，但是，进入社会就不太一样了。林悠然从大二开始就知道四处找实习，他一不怕苦二不怕累三不怕烦琐四不奢望高收入，在林悠然的世界观里，"我一无所有地来，能让我有所体验便是一大收获"。他找实习瞄准的是毕业后的工作，而不是实习的状态，在校的实习只是为了积攒经验。若能在学校的时候就多垫几块砖头，那等到毕业的时候就站得高多喽。

很快，林悠然便找到了一家公司做实习，得到的报酬仅仅是车马费的报销，但林悠然根本不在意这些，尽管这个公司离学校要二十几站公交车的路程。寒暑假期间，林悠然一如既往地跑到这家公司去实习。实习期间林悠然在公司里面做事情毫无怨言，勤劳肯干，跟一般的会计人员相比，要求很少，干活很多，给他安排工作的会计人员都相当满意。这样一来，寒暑转换，一年过去，这家公司竟然邀请林悠然继续干。

林悠然在公司总是闷头干活，脸部虽然僵硬但有时也能勉强挤出点笑意，财务部员工私下里说："林悠然笑比哭还难看。"他没有换过单位，这两年实习下来，装订凭证做得很多，记账也做了不少，费用记账操作过，往来账款基本流程也挺熟悉，成本收入稍微有点概念，报表税务尚未接触。虽然对财务尚未弄懂弄通，但是对公司财务部的运作流程、相关人员的脾气性格，已是摸透老底，应对自如。

财务经理周东平看到这孩子很乖，又踏实肯干，心想公司不要这样的人那还要谁？花大力气去招人还找不到这样的呢。于是，在林悠然快毕业的时候，就让他毕业后直接到公司上班。

林悠然心想这当然是好事，但是如果是全职工作，那待遇总应该要变一变吧。他眼神中的游离状态，周东平早已看出来，就直截了当地说："正式员工，福利待遇肯定跟其他同事一样，你非常踏实肯干，起薪3500元，这边规模不算小，好好做，会计经验是要靠熬出来的，我看好你……"

林悠然想到别的同学整天去赶招聘会、宣讲会，忙得不行，他感觉那很"坑人"，自己不太适合应届生招聘的规则。而且实习单位的经理都说出工资了，符合自己的期望，就爽快答应了。

毕业后林悠然就搬到公司的员工宿舍住下了。谁都没想到这一住，三年就过去了。这三年，公司业绩增长快，新招了两个会计人员，原来的出纳走了，成本会计走了，财务经理也要离开，但林悠然还在。

林悠然工作了三年，出纳、费用、往来账、成本核算，做了好几个岗位，工资也一直在变，由一开始的3500元变成了4500元。财务经理周东平另谋发展，林悠然跟他一起工作五年了，心里很感谢他，离别的时候竟有一丝伤感。周东平对林悠然特别有好感，听话肯干的员工，谁能不喜欢？离开前的最后一天，周东平还特别请他吃了一顿"散伙饭"。

周东平感慨："我们做财务的，一定要有耐心，耐得住寂寞，你这方面表现得不错。"

林悠然内心很感激周经理，但表面上一如既往地平静如水，说："嗯。"

如果说林悠然有什么优点，那就是他是一个百分之百优秀的倾听者，先别深究他会不会听进去，至少他在与人面对面的交流中，永远给人一种已经听进去了的感觉。浮躁的职场已经很少有人能做到这一点了，而周东平也如大多数人一样，对林悠然表现出来的"宁静倾听"感到非常舒服，谁不愿意被认可被认同呢？不管你陈述的是什么偏激的观点，深度的抱怨，面对林悠然的时候，你会感觉：对的，他认可你的意思，他支持你，他赞你。别的不说，林悠然一直"嗯"，然后用非常谦卑的眼神看着你，点点头，绝对让你"刷足存在感"。

周东平继续说："这个平台不错，现在公司业绩增长快，你可以接触到多一些的业务，在这边又提供食宿，比你在市区工作好多了，攒点钱，在这边买房子不难……新来的领导，一定要顺着他做事，该帮忙就帮，这种时候容易产生机会。你在这边有五年了，我也是看着你成长起来，底子比较扎实，日后有机会可以寻求做税务、报表、预算、财务分析的工作机会，以后的发展就比较很全面了……总之，不要急，千万不能急……"

周东平语重心长，林悠然在"嗯""嗯""嗯"和频频点头中吃完了这顿中午饭。听没听进去，只有林悠然自己知道。

新来的经理对原有的成本分析不太满意，林悠然见此现状，力求按照经理的要求去改进，经常主动整理资料给领导过目，周六日主动无偿加班，多付出一些时间来思考、准备、设计各种新的分析模式，并制成表格，理顺经理提出的问题。看到林悠然弄的一些资料，思路虽然没有多大突破，但是整理资料、表格操作足够仔细认真，新经理也表示认可。肯干的人运气不会差，既然资料都准备到了80%，再经过指导，这个事情就能完成90%了，林悠然就是这么主动地满足"领导"需求的。来来去去相互间也有了一定的"默契"，而林悠然的"乖小孩"形象也逐步消除了经理的戒心，信任慢慢就建立起来了。

一转眼，一年过去了，成本分析改版有十次之多，修改过程相当艰辛，而林悠然也是费尽心思，积极主动，没有功劳也有苦劳。虽然谈不上是"最佳下属"，但是起码经理认为此人肯干、踏实、可靠，把任务交给林悠然，他会做得非常到位。

财务的工作按月循环，周而复始。时间过得很快，林悠然毕业后在这家公司已经四年了。一个人在一家公司久了，会变得习惯，习惯这里的人，习惯这里发生过的事情，林悠然显然是公司财务部的老员工了，他自己也知道成本核算在其他公司里面绝对不会是五千还不到的工资水平。但是林悠然是一个不太喜欢挑战，而喜欢安逸规律生活的人。准点上下班，准点交报告，准点参加会议，准点睡觉，准点外出跑步锻炼身体，这是他喜欢的状态。

想想自己的生活，自己的工资收入，以及在这个公司未来的发展，这个安静的小伙子也有点耐不住寂寞了。他想着，是不是可以跟经理提出加薪，或者换岗，如果不行，就真的要私下找找别的机会。但是，向来温厚的林悠然一直憋着心里话，很多次想进入经理办公室直接说，但总是在最后时刻又退缩了。林悠然想着：或者直接发邮件吧，那发了之后会不会就撕破关系了？要不然再等一个月？他总是在幻想、思考、犹豫、忍耐，对于他这种防守型的人，恐怕做不到主动促进事情的发展，而只能等到事情有变，出现"压死人的最后一根稻草"。

一味忍耐，有时候机会就失去了；但是事情总有两面，有时候等待，却迎来了意外的机会。林悠然这种性格，竟然让他等到了机会。公司业绩不断扩大，业务量增多，财务人员的招聘速度赶不上业务增长速度，因此每个人都变得很忙，特别是做财务分析的陈芬芬。由于实在无法忍受财务分析的乱和忙，公司业务部门也不配合工作，外加各种心理不平衡，陈芬芬向经理提出了辞职。

这是个必然但又有点突然的事情，有能力承担这个任务的就是林悠然和另外一位负责公司财务报表的女士。显而易见，有家庭有孩子的女同事，求的是安稳，不适合紧张忙乱的财务分析岗；林悠然内心百般向往财务分析职位，嘴里却说不出来。既然没有人主动提出接这个工作，那就是没有信心了，大家都承担不起。经理一想，那就从外部招聘吧，走了一个人，得来一个人补上。

林悠然无比纠结，因为他感觉自己可以胜任的，但是又感觉自己万一做不好，责任就大了，他总是想着经理主动安排他去承担财务分析的工作，而不是自己提出来，这中间有微妙的差别。但光靠想象是改变不了现实的。终于，不到两周的时间，新人就来了，林悠然也算是断了念想，对于他来说，这样也好，不用再想这件事情了，反正有人来做。然而客观上讲，自己确实没有机会了。

新来的财务分析人员，一开始风风火火，信心满满，只可惜公司的财务分析问题积淀已久，"积毒已深"，单是了解公司业务就要花费很长的时间，更别说其他财务人员是否配合，还有经理要求工作内容要有所提升优化。一周、两周过去了，新来的财务分析人员竟然扛不住压力，直接开溜。人们常说，职场找工作，"要么两个星期内走人，要么坚持下来就要干满两年"，这小伙子果然察觉到这公司"路数不对"，果断走人。

人一走，机会又暴露出来了，林悠然又紧张地纠结起来，想要这个工作却不敢提，不提却又实在想要。对于有自信的人来说，向领导提出自己的想法，不是一件很容易的事情吗？但是对于林悠然来说，这不是提与不提的问题，而是他想着让经理主动委派，这样的话自己以后责任没那么大。林悠然看上去内向、安稳，其实内心还是不够自信，责任心不够强，他不敢拼，不敢承担额外的责任。"主动向经理提出要求吧，那要万一做不好呢，自己没有退路怎么办？可是不提，肥肉在嘴边，又心有不甘，因为已经错失一次机会了。"林悠然为这个事情彻夜难眠，内心一直在挣扎。

人有所思，必有所为。整天想着这个事情，变得很敏感，经理是个有阅历有经验的人，看出来了林悠然不太对劲。汇报工作时眼神飘浮，语言断断续续，姿态扭扭捏捏，样子稍显不对。经理当然看出来他有想法，就是不知道他对工资不满意、职位没升迁，还是这小伙子已经想好要辞职。不过，经理依然觉得既然财务分析在公司内部没有人愿意承担，只能从外部招聘。但是在没有招聘到合适人选的时候，位置依然空缺。想要辞职的陈芬芬可等不及了，还有不到两周就要彻底离开公司，这一摊事，谁来接手？

老套的情节经常发生，因为那是传统的常规做法。经理要劝说陈芬芬，延缓离职，如果不答应，那就求她、劝她，总之，她必须暂时留下来，否则没人做财务分析，经理吃不了兜着走。

经理说:"现在接近年底,事情非常多,我们公司业务量增加,这个时候离职,对公司来说确实承担不起。再一个,对你自己而言,年底找工作时机不太好。我自己也是工作十几年的人,我很清楚,过完年,三四月份各种公司的岗位机会非常多,找工作要谨慎啊。这样吧,再坚持到年后吧,那个时候你也找个好一些的公司和岗位,对你有利……公司最近一年公司发展速度加快,确实有工作上的难度,年底发放年终奖肯定会对你的工作做相应的补偿……"

各种软磨硬泡,终于把人暂时留下了。既然陈芬芬暂时不走,林悠然心中的火又黯淡了下来,不过这是暂时的。林悠然知道,几个月后,如果财务分析岗位又空缺出来,自己内心又会受尽折磨,他多么希望现在的经理像周东平那样,主动给予他机会,只要任命他工作,他必然会"拼死了付出"。但是,职场中的事情总是难以如愿,经理想着,要等下属主动承担,这样才能体现这个人的信心和能力;林悠然想着,只要给我一点认可,我便忠贞不移,可以"唯命是从"。

职场也是人生,每个人都有自己的固有"缺陷",林悠然和经理都差那么一点点行动。这个事没能成,公司的岗位关系也只是一种凑合状态下的平衡:一个快要离职的财务分析人员陈芬芬,一个心里打鼓焦躁不安的成本会计林悠然,一个勉强维持局面的财务经理。

林悠然怕是坚持不下去了,他是一个需要有稳定环境的人,环境不稳,他恐怕比环境还要提前崩溃。但是,事情往往就是来得那么巧,在这个节骨眼上,周东平出现了。

有一天,周东平突然给林悠然来电话了:"悠然,你现在工作还好吗?"

在林悠然心里乱成一团之际，这个曾经对他推心置腹尽心培养的老领导突然出现，林悠然就差一把抱住电话痛哭一顿了。不过，一向稳重的林悠然还是压抑住内心的感受，一如既往地平静，他说："噢，周总啊，我……"

还没等林悠然讲完，周东平急急忙忙地说："明天中午，我找你，不说了，先这样。"

林悠然听了一脸茫然：这是机会呢，还是要出事了？这算什么情况？

第二天中午，周东平开车过来带着林悠然，又来到以前吃"散伙饭"的那家酒楼吃饭。

周东平问："现在还在做成本吗？跟新来的经理配合得怎么样？"

这一问直戳痛点，林悠然一声长叹："哎……"

周东平就明白了，马上说："悠然啊，你已经做了好几年成本会计，如果领导相处不好，确实没什么发展空间，职场就是这样，人和人之间的关系，很难说的。你是我一直看着过来的，我知道你的想法，我现在的公司有个预算的岗位，你如果有兴趣，到我那边去做……"

周东平离开一年前的公司后，去了另外一家公司当财务一把手，公司业务发展特别快，预算还不是非常成熟，以前老板没有太多关注，虽然做得不够好，但能凑合混过去。但是，最近一年老板对预算非常重视，在高层领导会议上指出："预算做不好，企业发展偏到哪里去，谁都不知道，过两年恐怕连企业都找不到了，一定要做好全面预算……"作为财务负责人，当然需要立即启动全面预算，可是毕竟老员工都习惯了以前的做法，没有什么创新能力，缺乏冲劲。

一般来说，工作几年以后，人年纪增长，到了稳定状态，有差不多的工资收入，家里琐事多，很多人在职业上就变得没有发展动力了，这是每家公司员工的通病。人好好一个，天天给你准时上班打卡，但是坐在那里就不办事，各种聊天八卦、日常生活感悟，倒是能聊一下午。

周东平当然知道需要来一个新人，打破这种局面。重新招聘一个，还不知道是神是鬼，总要磨合一段时间才能对得上节奏，还不如用一个知根知底的人。勤劳肯干的林悠然，自然是首选，作为曾经的老下属，周东平知道，林悠然会答应的。别的不说，职场的关系，哪是那么容易处的，周东平即使没有神机妙算，也大概知道自己走了林悠然日子不会好过，谁能像他那样，天天照顾着林悠然的心理需求。从这个方面讲，也是周东平在管理林悠然这方面更胜一筹，毕竟"物尽其用，人要用其心"，让员工心悦诚服才是好的管理方法。

对于林悠然来说，一切就像周东平所理解的那样，他在现在的公司无法突破，经理也没有照顾他的心思，大家的融合就差一层窗户纸，不过谁都没办法捅破，僵持的内心是很累的。周东平出现的时候，林悠然就毅然决然选择了释放心灵，他答应去周东平的公司做预算。

有了周东平的指导，林悠然辞职神速，也由不得经理劝说。林悠然要么就没想通，要么想通了就坚硬得不得了。他跟陈芬芬不同，她还能被劝下，而林悠然是直接不说话，要说话就俩字："辞职。"

林悠然一个月后就走了，陈芬芬也马上就要走，财务部更是人心惶惶，这个经理眼看就快兜不住了。

周东平很实在，说到做到，从这个角度讲，他确实对林悠然很真诚，也可见他真的是在培养林悠然。不过，林悠然也确实听话，配合。人和人之间，下属和上司之间，能达到这种状态，职场之中，实属不易。

由于预算职位比较复杂，而且又面临着创新，难度可想而知。周东平给林悠然提升了40%的工资，定岗主管。林悠然自然高兴得不得了，有一种"士为知己者死"的感受。周东平要的就是林悠然的这股劲，虽然从没做过预算，但是只要周东平给他一些指导，林悠然就能不厌其烦地搜集数据、重复修改、重新建立模型。

第一次做预算，林悠然显得有些陌生，周东平为了让林悠然快速熟悉业务，进入工作状态，把去年的预算情况表发给林悠然，让他尽快学习。虽然刚进来是试用期，但是立刻就要进入正常的工作，预算的事情实在太重要，也很着急，由不得半点放松。

周东平说："悠然，一开始做不熟悉，没有关系，这些表格这几天好好学习，不懂就找人问，大概一周的时间，搞清楚之后，我们就要开始做新的一版。"

林悠然："好的，我会尽快学习的。"

林悠然话不多，与周东平简单沟通后，就开始干起来。可是事情并不是那么顺利，林悠然一看，这些是什么，这也叫预算吗：八个部门，只有3个部门有数据，并且这是业务部门自己的表格，并没有联系到财务报表。虽然林悠然没有接触过预算，但是通过理论学习和资料查阅，他也大致能理解预算是怎么回事，可是眼前的所谓去年的预算，其实根本就是各做各的，完全看不出财务数据的痕迹，换句话说，也就是其中3个部门自己编制的一套明年计划表。

这下林悠然头就大了，不过领导说过不懂可以问人，于是他找到相关的部门人员，问及这些表格里面的问题，几乎没有一个人明白，得到最多的回应就是，"这不是我做的，我也不清楚"。这预算听着高大上，做起来可没那么容易了，林悠然突然感觉背后一身凉：这事可怎么办？

思来想去耗了两天，林悠然找到周东平说："周总，去年这个预算好像不全，也没有什么财务报表，有点看不懂。"

周东平早就知道这个情况，他和蔼地说："悠然，他们这帮人不太懂全面预算，这不就是一个挑战嘛，他们的表肯定是不全的，各个部门其实连做预算的动力都没有。你这样，先按照预算该有的模式，自己建立一套模板，然后咱们再把他们的数据往里去套。这样可以先出来一版，往后再细化，逐渐成形。"

林悠然听着感觉有点奇怪，但是周东平所描述的目前的表格情况确实跟他的感觉是一致的，不过建立一个新的预算模板，这个没有做过，压力骤然大了起来。只是他为了不让周东平失望，还是一口答应："好的，好的。"

林悠然毕竟没有做过预算，听周东平讲的时候似乎能明白，但是动起手来简直惨不忍睹，对着空白的表格不知道要写什么进去，要做什么，因为他压根就没学习过预算。周东平虽然经验丰富，但他不太可能亲自画图建表，一步一步带着林悠然做。这实在太为难了。

很快一周的时间就过去了，林悠然在这周里面什么都没做出来，也不好意思老是去找周东平，结果周一开会，周东平问林悠然为什么没有把表发给他，林悠然神经紧张，一脸茫然，磕磕巴巴地说："我快做好了，应该下午或明天能发。"

周东平没有意识到林悠然其实根本不会做，也就没追究，可是熬过了两天，一晃而过到周三了，周东平还是没有收到任何资料，他开始觉得林悠然怎么变成这样了，这次也不问了，直接跑到林悠然的座位上，看看他在干什么。不看不知道，一看吓一跳，林悠然对着电脑，打开几张表，人坐着一动不动，半天没一点动静。周东平从后面走近，问了一声："怎么样了？"

林悠然吓得屁股用力，椅子往后退，整个人直接站立起来，立马转过身，弯着腰委屈地说："周总，还在弄，还在弄呢。"

"我看看，弄到哪儿了，你讲讲。"周东平说。

"我，我，我在看他们那几张表，我感觉……"林悠然根本说不出来话，边说边停，听着让人特别难受。

周东平差点没忍住，心想你这十天的时间，就一直这么耗着，根本出不来东西啊。周东平指着表格耐心地对林悠然说："你看，这个虽然是其他部门自己的计划表格，但这不就可以算出成本吗？你之前做过成本的，计划表可以转化为成本，这不就解决了吗，收入方面也有一张表，你要懂得进行转化，这操作你应该会呀！最终来讲，要把计划表转化为财务报表，其他数据如果缺，再慢慢找他们要，或者把今年实际发生的数据填上去，总之先把整体的财务报表的模板建立起来。你能听懂吗？"

"噢，我明白了，明白了。"林悠然听得很认真，他生怕周东平以为他不会做，赶紧答应。

"你下午就要做好，做完后直接发出来给刘总，明天我们开会要用到。都急成这样了，记住，今天一定要做完！不能再拖了！"周东平语气沉重，神情严肃地对林悠然说。

林悠然心里虽然没底，但是在周东平强大的气场下，硬皮头皮说："好的，好的。"

第二天上午，刘总和周东平在一起开会，研讨预算的事情。林悠然负责编制报表，数据由他解释，因此周东平也通知他参加。

会议开始谈到预算的时候，刘总简直就是破口大骂："林悠然是谁？"

"刘总，是我！"林悠然规规矩矩地站立起来，不失礼貌而又毕恭毕敬地回答。

"你发的什么表啊，这是什么东西啊！周总，这就是你招来的预算高手？一塌糊涂嘛！"刘总简直快暴怒了，抓在手上的打印稿差点就朝林悠然扔过去。

"哎，这预算确实做得——做得不好，哎，林悠然，你先回去改，改好一点咱们下次再跟刘总汇报。"周东平赶紧出来打圆场。

"周总，咱们这一次的预算一定要严格把关，老板非常重视，可不能跟以往一样，最后不了了之啊。"刘总对周东平寄予厚望。

"这次是我疏忽，没有做到位。"周东平对预算质量不过关表示抱歉，接着他转向另外一个话题，说，"刘总，今天晚上约了方行长……"

Part 3 经理

1 季莫后院起火闹翻天
2 Ada 工作太投入太疯狂
3 Peter 步入中年心已累

PART 3 | 经　理

1　季莫后院起火闹翻天

　　季莫的父母都是普通职工，从小到大季莫学习成绩都非常不错，高考后在南方上大学。大学期间，季莫规规矩矩，该恋爱的时候恋爱，该打零工的时候打零工，该实习的时候参加实习，毕业的时候该找工作那就找，一切都四平八稳。季莫是一个很有见解的人，样子憨厚但是内心却精打细算，很会过日子，大学时期女朋友就喜欢他踏实可靠的风格，毕业找工作的时候，为了更好地应对外企的英语口语要求，两人互相之间坚持每天只说英语，坚持了两个月长进非常大。毕业之后，季莫和女朋友都到了南方同一座城市工作，季莫进了一家外企做财务，而女朋友也进入了另外一家企业做销售。

　　学习成绩好，有实习经验，英语口语过得去，气质让人感觉可靠、谨慎，季莫的优点很明显，工作比较顺利。对于工作的远期目标，他期望能尽早做上财务经理，进入较高的发展状态，而在实现这个目标之前，他必须非常努力，争取缩短在基础工作上消耗的时间。

　　当季莫还是个普通的会计人员的时候，他就积极表现，除了按质按量地完成本职工作以外，能帮同事的忙就帮，想本该领导才会想的事，做领导想要做的事，处处考虑周全，办事说话力求到位，待人礼貌谦和，给人一种"超大潜能尚待开发"的感觉。"为人正派,是个会做事、懂做事的人",这是领导对季莫的印象。很快他便有机会尝试做各种岗位的工作,短短三年的时间季莫已经把基础会计的多个职位的工作都做了个遍,从复印、打印、扫描、装订凭证等行政类的事情,到 ERP 各个模块的录入、导表、整理、制作都有所涉及。

季莫的女朋友杨琴,是在这个城市长大的女孩,父母开公司做贸易生意,家庭经济情况要比季莫好得多。当初上大学的时候父母没多注意,认为女儿跟男同学交朋友,关系不大,反正都是大学生,谈谈恋爱可以,但是他们从没有认真考虑过女儿的婚姻问题。直到参加工作已经有 3 年左右的时候,父母认为杨琴可以到家里的公司上班,帮助打理爸妈的生意,并且也感觉女儿岁数大了,应该要结婚,他们不顾杨琴已有男朋友,经常给杨琴介绍以结婚为目的的相亲对象。

妈妈对杨琴说:"你现在的那个大学男同学,发展不太好,结婚要关注家庭情况,想得更长远……"

可杨琴并不是这么考虑的,他认为季莫人品很好,是她欣赏的类型,于是经常跟妈妈对着干。

妈妈好说歹劝让杨琴跟季莫分手。她说:"每个人都有自己的命运,季莫他就是个打工的,读书不错,参加工作的企业也很好,但打工者的思维和做生意的思维不一样,我们家的公司是一份事业,你得有责任感。"

杨琴一听妈妈数落男朋友的不是,便说:"那好,我跟他结婚,然后他来继承这个家业,那不就有责任感了。"

这话可把妈妈刺激着了:"你是真糊涂还是假糊涂,我们有事业基础，家庭背景条件比他好那么多，我们要找的男人肯定也是家庭方面也有基础的，最好也是有一盘生意，这样可以在生意上有所帮助，互相提携，壮大彼此的家族事业。你这怎么考虑问题的？如果你跟他结婚，不是让他占便宜了吗，白送家业给他？我都不知道你是怎么想的，这种想法可千万不能让你爸爸听见。你到底懂不懂，婚姻不是开玩笑的，你不是在做慈善，知道吗？季莫是个好孩子，他自己努力、拼搏，是优良的品质，他走他的路子，你是你的路数，这结婚不是开玩笑。你真的要好好想想我跟你说的这些问题……"

妈妈唠唠叨叨个不停，杨琴根本没听到耳朵里。她说："这是你们的观念，现在还谁去看门当户对这个事情？再说，季莫没有故意偷你们的家业吧？他自己也很独立的，而且他现在工作的企业是知名公司，我想去还进不去呢。我跟他感情很好，你们不要拆散我们好不好。"

妈妈感觉说了没效果，有点急了："你真是个傻孩子，你跟我年轻的时候一样，傻傻地做着爱情的梦，我告诉你，这个社会很现实的，你是真不懂还是故意气我，你要多去了解一些社会上的事情……"

执意劝说收服不了人心，其实父母和子女之间的关系有时候就是这样，年轻人有年轻人的感受，父母的人生经验靠直接诉说难以让杨琴心服口服，杨琴自然也不会照做。不过杨琴知道，父母不是担心被人欺骗，而是觉得不公平，这正是她觉得有点别扭的地方。因为每次她跟季莫谈起这个事情，或者带他回家吃饭，气氛都搞得不好，感觉大家牛头不对马嘴，总是谈不拢。

季莫工作上表现优秀，领导一直很关注他，有机会当然帮他换岗，几年来也换了不少岗位。留住优秀的人才，要么有现实的报酬，要么就让人家在发展上有个盼头，否则就无法真正留住人心。不过对于一家成熟的公司来说，当然不是随意因人设岗，要提拔要晋升也得等待机会，这一点领导很懂。不过，领导担心季莫不懂，经常跟他谈及财务人生，谈谈财务职业生涯的实战问题。其实，季莫没有领导所想象的那么急切地想离开公司另谋发展，因为季莫的定位是财务经理，在这个职位到来之前他是不会轻举妄动的。这是一个很清楚自己的职业定位的人，以他的理解，财务经理以上的职位，公司才比较重视，当成是管理职位，而公司对管理职位也才有足够的优厚报酬；其他基础性的岗位，对于季莫来说，就是个经历，换句话说也就是垫脚石。如此清晰的目标让季莫工作起来沉稳有节奏。

　　任何一家公司都不可能随时就能腾出财务经理的职位，这家公司也一样。因此，领导开导季莫，而季莫也在默默地等待着。工作上四平八稳，不过家庭婚姻感情问题，就没那么一帆风顺了。

　　杨琴父母的态度，季莫肯定是知道的，从几年前第一次去杨琴家中见她父母的时候，就感受出来了。季莫很有骨气，他认为自己有独立的经济能力，没有必要去借用别人的事业发展自己的事情，虽然靠自己在职场上打拼可能会很慢，并且会计是非常熬人的职业，没有个五年以上，基本看不出什么发展苗头，也不会有什么积蓄，更别说什么买房子、供起整个家庭的生活开支、养儿育女了，现实就是如此，单靠自己确实很难。可是生意人讲究的是资源整合，大家合作一起赚大的，这是出于现实的考虑。杨琴父母，包括杨琴本人其实也懂得这个道理，只不过父母比杨琴要更直接、更现实，杨琴比父母更看重人品和这个男人对自己的态度，毕竟进入婚姻之后，丈夫跟杨琴才是真正同在一个屋檐下互相扶持的人，必须是人品好、靠得住、够独立、有担当，而绝不仅仅是考虑事业上的合作，同床共枕的也不是杨琴的父母，而是杨琴本人。因此，综合起来杨琴认为父母只考虑生意，用生意的思维考虑婚姻，实在难以接受。更现实一点讲，找一个事业有成的家庭，殷实富足的"企二代"，人品是否可靠也不好说，换个角度讲，也可以说杨琴怕Hold不住这种类型的人。而季莫跟杨琴已经相处很多年了，杨琴比较信任他。按照杨琴爸爸的话："我家女儿喜欢投资原始股，她妈妈喜欢短期追涨，其实这两样都有利弊。原始股就一定好吗？未必了，失败的案子多了；短期大涨的股票就一定可持续吗？涨得越高跌得越疼，结婚成家是长线的事情。现实一点，我看的是一个人有没有能力，懂不懂生意，会不会整合资源为自己的事业服务。"

杨琴的爸爸妈妈一直采用各种办法让女儿"回头是岸"，劝说，摆事实，讲道理，妄图感悟她，给她时间考虑，提供备选的对象供她选择：相亲的事情安排了一大堆，女儿去也去了，人情也做了，但是感觉没有到位，这可把父母给愁死了。

季莫毕业三年多，其实工资也不高，除了日常消费，在这个大城市，离买房子还很遥远，更不敢主动向杨琴提起结婚的事情。所以在与杨琴相处的过程中，常常是能忍就忍，能省就省。杨琴偶尔约了季莫回家吃饭，可季莫也不懂得买点礼物回家，这些小事也挺让杨琴为难。由于父母是做生意的，很注重这些礼节，杨琴从小到大也都被教育得非常熟悉这一套做法，因此看着季莫扭扭捏捏不舍得买什么礼物，每次回家也就带点水果，她有点看不下去，久而久之，难免也"恨铁不成钢"地说起季莫来："你怎么就那么不会做人，几个月甚至大半年才回一次家，带点礼物，好说话很多嘛，我爸妈也要面子嘛，你怎么就不懂呢？"

季莫心里非常悲苦，他心想："你家庭经济是不错，但是你哪懂得我每月才领多少工资，钱不能乱花啊。"面对杨琴的一顿训，他憋不住脱口而出："那不都是你的父母吗？为什么还要那么麻烦，就是为了钱是吧。如果就是为了钱，我告诉你我现在没有，不省点花我还行吗？你不想过日子，就按照你父母的意思去相亲好了！"

杨琴被顶嘴，也是不服气："你真的不懂做人，难怪我父母嫌弃你。做人要懂得交往的规则，你跟人交好了，才能赢得信赖，你懂不懂啊？见面礼你没听过吗？又不是让你出什么大钱。我跟你在一起，就是看中你人品好，但是你也太不会做人了。你是不是不适合这个社会啊？这样下去你未来只能是个 Loser！就是个彻头彻尾的书呆子，Loser！"

这几句直戳痛点，季莫心里莫名的难受。自己毕业才三年，一直勤勤恳恳，在公司深得领导器重，在家里竟被交往多年的女友如此轻视。可是男儿有泪不轻弹，季莫忍住了内心的痛苦，无奈地说："你们是生意人，和我打工的思路不一样，你爱怎么做，随你吧。"

两人在个人发展的本质思维上显得不太一样，杨琴和季莫就这种事情三天一小吵，五天一大吵。杨琴一直唠叨，季莫总是默默忍受。家里事处理不好，工作过程中心情也受影响，一直礼貌待人的谦谦君子季莫，在公司的表现稍微有些变化了，面对繁杂的工作，常常叹大气。想想与杨琴的关系，季莫很担忧，这恐怕是过不下去了。季莫想了很多方案：要不然就算了吧，分了就分了；但是已经交往五年了，实在可惜；如果仅仅是因为钱，他们为什么这么着急，不能等一等我吗？做上经理之后工资会有大提升的；要不然去杨琴的家里，带上大礼去道歉，重新把局面挽回，但是这投资值得吗，未来会不会更加狮子大开口呢？要这样花钱的话，那攒钱买房子得等到猴年马月啊……

季莫内心的压力非常大。而杨琴呢，她越来越发现季莫不是她想象中的那样，以前在学校里面大家都比较稚嫩，还没有怎么发现，以为是还年轻，踏入社会就好了，但是现在看不到改进，这种社交方式在杨琴看来肯定是死定的，没有前途的。杨琴父母是做生意的，很多亲戚朋友都是做生意的，社交方式与季莫根本不同，而更惨的是季莫没有半点要改的意思，说了他也听不进去。杨琴似乎越来越能理解妈妈跟她说的话了。

杨琴感觉这样下去，跟季莫是过不下去了，痛定思痛，不如早早了结，别耽误大家的时间。

季莫也没有什么可以留下杨琴的资本，只能被动接受分手。分手没有什么仪式，简简单单，杨琴一个电话告知，然后从住所搬走私人物品，而季莫也懒得见面，索性在公司加班，就当不知道这事儿。

在杨琴看来，她欣赏不了季莫的为人处事，一个电话就了结，连分手也这么潦草，更加坚定地认为自己的判断是正确的。在季莫看来，自己暂时确实能力不足，挽救不了，她爱怎么想，怎么做，就任她去吧。

结束了这段恋情，季莫反而没有后顾之忧了，轻装上阵，下班后也不着急回去，基本上都在公司加班，周六日没别的事情，索性就往公司跑，有遗留的工作任务就解决，没工作任务就看书学习。这场分手并没有让他痛不欲生，颓废不已，反而迸发出前进的动力。不知不觉中，季莫的职业发展进入了下一个奋斗的阶段。

没有什么牵挂，在公司的表现超水平发挥，领导总感觉到季莫的工作不仅是按时保质保量完成，而且做到让上司无话可说、无错可挑。这块材料一直在等待升职，这个过程对他和对公司似乎都显得有点浪费了。在职场上，"无害"并有能力的人最容易获得机会，季莫就属于这种人。

这年年底，机会来了，公司总部有一位负责预算的财务人员怀孕要请长假，按照公司的特有福利，可以请假长达6个月。财务总监对季莫的工作态度、能力和拼劲早就看在眼里，"情有独钟"，便暗示他说："季莫，最近总是看你在公司，没有谈恋爱吗？"

季莫："早分了，谈恋爱耽误时间，没什么意思。"

财务总监："那考虑过到别的城市工作吗？"

季莫："啊？您是让我换工作？"

财务总监："当然不是，干得好好的，干嘛让你换工作。是咱们公司总部有空缺的位置，你要不要考虑？"

季莫突然间意识到这是个绝佳的机会，立刻问："是做什么的？"

财务总监："预算。"

季莫："暂时的，还是？"

财务总监："当然是暂时的，6个月；如果是长期的，像你这么拼的员工，我们可不舍得放你走啊。"

季莫："噢……"季莫一听是暂时的6个月，感觉来回奔波有点失望。

财务总监："这对你也是个锻炼的机会，做预算比较综合，对你以后的发展很有优势，不容易争取得到的，你才工作三年就有这样的机会，在我们这个集团很不简单了。希望你能好好把握这个机会，要不考虑考虑，譬如家里人的意见？"

季莫："嗯……不需要，我自己说了算。"

财务总监："行，那我今天就报上去了，周五立刻就出发；好好干，我看好你。"

就这样，季莫简单收拾，卷起铺盖就来到了另一座城市工作，来到总部做预算。年底正是做预算最忙的时候，一般人都吃不消，譬如家里有老有小的，谁愿意延长加班时间？搞不好周六日也得搭上，在大部分员工的眼里，这就是一种折磨。但是季莫最喜欢繁忙的工作状态了，每天夜里基本做到10点才回酒店，洗洗就睡，周六日，一个人在陌生的城市也无聊，季莫对游山玩水兴趣不大，于是他又全情投入到工作里面去了。

一转眼，六个月就过去了，整个集团的预算工作，虽然季莫只负责其中的一部分，但对自己的思维方式影响很大，对业务的理解提升了不少，感觉以前碰到过的很多业务问题，从预算的角度去考虑又有一番新的格局。

职场上，离职是一件再普通不过的事情了，不过并不是季莫离职，而是在第二年的年初，总部的报表会计职位有人离职了。季莫对此并无多大的感受，因为他知道时间到了，自己回原公司也只是时间问题，其他事情不必过问，免得徒添烦恼。不过，无心插柳柳成荫，季莫平时工作认真、仔细、负责、拼搏，总部的财务经理早就看中了这个外表安静内心如火的年轻人。当财务经理有意留下季莫的时候，她向季莫原来所在的子公司财务总监感慨道："你们子公司的人才比我们总部要优秀得多呀……"

财务总监乐呵呵地说："哪里哪里，何以见得呀？"

财务经理说："季莫不就是了，你们就随便来一个财务人员，就这么厉害，子公司真是藏龙卧虎，佩服佩服。"

财务总监一听原来是这么回事，财务经理估计想留人了，突然感觉到一股钻心的痛。他感觉即将痛失一名财务好手，好歹季莫在子公司也培养了三四年的时间，这一个电话就想把人要走，完全打乱了财务总监一开始的计划：财务总监是把总部提供的短期工作机会当成一个免费的培训，借此锻炼季莫的综合能力，时间一到再把季莫接收回来，那个时候可以大大提高子公司的财务工作水平。人怕出名猪怕壮，季莫能力提高之后，竟然有人来明着来"抢"了。

财务经理与季莫交谈，有意让他填补报表会计的空缺，直接把工作关系转到总部公司负责报表会计。财务经理说："季莫，男儿志在四方，年轻人有很多发展空间，不需要局限于某个城市，况且总部的工资应该会比子公司要高……"

季莫也没多想，就直接说："但是我来的时候，财务总监说这是暂时的工作机会，预算做完就要回去……我不知道财务总监同不同意……"

财务经理："这个不要担心，没事的，财务总监同意的，主要是你自己考虑没问题就可以。"

季莫："那好呀！"季莫深知在总部可以学习到更加丰富的工作内容，他高兴得不得了。

子公司为总部输送人才也不是第一次了，这是这家集团公司的特点。虽然财务总监有点心疼：好不容易培养了一个人才，就这么让总部给截走了，不过从公司整体的利益考虑，这也是为公司创造价值嘛。这样一来，子公司财务总监只能另外安排内部人员了。

就这样，季莫留在总部工作了。在总部工作跟在子公司完全是两个概念，子公司经常要跟业务打交道，熟悉每个业务的流程。但是总部没有这么多与业务人员直接接触的机会和需求，不过在总部工作对专业技能、专业技术的要求更高，各种合并报表非常多，还有财务分析，要通过报表练就火眼金睛，学会一眼就看出子公司的报表哪里有问题，问题是什么，然后锁定子公司的具体问题。

一开始季莫还不太适应，可是拼劲十足的季莫根本不会给自己留下"工作拖后腿"的名声，过了大半年，他工作起来就得心应手了。季莫是个品学兼优的人，学习能力一点问题也没有，此次转换工作工资涨了30%，也让他稍微改善了生活条件。逐渐地他已习惯在这个不再那么陌生的大城市工作了，自己租房子，自己照顾生活，独立且自由。

每天忙忙碌碌地工作，一天比一天进步，成长的感觉非常舒服，此时是季莫毕业后的第四个年头。

季莫渐渐进入了稳定的状态，工作上的事情顺手拈来，对财务的理解已经趋向全面，按照季莫自己的话说："现在负责哪个岗位的工作，他一点儿都不畏惧。"当然这跟季莫在职业初期所设定的目标"当一名财务经理"还有一点差距，就是他还没有带领过下属，管理团队的经验方面是一个缺憾。

季莫也在思考如何实现这一转变，培养自己管理方面的能力。穷则变，变则通。季莫每天都在琢磨，他买了很多职场管理的书籍，大部分讲的都是道理，看了这些书，对管理稍有概念，但苦于现实中没有办法操作。

直到有一天，公司来了个新同事 Linda，这是一个应届毕业生，负责费用类的凭证处理。由于不太懂得某个费用应该归属于什么部门，做错了，受到她的上司的批评："你真的什么概念都没有啊，你要懂得费用是有预算的限制的，不仅是记录在什么会计科目而已，在分析每个部门费用的时候是有用的……"

Linda 被说了一顿，有些委屈，回到座位上，耷拉着脑袋，趴在电脑前，话都不敢多说一句。

季莫内心善良，怜香惜玉，感觉这个新来的同事有点像自己一开始参加工作的时候的表现，不太懂，不太清楚，其实只不过是别人没有耐心跟她解释罢了，本质上没什么大错。季莫看到这里，心生善念，想要帮助她。他趁着 Linda 的上司不在场，跑过去问她："你刚做错了吗？"

Linda 说:"嗯,这个费用,要录入部门,但是我真的搞不懂是什么部门。"

季莫和颜悦色地说:"她刚刚不是跟你说了吗?你现在能清楚吗?"

Linda 说:"她只是跟我说部门很重要,我也不知道这个部门为什么很重要。"

季莫继续耐心地说:"这个费用,最后会记录到利润表里面去,这个你知道吧?"

Linda 说:"这个我知道,记账的时候会记到借方的费用科目,最后形成报表会减少净利润。"

季莫说:"这就对了,既然它会减少净利润,费用对公司的净利润来说,多了肯定不是好事,对吧?"

Linda 说:"嗯。"

季莫看小姑娘很认真听,来兴趣了,接着说:"既然是不好的事情,那当然要知道是哪个部门干的呀,月末的时候,需要查查哪个部门的费用太多了,那就需要凭你现在记录的信息了,如果没记录,到时候怎么找呢?"

Linda 恍然大悟,茅塞顿开,笑眯眯地说:"原来是这样,那就是看看这个人是哪个部门的就行了,对吧?"

季莫看小姑娘听明白了,最后点了一句:"其实不难,我刚毕业那会儿也不懂,呵呵!"

虽然只是帮助一个应届生解决了一个小问题,但是季莫好高兴,心想:这不就对了嘛,管理下属要有耐心,让人弄懂,否则执行的时候出错，只会让问题再发生，生气发火似乎解决不了问题嘛。

自从这件事情之后，季莫开始关注公司里面出现的各种问题，并寻找机会参与实践，几个月之后积累颇丰。譬如有一次，财务经理和销售经理因为报销的问题大吵一顿，季莫也做了一番了解。

销售经理出差，回到公司后申请报销差旅费，但是公司规定出差员工的报销是有额度的，经理级别每天餐费250元，但如果真的是符合实际的餐费，超出部分只有经过总经理审批同意经其签字后才可以报销。销售经理餐费报销了280元，资料传递到财务经理的手上的时候，财务经理果断退回，理由很简单：这是违规报销，需要总经理审批。

销售经理在公司权力不小，平时做派霸道，就气势汹汹跑到财务经理办公室，一叠资料砸在办公桌上，狠狠地说："超了30元，这么小的问题，你是不是存心找事！"

财务经理不甘示弱，呵斥道："公司不是你家，你想报销就按照流程来，你自己拿去给总经理签字，按照流程走，自然可以报销。总经理没签字，你喊破喉咙也没用！"

销售经理嚷嚷一阵之后，灰溜溜地把资料都拿走了。

季莫看到这里，心里想，如果自己处理这件事肯定会把前前后后来龙去脉向销售经理解释清楚，季莫为人心善，不愿意直接起冲突。类似这样的各种冲突、矛盾、问题，季莫见过很多，有些是他可以参与到的，有些是只能看看不方便参与的。总之，季莫内心想：如果有机会做上管理的岗位，肯定要尽力争取上岗，因为他感觉自己积累的已经足够多了。

大公司，职位多，人多，事也多，压力也大，隔了一段时间又有人离职。

季莫来到总部工作的第三年年初，又有一个同事离职了，这次是季莫所从事的报表职位的直接上司。季莫敏感的神经被挑动，强烈的直觉告诉他：机会来了。

"万事俱备，只欠东风"，东风终于来了。从毕业到现在，季莫其实一直处于被动的角色，被安排工作内容，被调动职位，甚至在感情上还"被分手"，总是"机会"在主动。俗话说无事不登三宝殿，一旦"机会"主动找上门，那么这种"机会"的含金量肯定不如自己主动去寻找的"机会"。这一次，季莫打算主动出击，寻求具备更大价值的"机会"。

当获知主管辞职的消息后，季莫当机立断，单刀直入，"杀入"经理办公室。

季莫敲门后，进入办公室，说："经理，您好，我有点事情想跟您谈谈。"

经理一看，原来是季莫。经理对他有点印象，当初还是自己主动申请留下他的。虽然经理很欣赏季莫的工作方式和风格，对其工作内容也相当满意，但平时只谈工作内容，没有说过什么别的话，更没有什么私交。不过从季莫的状态看起来，经理猜到了应该是有关主管的问题。前脚主管辞职，后脚主管的下属进来说有事要谈，还能是什么事？要么好事要么坏事，只不过经理还拿不准季莫是想辞职还是想升职。

经理很淡然，说："坐，你说吧。"

季莫转身把办公室的门关上，毕恭毕敬地坐在经理对面的椅子上。

这是一个面对面的交谈机会,季莫谦卑而又充满期盼地看着经理,认真地说:"经理,我也是刚刚听到主管辞职的消息,非常惊讶,但是这对我来说是一个重大的人生转折点。进入我们公司以来,我在子公司工作了三年,对子公司的业务非常熟悉,到集团总部之后也工作了将近三年,在工作内容、文化和人际关系方面我都非常熟悉。担任主管需要三种能力:第一,熟悉合并报表的专业技能;第二,管理下属;第三,与公司内部还有下属子公司保持良好的合作关系。这三点我都可以做到,相信我可以承担起报表主管的职位,希望您能给我这个机会。"

经理有点惊讶,平时只知道季莫的工作能力不错,没想到讲起话来一套一套的,条理清晰,有礼有节。经理一直盯着季莫,季莫没有回避,目光诚恳且坚定。经理思考了几秒之后,爽快地说:"行!既然你有信心,非常好,你先代理主管一职,但是……"

季莫看到经理已经表示同意,还没等经理说完,已经完全知道经理想说什么,激动地说:"经理,您放心,主管和我的工作,我全都一起做,请您放心!"

没想到季莫竟是如此通透,经理已经完全被说服了,满心欢喜地说:"嗯,别骄傲,好好干!"

季莫高兴得不得了,但是他知道上下级之间需要保持一点分寸,于是谦卑地说:"非常感谢您给我机会,我会好好表现。"

经理转过头,拨了电话,让将要离职的主管进办公室来,说:"这样,先把你的工作移交给季莫吧。"

然后对季莫说:"从今天开始,你就先做起来。"

就这样,报表主管的工作逐步地交接给季莫。在主管将要离职的这最后一个月里,季莫用心"伺候"着即将离职的主管。

从此,季莫的职业发展就像高速列车一般,快速地飞奔起来。又进入了"下班要加班,周末住公司"的节奏。这是季莫最喜欢的忘情工作的状态,每次进入繁忙时光,都是积累和成长最快的时候,季莫又开始废寝忘食地工作。

一个月过去了,两个月、三个月……半年过去了,公司并没有招聘什么主管来填补此前离职的主管职位,而所谓的代理主管或许就是未来真正的主管,季莫只需要等到年末的绩效评估后,便能顺便把职位头衔转正过来,那个时候就真正的名正言顺了。对于季莫来说,太能理解这种干实事得不到正名的事情了,因为他早就体验过很多次了。虽然拿着会计的工资,做主管的事情,但季莫一点也不觉得冤,看得远和看得近,对心情的影响差别很大,季莫属于看得比较远的。而这么操作对公司当然也有利,省了个主管名额。果然转过年,季莫转正的申请也下来了,新头衔终于到手,工资又涨 30%。

季莫也懂得要跟经理走得近一些,就约了经理单独吃饭,经理更懂得要跟下属保持距离,就婉言谢绝了。季莫也毫不尴尬,欣然接受,他心想:虽然这一次不行,下一次指不定就行了。

在进入集团总部之后的第四年,季莫升任主管。一步一步走过来,确实不容易。季莫有时候会想:"职业发展的是机遇其实是掌握在自己手里,只不过懂不懂得使用恰当的操作方法,或许这就是职业生涯实战技法的问题吧。"

成为经理的直接下属之后，季莫对经理是恭敬不如从命，处处为经理思前想后，季莫已经逐渐懂得了如何读懂上司，而又让上司有足够的权威和面子。

这个当初被女朋友痛斥不会做人，不能融入社会的季莫，现在已经开始熟练地操作和实践着人与人之间的关系，目前的职位离他的职业目标其实很近了，下一次机会来的时候，季莫就可以走向财务经理了。

从毕业到现在季莫已经工作了七年，由于在集团工作之后，涨了两次工资，积累了这么久，消费开支又很少，季莫攒了一小笔钱。身有余粮的感觉很容易飘，走路头昂着，自带轻风，季莫开始考虑是不是要交个女朋友再成家。集团的经理职位不容易争取，而主管的工资已经不低了，季莫顿时有了一些满足感，进入了一种相对稳定的状态，年纪大或许也该组织家庭了。季莫时常回忆上一段感情，虽然已经过去多年，但总结下来：双方人品都不差，只不过是在错误的时间相遇了，假如彼时彼刻的人是此时此刻的自己，那或许女朋友并不会嫌弃他。人世间的情感遗憾往往就在于双方状态不匹配，要么人遇着了，可时间不对，要么时间对了，可人没遇着。缘分从来只接受刚刚好，由不得半点凑合。

结婚的念头有了，对象仍没有，这不是一个难事，难的是有没有这个主动的念头，就像季莫主动追求职业发展一样，机遇往往掌握在自己手中。在这个大城市成立家庭需要买房买车，压力颇大，虽然目前的工作和生活颇为惬意，生活节奏也习惯了，甚至习惯了之后竟有点喜欢上这个地方了，但是从小精打细算的季莫并不认为自己会在这个城市成家立业。他从子公司过来，知道不同城市的生活感受完全不同，择一城，和一人，过一世，对于季莫来说，二三线城市才是长久的宜居之地。

季莫不能闲下来，因为他还有更高的目标，经理的职位还未到手，季莫绝不轻易收手。季莫开始思考，是否可以从目前的集团总部主管的职位，转化为集团子公司的经理，或者跳槽到另外的公司当经理。他一边思考一边着手操作，并试图寻找答案。经理当然不知道季莫的私下考虑，或许她正为自己辛苦栽培的这朵"职业鲜花"而倍感骄傲。可是这终究是职场，个人发展总会存在某些不确定因素，或许经理应该了解多一些关于季莫的私人生活和未来的想法。

季莫把工作经历转化成简历放到网上，不出三天，便有猎头主动联系。由于季莫所在的公司是一家很有实力的企业，因此猎头了解到季莫的想法之后，大为惊喜，争相为季莫介绍职位。季莫一点也没有因为受到猎头们的恭维而飘飘然，倒是很镇定地向猎头了解目前的可选岗位情况和薪资待遇，以便实现晋升为财务经理的目标。在一番了解之后，季莫的职业发展有了新的动向。

一方面，季莫关注着集团内部子公司的招聘信息，因为在这家大型集团公司里面经常会有某些子公司出现职位空缺的情况，集团内部非常欢迎并首先考虑内部员工，若没有合适的才从外部招聘。另一方面，季莫开始面试猎头推荐的职位。

季莫已经逐步形成了自己的工作风格：踏实，靠谱，给人面子，有进有退。很快，他就找到了另外一家同样是全球顶尖公司的财务经理职位，这一次工资又涨了30%，负责报表和分析工作，带领三个下属。季莫果断提出辞职，财务经理颇感诧异：一直勤奋拼搏的季莫怎么突然提出辞职，此前一点风声都没有，无迹可寻。

财务经理说："怎么回事？工资不满意吗？"

季莫说："我可能不太适合在大城市工作，现在另外一家公司有个岗位比较合适。"

财务经理说："他们给多少钱？"

季莫说："加了30%，不过工资倒是其次，我得要个职位头衔。"

财务经理说："集团内部子公司很多，财务经理空缺也常有，去年不就有一个子公司的财务经理离开了吗？费博你认识吧，他走了，后来集团内找不到合适的人才从外面重新招聘。"

季莫说："这个方式我也了解，可是，我好像有点着急要这个头衔。"

财务经理说："此前你没有提出过这个问题，现在我知道了，会帮你看着机会，总会有的，可能还不用很久。职业发展不能太着急，心急吃不了热豆腐，你要仔细考虑，背靠大树好乘凉，这一换，可能影响你的整个人生！"

季莫去意已决，即使考虑欠妥，说出来的话就如泼出去的水，不便收回，此时的他还不够圆滑，缺乏收回的韧性，于是，要面子的季莫执行了自己的决定。

财务经理保留最后的善意，第一次主动与季莫握手，表达一定的敬意，毕竟眼前的小伙子已然成长为财务经理，能力不凡，未来可期，或许有继续合作的机会。不过，首次握手同时也是最后一次，职场熙熙攘攘，皆为利来，皆为利往。

季莫简单整理行装，便奔赴新公司上任。这家公司在一个二线城市，生活压力小多了。这个城市房价适中，不久之后季莫便购置了房产。第二年，季莫就遇到了人生中的另一半。第三年，他就结婚了，这个时候已经30多岁了，有了家庭，工作之余的事情多了起来，季莫感觉自己进入了人生的稳定状态。

第四年，季莫的女儿出生了，女儿出生之后，事情逐渐多了起来。

季莫的妻子梁瑟，从小到大在这个城市长大，年龄上比季莫小了整整十岁，与季莫存在一定的认知差异。梁瑟年纪相对较小，收入不高，这个世界对她来说还比较新奇，她每天充满幻想，喜欢浪漫，喜欢游玩，还没有真正进入母亲的角色。她不喜欢烧菜，也懒得做饭，照顾孩子马马虎虎，甚至没有什么耐心与小孩一同成长。她认为生小孩主要是季莫的想法，对于自己来说，生完小孩就应该没什么事了吧。

自从有了小孩，家庭事务变多，开支变大，季莫感觉经济压力骤增，而考虑此前进入公司的时候是首次担任财务经理，信心不足、底气不够硬，工资方面的潜力尚未充分发挥，虽然这几年来每年的工资都有一定的涨幅，但对于面临家庭压力的季莫来说，他希望自己能争取到更高的收入。因此，季莫开始筹划，并搜寻更好的工作机会，希望能获得更高的工资收入。

季莫把妈妈接过来一起住，帮助照顾孩子，而同在一个屋檐下，妈妈很快就能感觉到梁瑟缺乏责任心，办事毛躁，没有耐心，双方常常为了照顾孩子和家里鸡毛蒜皮的小事闹别扭，矛盾频发。季莫工作身心疲惫，本想着回家可以放松心情，可总夹在妈妈和梁瑟中间，说不清事，道不明理，反而在家费尽心力，反过来影响工作，影响休息。

梁瑟年纪轻，需要的是季莫的包容和疼爱，她一生气就得找季莫疗伤，季莫心里想着换工作，根本没有心思甜言蜜语，梁瑟感觉心里堵，季莫的心情也不好。而季莫的妈妈自己照顾小孩稍显吃力，可是梁瑟虽然待在一起，却几乎没有办法出一份力，更别谈互相协助，和谐相处。

随着时间的推移，梁瑟情绪积累多了，找不到释放的出口，一气之下回了娘家住，而季莫的妈妈更是心力交瘁，一直向季莫提出要回老家，季莫的工作忙碌还要寻求职业发展，一时间似乎所有的事情都乱成了一锅粥。

季莫在成家之前是单一、纯粹的工作目标，职业发展虽有曲折，但还算顺风顺水。可是当有了家庭之后，事情变得复杂起来，人多了，事多了，一切都是未知，熟悉的脸孔陌生的内心，一切都捉摸不定。季莫第一次当丈夫，妻子第一次做妻子，妈妈第一次当奶奶，谁都不知道怎么恰当地协调这些关系。突如其来的角色转变，让季莫无所适从，一时间倍感乏力。

2 Ada 工作太投入太疯狂

Ada 在一个三线城市长大，到省会城市去上了大专，毕业之后，回老家找工作，走着一般人都走过的路子：长大，上学，上班。不过，Ada 内心比较好强，她从小就很喜欢漂亮的衣服、好看的包包，享受吃喝玩乐的愉悦，只不过一直以来还没有足够的经济能力去满足这些欲望。

由于在省会城市上的大专，回到老家，周围的人对她的认同度还不错，于是求职也不算太难，Ada 进了一家规模较大的民营企业，从基本岗位开始做起。跟大部分会计人员一样，她一开始也什么都不懂，整理个凭证都能弄错，Excel、Word 操作能力也相当弱。不过，这家公司业务不太繁忙，工作压力不大。虽然如此，但是工资收入摆在眼前，她看着别的同事日子过得很滋润，周六日去大商场买衣服、逛街，遇到稍长的节假日就去旅游，但是自己工资还非常卑微，内心难免羡慕和急躁。虽然工作本身没有太大的压力，但 Ada 感觉自己不应该一直就这么普普通通地过下去。

快乐的日子一不留神就挥霍掉，痛苦的日子却过得非常慢。一年以后，Ada 对工作已经相当熟悉了，按照她自己的说法："闭着眼睛就能把事做完，看都不用看就知道每个月发生的是些什么事情。"简单重复的工作加上稳定的状态并不能让 Ada 内心知足、心存感激，因为她看到别人拥有她想要的，而那种状态比目前自己的生活要更高一些。年轻人不满足是一种常态，也不一定是坏事，不满足从某个角度看可以转化为动力。

很快，两年过去了，Ada 变得敏感而焦急。重复的事情太简单，公司内部岗位每个人都占得稳稳的，来公司两年根本就没有人离职，个个稳如泰山。公司里面有家庭的人居多，他们基本都是求稳为主，上班聊聊天，说说最近的新闻，讲讲各自家里的八卦，哪个亲戚朋友结婚生小孩，哪家新买房子搞装修，哪个商场最近打折厉害，哪家小孩最近要开家长会……

平凡而简单的日子，在 Ada 看起来简直度日如年，一有空就想着以后怎么办。终于她暗暗下决心：一定要改变现状，重新找工作吧，不能再这样下去了。

Ada 的同学们有的做了审计，有的进了银行，有的在外企，有的出国留学，各种各样的信息，让 Ada 真的坐不住了，换工作是必需的。Ada 跟很多同学了解就业相关的情况后，锁定外企作为目标。首先财务工作相对正规，能学习到比较先进的流程，学习各种管理的技巧；其次在外企还能接触一些英语资料，虽然说不一定要求英语口语有多好，但是能保持读懂英语的感觉；再次是相同的职位外企工资相对高一些；最后，外企就业机会挺多的。

两年的工作经验，Ada 在一家普通的民营企业，拿着基础的工资收入，这样的履历拿出去到市场上亮亮，确实没有什么竞争力啊。Ada 参加过一些面试,可是面试结果让她感觉非常憋屈,自己心中一团火,可面试的时候公司的 HR 或者财务经理们却提不起兴趣,接连面试都没有成功,这一阵子的面试让她陷入了深深的困惑之中。

Ada 心想:难道要向公司的阿姨级别的同事看齐吗?真的是知足常乐吗?可是自己才毕业两年就这么耗下去,一直到 30 岁、40 岁? Ada 在现实中遭受了打击,可她并不服气,整理思绪之后,她重新定位了自己的目标:这一次争取的应该是一个好的平台,至于是不是好的职位,暂时可以放低要求,对于是不是有比较高的工资,也可放低要求。只要进了大的平台,机会后面再争取,先拿到入场券再说。总而言之,她对大公司的期望很高,甚至断定这是她翻身的机会。

调整战略后,Ada 在面试过程中相当克制,表现得极其委婉、务实。求职跟求人一样,央求对方给个职位,表达自己想要一个工作平台,这种态度是别人比较容易接受的。终于努力没有白费,她在该市的工业开发区寻求到一个普通的会计职位。Ada 欣喜若狂,这家公司有足够大的魄力去接受一个其实并没有多少专业经验的小女孩,公司看中的是她的综合素质、她的潜力、她的那股冲劲。有时候,一股冲劲加上一个大的平台,就能干出 2~3 倍的业绩,而公司需要付出的仅仅是 1 个人工的成本。因此,对于很多公司而言,总是喜欢招聘带有拼搏冲劲的应聘者。

Ada 辞职了,满心欢喜,她实在受够了在这家公司的无所事事,而对于公司里面的其他员工来说,早已看出来 Ada 是待不住的。大家说:"哎,我们这庙小,供不起这菩萨。"其实,职场很现实,什么样的人具备什么样的能力和性格就应该去合适的公司,没有必要被太多不相称的评论捆绑住自己的内心。

　　Ada 到了新公司，一开始果然觉得什么都是新鲜的，努力学习公司的各种流程制度。各个部门之间的工作联系都有相应的制度、表格，什么时候提交什么内容都写得清清楚楚。财务部每天早晨都要开一个小短会，称之为晨会，大家都快速汇报自己的工作、遇到的问题、有何想法，然后财务总监做一个非常精准的安排和处理。这样感觉每天过得非常紧凑，节奏很快，相当充实。Ada 既然受够了清闲的工作，进入公司后当然是埋头伏案，认真学习，努力工作，学习新的软件，体验和理解新的工作方法，尽量让自己快一些跟上整个部门的节奏。

　　三个月过去，通过试用期，Ada 稍微松了一口气，终于转正了。Ada 也没有辜负公司财务经理的赏识，本职工作做得基本到位，虽然与要求的专业程度还有点距离，但是已经脱离了那股外企不那么欣赏的非正规公司的味道了。

　　当你还在吸收公司的既有知识和经验的时候，你属于一个"拿"东西的人，这个时候，你根本没有讨价还价的能力；公司里面也没有人会在意你拿走，因为一家公司的成长和多年的经营积累下来的经验非常丰富，不是你一时半会儿就能拿走的。从另外一个角度看，你也不可能在短时间内拿走很多东西，这是有控制的，也是跟自己的职位相匹配的。进来学习可以，这是公司的大度，但是作为代价，你必须好好工作，公司给你安排的工作任务你都要靠自己的双手快速完成，否则公司绝对会让你断了继续学习的念想。

Ada 进入公司，就像一块干燥的海绵，确实吸收了很多新经验，但是每天也非常忙，她从没有见到同事像以前公司一样聊八卦，每个人都在安安静静地做事情，似乎一聊天就会耽误彼此下班的时间。在这家公司，大家非常重视完成上司安排的任务，而这个任务除非你一进公司就忙到下班，否则是肯定做不完的。并且，准点下班是工作上的熟手才能办到的事情，新手仍得在下班时候之后继续花一两个小时才能收工，如果个人能力确实不足，那就自愿自觉在周六日去公司完成任务吧，因为在公司看来：要么你平时懒惰了，要么你聊天放松了，要么你能力不行，要么你想蹭加班费……总而言之，别花时间打小算盘了，有那功夫还不如赶紧做事，公司的制度在制定的时候已经考虑了人们心里可能存在的这些"小九九"。

在这样的环境下，忙碌工作是个人对企业的付出，而企业回报给员工的是先进的管理经验和相比其他企业更有竞争力的工资，当然对于员工来说，还有一个比较诱人的就是未来很有可能实现的升迁和加薪。不过，在这样的企业工作，第一要手脚麻利，第二必须具备较强的进取心。这些条件，Ada 基本都符合，所以做了一年，忙得不亦乐乎。但是做到第二年，毛病开始出现了，Ada 认为总是做这个职位，跟流水线上的工人没有多少区别，只见眼前这点工作内容，别说宏观的财务体系，就连隔壁桌的人每天在干什么都不太清楚，久了感觉到压抑。但是话又说回来，你压抑别人也压抑，一个财务部门十几号人，大家都很有可能感觉到压抑，而每个人的工作年限不同，你才受了一年多就感觉到压抑，那么已经受了三五年的，是否会更压抑？而当别人出现受不了，或者寻求到更好的其他公司的岗位的时候，这个"萝卜"就算是拔出坑了，其他正处于压抑阶段的人谁不是虎视眈眈呢？那就看谁更接近管理者对"坑"和对"萝卜"的匹配要求了，萝卜和坑通常需要经过严格的筛选才能匹配。作为任何一个从基础会计开始慢慢积累经验的人，并不一定从一开始就知道这些道理，关键就要看每个人对待职业发展的视野、眼光、洞察力和领悟能力。

Ada就没有太多这方面的考虑，因此她在新公司工作两年后又陷入了让她不舒服的迷惘和焦躁的境地。上一家公司做两年，这家公司基础职位又做两年，难道又要辞职？还是继续熬下去？现在出去找工作也还是基础岗位，没有多少提高，继续工作吧，每天面对重复的内容，已开始心生厌恶，这对Ada造成了一定的困扰。

不过，这一次Ada没有像上次那么决断。因为，至少眼见为实，她来的两年期间看见过财务部门已经有人辞职了，而别的部门甚至有三个人已经辞职，换人之快，确实让她感觉有些盼头。但是，有且仅有的可能是这个辞职的人恰好也是做基础会计工作的，否则职位高了自己也难以胜任，有可能换一个工作岗位成了Ada留下来的唯一现实理由。只不过工作两年以后，确实动力不足，眼下就是混日子了。

终于苦等的机会来了。在工作的第三年年初，这家公司财务部有人辞职了。在公司里面，员工辞职是一种比较敏感的行为，有时候会"传染"，隔了一周，又有一个人辞职，但是，从公司的角度讲，其实不太在乎有人辞职，如果一家公司惧怕员工辞职，那么从宏观上看日常管理细节可能做得并不是很到位。对于基础的岗位，财务经理、财务总监很爽快，就问了一句："想好了吗？"员工说想好了，立刻挥笔一签，一个月后离开，另外招聘一个就可以了。市场上的财务人员非常多，供过于求，并且在这样的大公司平台工作，是很多人非常向往的事情，招聘速度很快，短时间内相关人员就能到位，因此，在这家公司倒没有很多上司挽留下属的先例。这样的风格，久而久之也让员工形成了一种概念：在这里只要好好工作就行了，别的事不要多想，更别想拿辞职来"要挟"加工资。从某种角度看，这也是一种"管理方法"。

每一次有人辞职，Ada 都异常紧张，心有所谋便十分敏感。这一年，第一位辞职的是税务会计，Ada 想申请职位，可还在酝酿中就被其他人捷足先登，于是 Ada 不管那么多了，往后若有机会必定要占先机，硬着头皮在第一个员工提出辞职而第二个员工还没有提出的时候，就跟财务经理说明了自己的想法。财务经理没有说什么，只是轻轻地说："好，我知道了。"财务经理冷若冰霜，没有对 Ada 做出任何倾向性的表示。

虽然表面上没什么表态，但在财务经理的心里已经知道了，如果有人辞职，而且还比较合适 Ada 的话，会率先给她机会，毕竟她肯干，有拼劲，这也能在公司形成良好暗示。只不过财务经理不想给 Ada 明示，否则会搞坏风气。对于普通职位的会计，财务经理更希望保持该有的距离，从心理上让普通员工更加忠实地只顾及自己的工作，而不是养成整个部门每天都关注工作内容之外的事情的坏习惯。

当应收会计辞职的时候，财务经理就在晨会上直接说："把工作暂时交给 Ada 吧。"直到那一刻，大家才知道这工作安排的结果。而 Ada

自然高兴得不得了,有点惊喜过度,磕磕巴巴地说:"噢,好的。"别的话没说,看了一眼经理,但是不敢面对她的眼神,不敢再说什么,也不知道可以说什么。

接下来,又要开足马力学习相关的知识、操作和经验了,虽然很累,但这是 Ada 最开心的事情。

大半年过去后,Ada 正式转为应收会计。

进来这家公司三年过后又过了三年,Ada 与财务经理的合作已经相对默契,人非草木,岂能无情?当然,如果不把这种工作的合作关系当成感情来看的话,可以把它当成是上司习惯了下属的工作内容和汇报风格,更本质一点讲,下属听话,处处能为上司所用,一说就听,一指就干,那又何必打破这种关系呢?这或许也可以称之为"职业默契"吧。

Ada 在这个应收会计的岗位上,完成了结婚生子的人生大事,而好几年干同一个职位,工作内容早已得心应手,准点上下班的工作也让她能有更多的时间顾及家里面的事情。但是当小孩一天天长大之后,Ada 那种职业发展向上钻的欲望又出来了。又过了一年,Ada 感觉自己的工作、职位、薪资和成就感好像还不够,得想办法改变现状,她又一次对工作状态不满足。虽然家庭琐事多,但是小孩已经慢慢长大了,让姥爷姥姥和爷爷奶奶帮忙带基本可以满足,而自己应该腾出更多的时间放到工作上面,可是丈夫却不这么认为。

Ada 的丈夫 David,在一家公司做销售经理,虽然职位属于管理人员,但工作起来比较忙,甚至可以说在家居无定时,搞不清楚什么时候就要出差。David 的工作固然比较忙,但让 Ada 难以接受的是他极少花时间带小孩，理由竟然很简单：他不喜欢带很小的小孩，嫌麻烦。David 对 Ada 说："等小孩长大了，我就比较喜欢带，但是现在太小，还是你自己来带吧。"长大了才喜欢，长到多大算大？18 岁吗？18 岁都几乎能自立了，还需要你来带？Ada 真的难以理解 David 的这种想法。换句话说，Ada 认为孩子小的时候才需要照顾，而照顾孩子自己出了很多力，让她内心难以平衡的是 David 竟然做"甩手掌柜"，不想花精力在孩子身上，这也太蛮不讲理了。

Ada 心想，难道我就喜欢带小孩？于是就跟 David 商量着让他的父母来带，但是小孩也不能总是爷爷奶奶带，所以小孩子有一阵子爷爷奶奶带，过一阵子就去姥爷姥姥家，Ada 下班后就接回来，还好是同一个城市，否则这可够折腾的。好在 Ada 对现在负责的工作已经非常熟练，职位也不是很高，才可以做到回家之后一点公司的事情也不用多管。不过小孩子偶尔哪天感冒发烧的，Ada 还要请假回家，而且工作的时候心也放不下。总而言之，有了小孩之后，Ada 的工作生活两头照顾，每天各种事情安排得满满的，跟打鼓上战场一样。

带小孩要耗很多精力，但是 Ada 仍然保有对职业发展的欲望，她想着什么时候也能做一些现在没有接触过的工作内容，让自己的视野变得更宽，能力变得更强。时间过得很快，小孩上幼儿园了，还是依靠老人接送。老人带小孩，看上去很开心，很幸福，但是只有带过孩子的老人心里才有感触，久了以后老人也有意见，说句难听的："带小孩两年，老人折寿两岁，可是一点也不夸张。"

可这个时候，Ada 感觉自己需要在工作上加把劲，就准备参加会计考试，家里、工作还有考试任务，让 Ada 忙得不成样子了。有时候就不去接小孩了，在家复习备考，偶尔 David 在家，看着 Ada 在学习，又不去接小孩，就会说几句。一说吧，Ada 心里就来气，要工作，要学习和还要带小孩，家里杂七杂八的事情心里本来就很窝火，夫妻俩就这些事情没少吵架。

Ada 感觉真过得好累，不过这个不认输的女人还是觉得要拼一拼，在工作职位上争取有所提升。由于要考试，所以经常只能熬夜复习，周六日也管不了小孩了，就自己在家复习，顶着老人和丈夫的责怪和埋怨，Ada 只能有泪往心里流。处于如此紧张的状态下，就在快要考试的时候，Ada 压力太大，病倒了。

这下更糟糕了。在公司请病假，一般来说，有特别急的事别人可以帮你处理，但是绝大部分的日常工作还是要靠自己病好了回去补救，如果补救不来，月底之前连续加班就是你自己的事情了，毕竟大家的工作量都不小，帮你一分钟别人就少了一分钟。这一年，考试就没有考过，Ada 感觉有点失落，而老人也常叹气说："这怎么回事，整天就想着工作，孩子也不管，一周两周见一次，有时候一个月才见一次，孩子都不认得妈了，有时候半夜都在喊着妈妈。" Ada 听着，内心难受，不过为了职业发展，只能忍着，孩子不懂妈妈的苦啊。

就这样凑合着过呗，慢慢熬下去，终有一天会好起来。不知不觉又工作了一年，这个时候公司的报表主管突然离职，又有机会了。Ada 因为与经理已经合作很多年了，她也非常熟悉经理对工作的要求，一通表达忠心之后，Ada 又获得了经理的认可，当上了报表主管。这一年，已经是进入这家公司的第八年。可以当上主管是值得庆幸的事情，很多职场中的财务人员，很有可能做了十几年还是基层的会计人员，在外企当上主管之后，劳动报酬要比之前高好多，Ada在事业上的成功也让她找到了一些心灵上的安慰，这些年的忙碌工作终究没有白费。

不过，回家面对家里的事情，Ada只能一次又一次地采用"死猪不怕开水烫"的策略。由于初任主管，要学习，整理各种资料，还要管理下属，初期这段时间特别忙，她只能忍着家里人的白眼，告诉自己，挨过去就好了。

这期间，孩子生病了，David从外地赶回来，可Ada刚好遇到年结，连请假的勇气都没有，只能继续扛下去。这一次David生气了，回家之后，Ada又被骂了一顿。David牢骚不断，Ada感觉自己虽然有错，但是身不由己啊，实在没有办法，只能忍忍吧。Ada在心里默默地对自己说："现实条件不允许，没有人懂我，我只能偷偷哭泣了。"第二天，Ada又恢复往日的忙碌，上班去了。

这已经是Ada毕业后的第十个年头了，从刚走出校园的青春少女，成为30岁出头的外企主管。她已对公司的财务体系有比较全面的理解，当然距离独当一面做个企业财务负责人还比较远。Ada没有想过自己一定要当企业的财务负责人，只不过她在能力上和收入上对自己向来有着比较高的要求。因此，当在这家公司做到主管职位的时候，Ada开始有了另外的想法，是否有机会换到别的公司当财务经理。

还没有向现实低头的Ada，一直工作，忙家里的事情，但是也没有放弃寻找新的机会，她是真的想再做一些预算之类的工作，看是否有机会能拼搏最后一次，当上财务经理。

等待时机是漫长而痛苦的，需要学会隐忍的功夫，等了一年，Ada 终于在另外一家公司寻找到一个财务经理的职位。这是一家在开发区的外资企业，企业规模没有上一家公司大，当然 Ada 看中的已经不是这个平台是否足够大，而是能否给她一个管理整个公司业务的机会。不过一般来说，财务人员跳槽，在收入方面都会有些许涨幅。

这家公司财务部一共才六个人，最上面是一个财务总监，财务总监的下属是一个财务经理，这个财务经理因为工作出色被集团总部调走，另有任命，所以这个职位出现空缺。因为公司平台不大，所以这家公司需要的人是比较安稳的，能力稍弱或没有财务经理的经验也没有多大关系。财务总监柳总是个接近 50 岁的人了，在这家公司工作了近 20 年，培养过好几个下属财务经理，这些财务经理就如同最近调走的这位一样，都被派到集团总部或者集团的其他子公司工作了。因此，集团内经常开玩笑地说，这个公司是集团的财务经理培训基地。

Ada 在前一家公司待了八年，被认为是一个稳定可靠的人，Ada 也表达了对职业发展的期许，最后柳总也就选中她了。

Ada 非常开心，但是新进入一家新公司的前期是非常痛苦的，要尽快适应新公司的一切，包括公司的商业模式、财务的处理细节、ERP 软件的操作方法、员工下属的能力性格、上司的工作风格，等等。Ada 又开始忙起来，家里又顾不上了，Ada 也索性放弃了自己在会计方面的考试，一门心思扑到工作上面去。

柳总年纪大，工作起来基本不动手，就在公司动动嘴巴，输出想法，指导下属人员工作，这是柳总很多年以来的工作习惯。做他的下属并不容易，要把他的工作内容也接了，因为他只看资料和提出意见，基本不动手。

不过，做他的下属也有好处，就是帮他把事情做了，能从更高的角度接触更多的商业知识，积累更多的财务经验，这也是很多年来柳总培养出多名优秀的财务经理的原因。从这个角度讲，在这个财务经理岗位上的人都非常累，属于"被逼培养"，超负荷工作。

Ada 也是如此。她刚上任事情非常多，又不太熟悉，经常加班，周六日也不例外。而那位要被调走的原财务经理，可不是那么容易相处。Ada 不太了解情况，经常向他请教，他要么一声不响，要么翻白眼，常常很不屑地来一句："自己解决，我以前来的时候，也没有人跟我交接。"这也正常，职场当中很不成文的一个规矩，就是大家都在保守自己的知识和经验，虽然是同一个公司的经理，他也很快会被调走，但是在这个交接的过程中就是不愿意细说，一方面可能是刁难 Ada，另一方面就是让 Ada 自己成长。柳总可不管这些细节，他只管 Ada 来了多久，多久能上手。

Ada 可是被刁难得非常难受，有时候非常急的事情，只能低声下气地乞求原财务经理指导指导，即便如此，他也不愿意讲，硬生生地看着 Ada 被柳总训话。

话说回来，也有可能"孩子"就是不听话了。柳总把这个财务经理培养出来，他的价值得到了集团的认可，所以要把他调走，从这个角度讲，他确实很可能早就不想再听从柳总了。换句话说："老子好不容易混出来了，这几年也受够了你的指指点点。"总之，交接的这段时间，Ada可真没少受罪。

下属更是指望不上，因为经理和下属所负责的事情差别很大，对于不熟悉的事情，在原财务经理调走之后，就只能请教柳总了。柳总也不好伺候，"被培训"是要有代价的，因此，一晚接一晚的加班就是家常便饭了。过了几个月，虽然Ada通过了试用期的考核，但是连门卫的保安都说："财务部的人可以顺带做保安了……"

年底很快就到了，除了日常工作之外，还要做预算，做预算对Ada来说是第一次。一稿接着一稿地做，跟各个业务部门的经理商量，她本来就不是非常熟悉，在各种沟通中常常属于弱势，经常要帮助别人把别人的事情都干了。对于这些Ada也忍了，还好自己在以前的公司练就了"鼠标手"，数据拿起来，动作麻利，很快就能完成。预算从9月份开始准备，10月逐步定稿，11月出第一稿，12月接着改，而每一次改动一个数字，整套数据都要联动地改，这家公司之前的Excel表格没有形成联动的完整模板，这张表改完，另外一张表也要改，互相之间的接口没有做好，每次改动Excel时就要工作到很晚。

家里老人常说："这忙得连孩子都不认识妈了，哎……"

经常这么熬夜，久而久之，Ada发烧了。发烧也要把Excel修改完了发出去，由于是外资企业，夜里正好是欧洲的办公时间，当总部正在开会的时候，会有一些预算的问题以邮件形式发过来。这倒好，Ada去医院输液，也要把笔记本电脑带上。David和Ada的父母都说："都成这样了，跑医院来了，躺着也还要工作吗？"而很久没有见到孩子的Ada，直到这回病了才能在医院看到孩子，孩子却认生了，羞答答的没怎么靠近她，Ada心里一阵酸楚，眼泪鼻涕一块流。

晚上终于睡过去了，第二天想着多休息一会儿，没想到柳总一早就来电话："Ada，听说你生病了，注意身体啊，刚刚给你发了邮件，你看昨晚他们开会又提了一些问题，我都转给你，我看过了，你整理下资料，然后及时给他们发……"

对于柳总的话，Ada已经习惯了遵照执行，这一次也照样接受，但她确实太累了，烧还没退，身体难受，心里还得接受。没等Ada回应，柳总已经挂断电话。这意味着，此项工作不可抗拒。

柳总信心满满，因为他知道Ada会回复的。只不过家里人开始发飙了，一个接一个地劝Ada不要工作了。Ada内心充满无力感，她想多积累一些经验，但是她似乎从来没有考虑过这样的劳动强度是不是太大了，自己还能撑多久，会不会哪天就像新闻上报道的那样过劳"猝死"了。

从正面看，时间会消除人的烦恼，时间会让人忘记悲伤，但是从负面看，时间会让人走向衰老，甚至死亡。

负责预算的日子，天天辛苦，Ada不管是下班时间还是休息日，甚至生病期间，都在工作。终于时间让大家忙碌，也会让忙碌过去，拖到12月的最后几天，预算才最终定下来，Ada内心的一块的大石头终于放下来了。只不过想放长假那是不可能的，能喘口气都算幸运了。预算完成后，恰逢年底，财务工作轻松不了。

直到第二年的一月中旬，Ada才真正稍微恢复了正常的工作时间，这几乎是她入职以来绝无仅有的执行到位的周末双休，Ada趁机抽空陪了孩子整整两天。

公司业务发展很快，准备设立新工厂。Ada刚刚忙过了预算不久，新工厂就开始筹建了。这个时候，Ada的新任务来了。由于新工厂的选址定在另外一个城市，因此Ada被"委以重任"，半个月出差到新工厂，半个月在原公司，相当于除了原有的工作，公司又给Ada安排了新工厂的工作内容。

柳总当然不是很介意，因为他基本不动手，事情总是让Ada处理，而公司当然知道这样操作并不合理，不过给到Ada的工作任务是：协助建立新工厂，等待新工厂的财务人员齐全之后，新工厂的工作任务交接出去，便可恢复原有的工作状态。

Ada还能拒绝吗？最苦最累的一年都过去了，这一次的挑战不在于累，而在于半个月出差。丈夫经常出差，Ada也要出差，照顾孩子的任务几乎完全落到了家中老人的手里。丈夫对于Ada进入新公司以来这段时间的疯狂行为表示惊讶，困惑不解。

David："你的工作太疯狂了，这是怎么回事呀？周六日没得休息，住院还要工作，现在还得半个月出差，相当于做两份工作了！太疯狂了！"

不过，David可能没有考虑过，Ada从普通会计成长为财务经理的这些年，他还一直是个销售经理。时间可能把人带向成长，也可能会把人留在原地，重要的是同样的时间里面对于不同的人来说，发生了什么。

Ada听了之后，没有辩驳，不是没有反对意见，而是她根本没有精力进行辩驳。她太忙了，只知道一个劲地工作，她不太愿意去设想以后会出现的一个美好的场景是怎么样的，只是凭感觉认为自己努力拼搏，未来可能就会有好的结果，但是如果闲下来，那未来的美好真的只能停留在"空想"了。

Ada就如同一匹千里马，日夜奔袭。

3 Peter 步入中年心已累

左右为难，这是职场人时常会面临的状况。主动辞职也好，被迫离职也罢，甚至难以分清是主动还是被迫，这些都是职场中的常事，其实每一次所谓的"分手"都是那么难以割舍，并不是说"情感"有多深，而是人生有太多受限制的因素。有了限制就要有所取舍，所有的取舍都包含着不一样的利益和风险，总而言之，选择了新的机会，选择本身是一种机遇也隐藏着一定的代价。想走的人会以"人挪活树挪死"来给自己正言；不想走的人会说"稳定压倒一切"。每个人的想法不一样，每个人的生存环境也不同，每个人的价值判断标准不同，每个人的职业发展千差万别。

Peter 是名牌大学的毕业生，在学校的时候成绩优异，家里父母是普通的职工，并没有什么财富积累，也没有传家的珍贵典籍。毕业之后，Peter 顺利地进入了一家 500 强公司的工厂，工作地点离城市比较远，一开始做费用会计。Pete 性格沉稳，给人一种很靠谱的感觉，这也许这就是这家 500 强公司财务经理看中他的原因。自从到工厂上班之后，工厂内部建有体育馆和娱乐设施，Peter 要么周六日乘坐直通城市的工厂班车到市区里面转转，要么干脆就在工厂的宿舍待着，生活和工作都比较简单而纯粹，没有什么不良嗜好。Peter 不抽烟，喝酒也喝不多，啤酒喝两瓶就会向别人示弱不能再喝，威逼利诱也不起作用，Peter 就是喝不进去，久了之后别人也不为难他。

每天的基本安排就是：工作，吃饭，看书，聊天，运动，睡觉。这家外资企业的工厂非常繁忙，每天到了公司，跟打仗一样，公司的人手永远过紧，工作状态处于饱满到不能负荷的临界状态，处于恰好不会有人因为工作而累垮，却也毫无空闲休憩的状态。

这家公司的文化是：尊重听从上司，不允许上班时间闲聊八卦，进来公司的人都具备一定的努力拼搏的精神。或许是由于业务复杂，管理有难度，因此，这里的员工虽然很忙，也很懂得珍惜这种机会，从来没有出现过有人抱怨工作太忙或者无法完成的情况，每个人几乎都拼尽全力地去完成工作。当然，从另一个角度讲，由于业绩不错，年底的奖金确实跟每个人平时的表现挂钩，不同人之间差别还真有点大，一年下来年终奖拿好几个月的工资是再正常不过的事情了。

在这家企业，上司一个决定，下属听从指挥，每个中层以上管理人员都是身经百战，素质非常过硬，在专业技术问题上不知道几百倍于下属才有可能升上去。直接升职非常难，很多人都熬不到直接升职就已经身价倍增而被其他公司挖走了。多年以来，很多实例都证明了，从这里出去的人，工资大幅上涨，连猎头都特别愿意推荐这家公司的员工。换句话说，对于其他企业来说，这是知名度非常高的"大厂"。

Peter 做了一年半的费用会计，闭着眼睛都能把长长的编码科目背诵出来，对业务已经非常熟悉。第二年的下半年，有一个做固定资产的会计离开了，听说被另外一家公司挖走，薪资涨了不少，同事们还为之欢送。由于每个人在这家公司都非常拼命，遇到问题都合力解决，大家各凭本事和能力去拼搏，因此总体上和和气气，有时候员工离职还免不了泪眼相送，满满的团队凝聚力，而离职的员工还经常会被部门下一次聚餐请回来一起叙叙旧，这是公司文化的传承。

固定资产会计走的时候，财务经理、财务总监都到场，大家欢饮，庆贺庆贺。大家最常说的话就是："好聚好散，财务的圈子很小，别担忧，我们指不定哪天还会再遇到。"

离开的时候挺伤感，毕竟曾经一起为了赶报表而熬过夜；也一起努力结账到很晚；为了能在一天内彻底完成盘点，半夜还在一同核对数字……太多太多的工作难关，由于大家都互相帮忙才能渡过，想想都有感情，从这家公司出来的很多财务人员都能联系到一起，犹如同一家学校毕业的一样，心中会有种归属感。

同事走了，Peter接任固定资产的工作。

在大厂里面，管好固定资产也确实不容易，这块需要多一些管理思路，虽不会像费用那么杂，但需要一些处理综合问题的素质。又过了一年多，Peter经历了固定资产会计、应付存货会计；在第三年接触了应收账款模块；第四年，他开始有机会接触集团的报表系统，工作变得非常忙，每天没日没夜地整理数据、上传报表。忙忙碌碌终于有所回报，这一年年底，Peter升职主管了。

不知不觉地，Peter 在这个公司已经做了五年，技术经验积累颇丰，把多个基本岗位的细节做了个遍，集团公司的报表体系，他也在逐渐弄懂。这个时候，他开始有了跳槽的念头。因为这家公司从普通会计要升职到经理特别难，从以往看还没有先例，公司喜欢从外面直接招聘有经验的经理人，当然来了一个经理，或者一个总监，若遇到合作不顺畅的人就开始大刀阔斧地进行人员调动。而 Peter 这个看起来没有什么欲望的人，竟不知不觉成了"几朝元老"，也没有财务经理或财务总监想过要动他。

在财务职场上，往往当一个人实现了阶段性目标，心情初显烦躁的时候，猎头就来了。有时候并不是因为猎头来得准，而是自己坐不住了。这不，把简历刷新并试着投递了几个岗位之后，开始有猎头找到 Peter 了。

猎头多多，Peter 接到过各种来电：

"喂，您好，这是一家全球 500 强的公司，在市场上同样享有盛名，您对这家公司有兴趣吗？"

"您的简历可以更新一份吗？"

"我们看到了您的简历，您方便讲话吗？"

"您目前薪资是多少？"

"这家公司可以给您提升一个级别，可尝试一个经理的职位，您感兴趣吗？"

"您的期望薪资是多少？"

"您可以描述一下自己的管理风格吗？"

"您对 SAP 的成本模块熟悉吗？"

……

Peter 突然觉得："噢，原来我还是个人才，这么多人来找我。"被追捧的感觉比较良好。但是下一站要去哪里呢？要找工资涨幅大的公司，还是找职位高的工作？或者考虑其他因素？28 岁的 Peter 认为，自己对财务体系已有基本了解，接下来要尝试更高的职位，因此对猎头介绍的一家纺织工厂的经理职位很感兴趣。由于是 500 强企业出来的财务主管，而且对各种财务细节都很有经验，Peter 得到这家公司的欣赏，很顺利地就当上了这家公司的财务经理。

纺织厂的女性工人非常多，在厂里转转到处都是女同事。由于自己是经理，负责的工作也比较重要，常常有相关业务的事情需要进行财务上的审批，Peter 是个腼腆的单身小伙子，渐渐地便有很多女性在关注他。工作之余，Peter 也没少花心思在找女朋友这件事情上，甚至公司的领导也常语重心长跟他讲"男人要成家立业"。

第二年，Peter 工作趋向稳定。Peter 在工厂内部，看中了一个面容身材姣好的姑娘，很快两人就谈起了恋爱；再过不久，他们就买房子并结婚了。虽然参加工作已经有六年多的时间，但是经济积累还不是非常厚实。当家里人提出要宝宝的时候，他谨慎地想了想之后，打算再攒些钱才开始计划生小孩的事情。

在这家公司工作的第三年，Peter 这个平时看起来敦厚老实，十足低调的青年人，又有了新想法。不管从生活还是工作的角度看，他需要有进一步的提升。Peter 做起事情来非常认真，工作上以沉稳和思维缜密著称，颇有实干派领导之风，属于闷声不响型的中层管理者。Peter 的妻子很依赖他，很大程度上是因为 Peter 是一个令她仰慕和崇拜的男人。如果为了找到更好的工作而跳槽，妻子的工作也要换掉，"挪窝"确实是个比较重大的问题，Peter 陷入左右为难，这是他工作以来第一次遇到颇难选择的大事。因为在这个城市，能找到合适职位的机会少，也提升不了多少待遇，想要寻找更好的发展空间，必定要走向大城市。

可这个时候，房子也买了，贷款还没还完，又想去另外的城市寻求发展，妻子也得跟着换地方找新的工作。到底是换呢，还是不换呢？换吧，这种变动带来的是家庭的变换，而不再是一个人了；不换吧，毕竟自己做了三年的经理，有一些经验了，在这家公司升任财务总监几乎不可能，因为他是老板多年以来的心腹。但是作为经理来说，这家公司的工资并不高。当初选择过来，考虑的是能培养自己的管理能力。现在身姿体态皆稳，羽翼丰满，是否继续前行呢？

虽然陷入犹豫，但实干派的 Peter 开始着手制作简历，梳理自己的过往。骑驴找马吧，反正也不一定要马上离开。"先看看嘛，万一有机会呢？"这是 Peter 给自己的理由。反倒是妻子非常支持他。虽然妻子是当地人，人际关系都在当地，不太愿意离开，并且现在房子也有了，过一年半载就可以计划生小孩，就可以步入稳定的人生，如果这个时候去了别的城市，孤独陌生，一切还要重新适应，也没有朋友亲人，实在不是一个好的方案。但为了丈夫的前途，她虽有不舍，还是在口头上支持 Peter 的决定。只不过，妻子偶尔还是会来几句："哎，其实如果能不走就好了。"

这是再正常不过的事情了，一般来说，女性求稳，男性喜欢拼搏。路始终在那儿，重点在于，如何选择，内心是否认可。正是由于要准备生小孩，Peter才想着要拿到更高工资的工作。左右为难的他，每天回家都要跟妻子谈论这个问题，虽然都很客气，但是谈久了依然没有定论，无形中也形成压力。

到底要不要选择新的企业？或许可以在同一个城市找到机会呢？但是一线城市的机会确实多好多，坚持在本地的话，可能要花更长的时间，但坚持总会有的。Peter有点急了，既然有了这种想法，各种情绪就自然跑了出来，促使他行动起来，他心里很清楚自己的价值，绝不只是目前的身价。只是看着自己的妻子，有时候想想她要放弃亲人，跟着自己奔波，内心有所不忍，但是从长远看，家庭的经济仍要靠他的努力，责任感让他更加坚定了自己的信心。

终于，当Peter把简历洋洋洒洒整理出来之后，明眼的猎头便可感受到此人能量不一般。毕业的学校名气不小，工作过的公司是世界500强；经历过的项目有分量；管理能力可体现在各种工作细节中。总体上看具备强势的经历和解决问题的功底。

猎头又一次如潮般涌来：

"这家500强公司文化与您第一家公司非常相似，同属一个行业，虽然你做经理是在一家纺织行业，但是底子非常好，我推荐您到这家公司，您看……"

"面试约好了，一开始跟HR经理先谈谈。"

"美国的企业，我相信与您个人的风格应该相似，软件也是用的

SAP。"

"这是一家民营企业，可以做副财务总监，这家公司正准备上市，但是薪资可能没有到您预期的高度。"

"您的期望薪资是？"

"您对地点介意吗？"

"像您这么年轻，不应该将工资放第一位，这个职位是直接跟总经理汇报，您有兴趣吗？"

"英文沟通没有问题的话，我推荐您到这家欧洲企业。"

"您对稳定性怎么看？"

"您接下来的职业规划是？"

……

猎头提供的职位五花八门，有民营企业、上市公司、欧美公司，有需要英文的，有要求在500强工作过的，有给非常高工资的，有提前就说好压力会非常大的，有需要你去建立团队的，有合资企业需要强大的沟通协调能力的，有准备上市但压低工资的……

Peter习惯了猎头的种种劝说，但是还没有碰到哪一家的情况报出来之后让他很有兴趣和向往的。直到某个行业的全球四大巨头之一的一家公司的出现，令Peter彻底心动了。

公司在另外一个海滨城市，不过地处偏僻倒不是个大问题。Peter看中的是能有英文与总部对接的机会，还有这家公司有无限的上升空间，有机会还可以去美国总部工作也说不定，当然，这只是可能性。既然是该行业的全球四大巨头之一，薪资绝对比一般的企业具备竞争力，这太符合 Peter 的寻找方向了。由于见过太多猎头，了解过太多企业，家里计划生孩子也确实需要多积累一些"银两"，Peter 狮子大开口报了个相当高位的价格。猎头竟然是免疫的，没有什么大的不良反应，Peter 知道这公司果然够豪爽。

接下来是猎头联络并安排面试，在一个偏僻得几乎无人烟无商业设施的码头区，一幢不起眼的自建小楼就是这家巨头公司的工厂办公室，外面看似斑驳，里面却装潢不俗。从外到里，如同穿越；外面相当工业化，里面却很具备商业时尚感。坐在办公室里，开着窗，面朝大海，远处就是巨型的装卸货船。

面试安排在一个上午，早晨跟 HR 总监见面，然后是财务总监，聊得挺欢畅，文化相似，都各自发表一些见解和观点，干净利索，以解决问题的案例探讨居多，还聊了一些管理团队的方法。第一次面试之后，公司安排车将 Peter 送回市区，这个举动让 Peter 对这家公司从心底里生出好感。

猎头效率很高，第二天就回复："恭喜您，顺利通过第一轮面试，接着要跟总部的财务总监做一个面谈。"

总部财务总监林女士是位很有阅历的中年女士，别的不说，任何人见她第一眼都能感受到她的"霸气冲天"。后来 Peter 进了公司才知道，公司里私下称她"武则天"，她在这家公司工作了 17 年，根深蒂固，盘根错节，权力隐形，说她霸气四射也丝毫不为过。林女士在跟 Peter 聊天的过程中并没有过问太多的细节。谈一些为人处事，聊一点做人原则，看问题的眼光，是否有足够的野心，办事遇挫如何挺过，是否具备胆量。

俗话说就是"看你够不够胆"。她认为一个"够胆"的人,才符合她对管理岗位的要求,否则前面的环节就算过了,她也不能同意。这是个价值观层面的问题,林女士自己胆识过人,不愿意自己的团队来的是一只"小羊",长期在总部,偶尔会来工厂看看,例如开会之类的事情。那个面试的下午,给 Peter 的时间不多,也就聊了不到一个小时。Peter 感觉林女士非常洒脱,有风范,若有机会跟她学习实属幸运。在林女士面前,Peter 像是一个小朋友,别的不说,就连这家公司的现任财务总监 D 总也是这位林女士看着成长起来的,她坐着的时候,公司 D 总从来都是在一旁谦卑地站着,更何况 Peter 应聘的职位只是公司财务总监的下属经理。

在见完林女士之后的第三天,Peter 就收到了公司的 offer。

Peter 心里非常高兴,虽然手头上还有其他公司在面试,还有已经面试完毕在等结果的,但是,Peter 心里已经有了认同,给他的职位是财务部经理,专门负责集团报表、固定资产项目和 ERP。最让 Peter 心动的就是工资涨幅很大,Peter 觉得非常开心。"大户人家"出得起钱,Peter 心存感激,接下来就与家里人沟通,准备移居另外一个城市,从中等城市崛起,再战江湖。

"面朝大海,春暖花开"是不可能的,工业化企业的财务工作一直都是气氛紧张,充满压力,一点都不浪漫。此公司在码头边上,海风阵阵,吹来的不是清爽,而是工业化的味道。每天码头上都有海量的货物进出,万吨货轮来而又去,悄无声息。偶尔站在办公室面对大海的窗口,远眺码头,一辆辆重型大卡车,满载各种各样的豪车、大宗物资,如同蚂蚁搬家一般,来回穿梭。

Peter 跟妻子已经商量好了，自己先打头阵，到公司工作一段时间，试用期半年一过，再把她接过来。但是，Peter 哪懂得女人的心是思念做成的，牵挂得不得了，在 Peter 到了公司之后刚一周，妻子便远道而来，与夫共度。

Peter 为了便于开展工作，在公司附近租了一套房子。这个码头所在城镇，由于生产加工业务很多，到处烟囱林立，污染相当严重，河水比墨水稍浅，有些是墨绿色，有些是深紫色，稍带黏糊，常年如此，一看就知道此地不能常年住。河边偶有几个钓鱼的人，习惯性地把鱼钓上来之后，直接放走，不是不想吃，而是不能吃，或许钓鱼只为修身养性罢了。这个镇上的人个个都非常清楚，这里的环境不太好。

经济的发展需要重型的工业，煤是重要的工业物资；一个运煤的集散地就在码头的重要港口边上，每天煤灰满地，烟尘满天，顺着重型大卡车，散播到方圆五千米的范围之内。Peter 所在的这家公司就在这个煤尘污染范围区内。

Peter 刚进公司时很拼命，因为不拼就可能就跟不上工作节奏。当然 Peter 也很懂得拼命最重要的是让直接上司明白自己拼命的心，所以 Peter 也懂得与直接上司拉好关系，偶尔聊天，袒露自己"淳朴上进"的心思。

Peter 的上司是个十足的工作狂，公司里个个喊他 D 总，性格、工作风格、管理作风，完全符合林女士的"胆量"标准，个性张狂，简直目中无人。此人坐镇公司的财务部，每天昂头走路，闭着眼睛也永远撞不到人，因为人们总会主动提前避开他。此人嗜好抽烟，10 米之外便能闻到他口中长年积累的烟味，夹杂着覆盖不住烟味的香水味，刺鼻难闻。

　　D 总做事认真，并以"公开大声训斥"出错者为荣，仅凭这招就足以镇住财务部的人员。公司 20 多个财务人员，个个乖乖俯首称臣。D 总行事"张狂"，虽然公司财务部有具体的组织架构，但是每一个财务人员几乎都是他的直接下属，他可随时传唤。换句话说，他的手伸得特别长。这种非常强势的管理风格，使得 Peter 和其他的财务经理若想生存，必须学会"与狼共舞"。Peter 是个具有丰富经验的经理，当然也是以最快的速度摸到了这个路子。因此，Peter 对 D 总百依百顺，仿佛一只陪伴在头狼边上的小绵羊。

　　此公司业务不简单，大宗商品进出已经非常难以管理，公司还涉及复杂的金融产品，Peter 从没接触过，一开始并不是很理解，对业务信心不足。在这个以"头狼"为主的团队里，财务人员们个个都是"小头狼"，绵羊一般的 Peter，虽然得到 D 总的认可，却经常受到"小狼"们的挑战。

　　半年下来，Peter 勉强度过了试用期，起码他在心态和行动上都得到了 D 总的认可。其实 D 总的管理风格也简单：第一，顺我者昌；第二，业务不出错。其他的，就算是 Peter 跟下面的"小头狼"吵得面红耳赤，D 总觉得这都是小事。看不顺就吵，不服气就直接大声吵，在 D 总看来，这是很正常的。每个人都有自己的价值观，领导也是如此。可能很多人见过的领导是高高在上，不接地气的，但 D 总不是，他非常接地气，甚至接到了地下室。D 总恨不得掌握每个人吃喝拉撒睡的点点滴滴，因为人心彻底向他袒露，就能非常轻易把握，自己轻松坐稳"泰山"。

从试用期过后，Peter 就开始显得有点力不从心，疲于奔命。随着时间的推移，D 总也陆续收到财务部人员对于 Peter 的抱怨和投诉，意见多了之后，加上自己的主观感觉，D 总认为 Peter 有点太柔弱，在第一年的年末竟然将他的 KPI 评为及格水平，奖金比预期下降不少。这让 Peter 本来就处于难以应付的状态，内心一下就垮了。望着那片海运繁忙的大海，Peter 的心像打鼓一样，他每天都思考着怎么做好工作，可力不从心，他又想到了要离开。

由于工资待遇在同行业当中尚属高位，因此虽然想到了要离职，但总不能说走就走。每次回到公司，面对个个狼性十足、咄咄逼人的下属，Peter 表面上故作镇定，其实心里慌不择路，谈话稍显尴尬，聊天也无法投入。久而久之，财务人员有点把 Peter 隔开在外，而 D 总也已看在眼里。不过，对于 D 总来说，只要两个原则没有破，他就不会辞退 Peter。但是 Peter 在公司总感觉自己是局外人。D 总也跟其他人私下谈过，Peter 的性格或许跟公司的价值观不太相符，当然不论是 D 总，其他财务经理、财务人员，都没有人跟 Peter 谈过心里的真实想法。Peter 和其他人之间似乎总是隔着一堵"隐形的墙"。

Peter 上班心里没底，下班也常常垂头丧气，工作的事情总是萦绕在 Peter 的心头。对于公司内部的关系，他很想有所改善，但总感觉无从做起。有时候半夜睡醒，再也无法入眠，妻子很担心，Peter 很无奈。这一次搬家一年有余，虽然收入丰厚，但是压力颇大。工作不顺，每天上班如同演戏，其实不去理会太多，"做一天和尚撞一天钟"也行，但是 Peter

还是感觉不对头，在这家公司工作缺少了在以前公司的那种成就感。

几个月后，Peter 终于又开始投递简历，面试了几家公司，通过了其中一家公司的面试，但是收入没有达到目前的水平，这让 Peter 左右为难：离开是一种经济损失，不离开是心理损伤。思来想去，一周之后，他忍痛割爱，向 D 总提出辞职。但是 D 总看出 Peter 的态度并不十分坚定，就直接道出了 Peter 心中的疑虑，并表明自己很认可 Peter 目前的工作成果，至于人际关系，他倒不太关心，没有多大问题。被 D 总这么一说，Peter 心里又起了变化。D 总让 Peter 再回去考虑考虑。

Peter 回家之后，思来想去认为 D 总讲得有道理，第二天便跟 D 总表明心意：不离开了。

但是接下来的一周，Peter 又因为工作上的事情，被下属的财务人员连吼带叫地质疑，不过 Peter 性格温和并没有跟下属直接吵架，反而被其他人认为是理亏，只能自己默默承受。这件事又激起了 Peter 离职的想法。第二天，他跟 D 总提出在此工作确实不合适，D 总还是继续劝他，讲明白道理，甚至赤裸裸地说："你到别的地方能找到这么高的工资吗？工作还是要考虑很实际的经济问题啊，我是为你着想……"Peter 又被说到了痛点，他再一次妥协了。

D 总劝他留下也自然有他的考虑，毕竟离开一个经理，重新招聘，从申请招聘到最后招聘完成，又要几个月，这些事情谁做？既然 Peter 工作还过得去，那就继续做好了，他没有必要让这个职位空缺。

Peter 每次答应了 D 总，但是回家就动摇。来来去去，Peter 深深地陷入了忧郁，加上这拖来拖去，之前面试成功的那家企业的录用日期也过了，Peter又陷入了必须在这里继续工作的境地。

但是，一天天感受到这企业文化根本不适合自己，他又开始找工作。两周之后，又有一家公司看中了Peter。这一次，他下定决心来到D总面前，说出自己在公司确实内心痛苦和多次遭下属吵闹后的真实想法。D总感觉一个男人都说到这个份上了，再劝也没用了，而且事不过三，第三次就不劝了，既然做不来，强制性留他下来，也是不负责任的。

总部财务总监林女士听说Peter要离开，也挺激动，特意跑过来，对Peter劝说不已，因为在她的印象里，Peter各方面都很优秀，还是非常不错。虽然林女士不是常年在这家公司，她也无法感受很细节的事情，但从她的角度讲，她要力劝Peter留下来。Peter从心底里很佩服这位女士的风格和为人，无法直接表达拒绝，便又答应留下来了。林女士还兴高采烈地跟D总说："你看，被我劝下来了吧。"

可她没有想到D总说："别高兴，他会反悔的。"

林女士完全搞不清楚这是怎么回事，只看到D总诡异的微笑。

就在林女士返回总部之后的第三天，Peter就又跟D总说明去意，D总在表面上表达了善意的理解，内心苦笑不已，他知道Peter的性格和价值观确实与本公司稍有差距。而Peter无法直接向林女士表达最终的去意，便委托D总代为传达。

离职的事情，来来去去，已经被逼到死角了，如果再不走，新的工作机会又要丢了。D总也表达了理解，便致电林女士。

没想到林女士竟然直接说："我那天说得好好的，是不是你又给他什么压力了？"

D总一脸无辜，一时无语，突然拿着电话大笑了起来。

林女士被D总的笑声给吓着了，说："你怎么回事？发神经么？"

"哈哈哈……"D总一阵狂笑之后，才把持续了一个多月的Peter辞职过程讲给了林女士听。

林女士这回可算是对Peter有了全面的了解。事已至此，强留也不实际。林女士还是礼貌地给Peter打了电话，只是Peter已经没有了当初面试时的自信和"够胆"了。在办完离职手续之后，Peter就到新公司就职了。

新公司与原公司在同一个城市，Peter不需要搬家，生活越便利，工作越顺利。

新公司的总经理是个外国人，还好Peter的英语水平不错，而这家企业的规模不是特别大，Peter的上司就是总经理，公司也不设置财务总监。Peter担任财务一把手，心理上的感觉比上一家公司轻松多了。

这家公司是传统业务，财务工作内容并不复杂，五天双休，日常工作基本不需要占用休息时间，Peter非常满意这种工作状态，而随着岁数越来越大，Peter再也不想换工作了。这是就业以来的第四家公司，Peter稳稳当当地工作三年之后，购置了房产，新家安在了这个城市，而妻子也在这个城市找到了合适的工作，接下来孩子出生了，父母也过来一起住。

虽然隔三岔五总有猎头问长问短，但是步入中年的Peter心累了，他的人生重心再也不是寻求事业发展，希望工作安安稳稳，把业余时间都花在照顾家庭上。

| 坐上财务总监：财务职业生涯实战（第二版）

总　监

1　杨丽办妥大事又晋升

2　暴躁的 Ricky 不归家

3　Helen 迈上职业新台阶

PART 4 | 总 监

1 杨丽办妥大事又晋升

杨丽小时候随着父母的工作变动搬迁到某城市定居，从此以后便在这个城市接受教育，直到考取了省内另一座城市的一所普通的大专院校，杨丽离开父母，外出求学。在学校期间，杨丽也如同其他同学一般经历了社会实习，获得大专学历之后，杨丽按照父母的想法，回到自己熟悉的城市找工作。普普通通的经历，平淡无奇的简历，杨丽并没有太多机会，找工作也颇费工夫。但是杨丽心态好，就算从小到大学习总是处于被老师们直接忽略的中等生，她也从来没有急于改变现状。往好处讲，杨丽属于稳扎稳打型的选手；往坏处讲，这是"死猪不怕开水烫"，反正中等水平也能活着，找工作被人忽视就忽视呗，继续找就行了。

在面试了三四家公司之后，杨丽终于进入了一家以电器销售为主业的公司，担任助理会计一职。公司不大，做的是电器类产品的贸易，财务部一共才三个人，工资不高。不过，杨丽对这些并不介意，她一如既往地接受现状。"既来之则安之"，杨丽的工作状态相当稳定。不过，跟杨丽形成对比的是，公司的业务拓展一点也不低调，而公司其他部门的人员变动更是"七上八下"。担任助理会计不到一年，公司业务快速发展，财务部三个人异常忙碌，由于工资上涨没有跟上业务扩展的节奏，有一个老会计离职了，而杨丽这个助理会计刚做不到一年，经理不是很放心让她做会计，就从外面重新招聘了会计人员。杨丽处于职业初期，对这些离职的事情自己也没有概念，总之有事情就做，不懂就问人，被人训也不还嘴，杨丽的性格一向如此。

随着时间的推移，工作一年多之后，杨丽对基础的会计工作也能胜任了，什么单据有什么要求，流程具体如何，她也比较清楚。在这一年的时间里面，公司的销售规模已经翻倍了，会计核算的任务越来越重，各种奇奇怪怪的事情也经常发生，一会儿丢了发票，一会儿要退货，事情很多，杨丽开始要兼着跑税务局的事情。业务忙起来，财务也要跟上，但是作为创业型公司的老板没有那心思去理会财务，在老板的印象里，"我们搞业务，做大市场，你们财务部几个人把账做好，把税报好，别给我惹事就行了"。

公司也没什么流程，财务经理常常说："老板说过，要他签字才行，你们先拿给他签吧。"

没有什么规范流程，对于这家公司的这个发展阶段而言，居然也没有出什么大的乱子。

杨丽加入公司的第二年年底，财务报表出来之后，老板心里乐开花啊，业绩增加，当然大家的工资和年终奖都有着落了。不过财务经理看到工资收入不错，就没敢提另外招人的事情。也就是说，第三年这三个人还得继续熬下去。在小公司有小公司的好处，没有什么复杂的制度，一套简单的财务软件，每个月就整理好相关的单据然后在软件里面入账、报税，清清楚楚，也不需要做财务分析，老板自己卖多少货，什么品种好卖，什么能挣钱，他心里清清楚楚。老板对财务没多少要求，自然也不会让财务负多大责任。

公司的电器生意越做越好，门店越开越多，体量越来越大，发展到这个时候，财务核算开始有点乱了，三个人经常需要加班，经理迫不得已跟老板申请了招聘财务人员。就这样，新招了一个助理会计，总算稍微舒缓了一些。可是老板的要求也多了起来，要知道这些不同门店的产品各自毛利如何、业绩情况如何，以此考核各自的店长，财务开始增加了一些分析的功能。随着企业的成长，老板和员工都在成长。老板到外面参加培训机构的课程，晓得了管理企业要采用预算管理的方式，结果一回来就要求经理着手做这个事情。

财务经理水平有限，压力暴增，这预算的事情以前没做过，刚开始做，自己事情多了还要得罪人，财务经理就扭扭捏捏拖着来，也提不出什么实质性意见。下半年开始，老板就要求要做第二年的预算，可是大家都非常忙，时间一拖就到了10月份，老板又提醒了：做到什么地步了，拿出来看看。

财务经理汗流浃背，因为还没有正式开始做呢，说实在的，也不知道怎么开始，做成什么样算做好，支支吾吾地又搪塞过去了。

到了11月，依然拿不出什么成果来，老板看出来了这个财务经理八成是不会做，也开始意识到管理复杂的业务需要有丰富管理经验的财务经理，而不是简单的老会计人员，于是重新招聘了一位新的财务经理刘伟强。

老板对刘伟强说："刘经理，我是很看重你以前在外资企业工作的经历，毕竟在管理上应该是外资企业的水平要高一些，我们公司发展比较快，财务人员可能从能力和经验上不太够，希望你能带带他们。公司的发展空间很大，在这边工作会很有前途的，以后做到上市公司也是很有可能的。"

刘伟强一直在外企工作，有十年的工作经验，在外企担任财务经理也有好几年，不过没有做过企业负责人的他，这次看重的是能担任一家公司的财务负责人，往后如果能随着公司一起发展当然更好了。刘伟信誓旦旦，表示在管理水平上要把公司的财务人员培训好，把财务管理技能提升一个档次，财务分析和预算也会做到位。

刘伟强入职第一天就请大家吃饭，聊聊各种情况，但是他发现这个四个人的团队有点软绵绵的，每个人说话都没有说透，到底是没有什么成熟经验而自信不足呢，还是对他不太信任不支持工作，弄不清楚，当然他也不知道之前老板曾经让财务经理做预算但是没有做出来的事情。

第二天，刘伟强开始着手了解公司的业务流程和各种财务处理规范，他原先在外企是从基础职位开始做起的，非常懂得整个财务流程的前前后后各种环节。例如，如何分配岗位工作，怎么建立互相之间的合作流程，出报表是否有制定结账程序。在了解清楚这些细致的问题之后，他也开始制作预算的制度和财务分析的模型。

刘伟强开始工作的第一个月，天天加班，设计各种流程和制度，然后抽时间给下属做培训。杨丽表现比较积极，被安排了税务和预算的工作。杨丽之前就做了往来账款、费用和税务，现在临时被安排做预算，她心里很高兴，可以学习到新的东西。当刘伟强拿着成型的预算制度、编制流程和 Excel 模型等资料给她做培训的时候，她开动马力，快速学习，刘伟强加班，她也跟着继续学习。但是，对于原来的财务经理来说，刘伟强可没给他多少任务做，他还是负责做报表的工作，而对着刘伟强发给他的财务分析模型，他也感觉到力不从心，因为从来都没有这么去做过，他担心这么做到底好不好。刘伟强告诉他先搜集资料，做好基础工作，但是财务经理还是没有动静，刘伟强就渐渐不理睬他了，而把财务分析放在第二阶段再做，当务之急是做好报表和预算。

刘伟强在工作半年之后基本就接手了公司的所有财务事项，而杨丽也把预算做了一遍，按照刘伟强的意思，第一年做得相对粗糙一些没有关系，第二年开始再慢慢细化，有一个递进的过程。杨丽虽然在年底加班不少，但是能学习到新东西她也非常乐意。倒是原来的财务经理闷闷不乐，没有具体负责什么任务，感觉被刘伟强架空了，老板也不怎么关注他了。刘伟强做的预算得到了老板的认可，他还建立了公司的报销管理制度、出差管理制度、财务各岗位账务处理流程和预算编制流程等，使财务部门行事越来越有章法。原来的财务经理由于感觉到自己受"冷落"而无法配合工作，便离开了公司。

刘伟强在入职后的第二年下半年，跟杨丽做了非常详细的沟通和培训，表示新的一年一定要做好公司的全面预算。从进行预算部门会议开始，刘伟强就把杨丽带上，并且把她定位为公司的预算编制负责人的角色，让公司各部门的预算编制人员都跟她联络。而原来的财务经理离开之后，刘伟强招聘了一位新的财务主管（负责结账和财务分析事宜）和一位会计人员（负责公司的往来账务处理）。现在，除了杨丽之外的其他两位财务人员，分别负责其他的账务处理事项。这样，整个团队的工作分配就比较清楚，并相对稳定了。

到了第二年的年底，老板已经能在每月月初收到财务部交出的财务分析报告了，并且第二次预算已经全面展开，也陆续有成果出现，老板看着一版又一版更新的预算报告，确实感觉到比较满意，明显感到公司的财务管理水平有所提升。这一年，杨丽被公司提升为财务主管。

到了第三年，公司业务持续增长，业务规模已经达到了两个亿的销售额，业绩迅速增长的同时，财务核算也表现得有点吃力。这个时候，刘伟强跟老板提出公司需要实施ERP整合信息，把公司的业务数据和财务平台进行对接，通过不懈努力，老板终于同意了。纵观财务部，杨丽负责的预算工作比较顺利，工作也比较踏实，因此刘伟强让杨丽挑起这个信息化的重任，当然这是日常工作之外的额外事情。杨丽一想又能做新业务了，又开心得不得了，再一次投入到紧张的工作当中。但是，在这个系统调研初期，由于多了很多额外的工作，公司的其他会计人员陆续辞职，又重新招了新的人员。ERP项目从一开始调研论证，到真正实施完成一直持续了八个月的时间，杨丽也付出了非常多的努力。当项目正式上线之后，杨丽感觉到自己的能力提升了不少。从毕业到现在已经七个年头，公司的财务人员换了不少人，不过自从刘伟强到公司之后，杨丽学习了很多先进的财务管理模式，她自己心里非常满足，而由于自己的认真付出，负责的工作内容都做得非常到位，不论是当初开始接触预算还是后来做信息化项目，杨丽都是非常吃苦耐劳，配合经理的指挥。

因此，在这年年底，杨丽又被提升为副经理，负责公司的结账任务、财务分析、预算和信息化。而随着公司规模的不断扩张，财务部又招聘了两名财务人员，这个时候，财务部一共已经有八个人了。

刘伟强进入公司后的第四年年初，已升任副经理的杨丽也慢慢地转换成管理的角色，而不是亲力亲为地做很多事情了。这年上半年恰逢杨丽怀孕了，到了年底，公司新招了一个财务主管。在刘伟强对工作稍做安排后，杨丽就开始休假了。

在杨丽休假期间，新来的主管忙得不得了，因为公司业务复杂，刚接手信息化任务，还有预算报表等事情，需要一定时间学习各种细节，刘伟强反而要开始亲力亲为了。

到了第五年年初的时候，刘伟强受到行业内另外一家公司的邀请，直接就任财务总监去了。老板认为公司的规模已经很大了，而财务部的架构设置须借此机会提升一个级别，于是在外部寻找到一个在贷款融资、多元化经营发展领域有经验的财务总监，来帮助公司在资金、税务、预算、财务管理等方面提升一个新的台阶。

等到杨丽休完产假回到公司的时候，公司新的财务总监已换成樊辉。樊总在业内小有名气，是被老板重金聘请过来的。休假过后的杨丽虽然是副经理的头衔，但是性格上她一如既往地听从指挥，配合新财务总监的工作。樊总一来，恰逢老板的多元化思维处于膨胀期，老板有意思做房地产行业，樊总向老板建议做商业房地产，于是便设立了一个专门做商业房地产的子公司，先选择恰当的地段和楼盘之后，跟原业主签下长期租赁合同，然后对不太起眼的商业楼盘进行翻新装修，再以较高的租金租出去，资金回笼快，初始投资也不大，这个生意来钱快，并且能为集团往后做大型的项目积累商业地产的运营经验。商业地产公司需要财务团队，杨丽是老板信任的老员工，又是副经理职位，便派到子公司担任财务负责人，而地产公司新的财务团队重新招聘人员，很快便招聘了5个人到位，杨丽开始风风火火地独当一面负责一个公司的财务事务。而由于业务繁忙，樊总又招聘了一名财务经理，负责公司的合并报表建设、财务分析、预算等集团性的综合项目。

商业房地产的运营效果不错，在装修后重新开业的时候，已经提前出租了60%的面积，开业后三个月的时间，已经全部出租完毕，除去偶尔有一两家公司提前解约，商业运营方面基本出租率能达到95%以上，老板对这个新公司的业绩非常满意，也慢慢积累了一些在商业地产方面的经验。而杨丽由于是第一次管理一家独立公司，也是战战兢兢，硬着头皮带领团队，因此她经常请教樊总，保持良好的沟通。樊总为人大气，经常对杨丽所负责的商业房地产运营提供一些宏观的指导，对于商业房地产公司的财务做法也表示肯定。

商业房地产公司效益非常稳定，为整个集团公司提供持续的现金流，而商业房地产公司的总经理也谋划着开始寻求其他物业项目。到了杨丽就任的第二年，商业房地产公司已经同时拥有两幢写字楼的经营权，而杨丽的财务团队也受到老板的肯定，在商业房地产公司工作的第二年，杨丽被提升为财务经理。

集团业务扩张已经成为老板的既定战略，在寻求商业房地产的运营项目之后，又拓展了一个单独的电商项目公司。樊总认为杨丽在电商上面的经验可能不是很丰富，需要重新招聘一个财务经理负责电商公司的财务事项，但是老板对杨丽非常信任，又点名让杨丽去负责电商公司的财务工作，而商业房地产公司重新从外面招聘了一个财务负责人，暂时定为财务副经理。杨丽到电商公司之后，又从外面招聘了一名有电商经验的副经理和三个财务人员，组成完整的财务团队。

在电商公司任职期间，杨丽还兼着管理商业房地产项目公司的财务工作，一直到六个月之后，新来的财务部经理基本把事情做稳当了之后，杨丽才一门心思放在电商公司上面。由于电商平台是一个新的项目，老板非常看重，杨丽这一做就是三年。

樊总来到这家公司已经整整四年了，集团从当初单一的业务，已经拓展为多元化的产业集团，涉及房地产、电商、实体销售等。樊辉确实做到了像当初老板期望的那样，在集团实现多元化过程中起到非常关键的作用，并且增强了集团在银行资金等各方面的拓展，给集团带来了大额的贷款资金，保障了集团资金的安全。工作四年之后，樊总在一家猎头公司的推荐下，到一家更大型的多元化集团公司担任财务总监，这对樊辉来说也是人生的一次新的挑战，也是职业生涯的新发展。老板获知后，也向他表达庆贺，对他几年来的贡献表示了感谢。

樊辉离开之后，老板把杨丽调回集团总部，担任副财务总监，全面管理集团的财务事项。由于之前樊总已经将财务管理的战略和思路基本搭建好，杨丽对公司的业务内容又非常熟悉，因此在短时间的熟悉之后，杨丽就开始统管整个公司的财务事项了。老板考虑到杨丽在财务战略、宏观行业分析方面经验不够足，便又从外部招聘了一个新的财务总监，负责在总体战略上统筹全局。而全公司的财务人员都跟杨丽非常熟悉，甚至包括下属子公司的财务人员也是如此，因此在落实预算、信息化项目、财务分析、税务政策、资金管理、合并报表等多方面都由杨丽负责，而新来的财务总监把更多的精力放在对外融资、政府关系、战略指导等方面。

杨丽在这家公司工作了13年，终于从一开始的小会计，成长为财务部门的"第二把手"副财务总监。在这家公司工作多年，无论在业务处理还是人际关系方面，杨丽都根深蒂固，是公司为数不多受到老板信任的高管之一。

老板对杨丽说："咱们公司发展这么多年，你一路走来，应该非常清楚，咱们外聘来的高级管理人员，多半未来是要离开的，你得好好学习，保持沉稳的工作风格，尽快在战略和融资等方面加把劲，未来一旦时机成熟，公司是要上市的，上市的时候财务的一把手我感觉还是咱们自己人当好一些。"

杨丽谨听教诲。从此杨丽的工作任务又重了许多，她必须管理好日常的工作，业余的时间疯狂学习各种有关上市、融资、战略方面的知识，并且通过与新财务总监的工作配合，不断积累在这些陌生领域的实操经验。

集团公司的各项业务发展很快，五年之后，集团内部的子公司成功上市。杨丽从上市初期开始就勤勤恳恳，任劳任怨，原来的财务总监在上市之后不久就离开了，而杨丽由于在上市筹备期的表现得到老板的认可，正式担任财务总监。

杨丽对于公司的宏观发展战略和微观管理细节，一切都了如指掌，坐上财务总监稳如泰山。

2 暴躁的 Ricky 不归家

Ricky 家境殷实,父母从商,家大业大,责任重大。父母从小对 Ricky 的管教非常严格,稍有不听话,几乎都是"家法伺候",Ricky 是个调皮的孩子,从小没少挨揍,但是小孩子越揍越反叛,父母感觉小孩子越反叛揍得越狠,小孩子被揍得越狠越想办法跟家长对着干,Ricky 在与父母之间在博弈中逐渐成长。

Ricky 从小就这么跟父亲对着干,能长大也着实不容易,初中的时候家里人不让抽烟,他偏要抽,父亲懒得说废话,直接皮带伺候,但还是治不了 Ricky;家里人不让谈恋爱,他偏要谈,初中开始就谈,到高中时恋爱经验就相对丰富了,到大学脱离父母的掌控,随心所欲,毕业之后,惯性下来已难改其多情本性。

Ricky 很聪明,虽然反叛但学习没丢下,不怎么费劲就考上了一所名校,学习会计专业。毕业后,顺利进入全球顶尖的会计师事务所。Ricky 毕业之后在这家事务所工作,他很争气,面对职业化的训练,反叛性格的另一面是较真,这倒非常契合这家公司的文化,反而如鱼得水。Ricky 努力拼搏,享受单纯而充实的事务所生活。

由于项目非常多,人手不足是常事,整个公司的工作状态几乎都是熬夜或通宵，事情做到凌晨那是常有的事。压力巨大的他经常靠抽烟来缓解，直到十几年后他在深深地认识到抽烟的害处之后仍然无法戒除。

对于 Ricky 来说，虽然很忙，但是自己很享受，或者说根本没有时间和空间去考虑别的事情，因此大学的恋情在工作之后很快就断了。工作忙，脾气不好，性格反叛的 Ricky 当然也没有任何意思要挽留所谓的"感情"，他深知人心难测，感情方面随缘就行。工作几年之后，运气不佳，公司倒闭了，他随波逐流，来到同行业另外一家公司，当然也是全球顶级的会计师事务所，只不过工作氛围变了，工作节奏改了，对待事情的处理方式都不太一样了。Ricky 一开始不太习惯，可能第一家公司给他的印象太深了，原公司有如职业之路从无知到有知的启蒙者，Ricky 只顾积攒专业经验，一时半会儿管理不好自己的情绪和脾气，反叛的性格让他总是以为别人跟他过不去，但是从小不服气任何人连自己父亲也不服气的 Ricky 在工作了一年之后，感觉公司文化与自己性格相差甚远，于是又换了另外一家事务所。当然，在这个全球知名的事务所的范围内，也不只 Ricky 一个人这么做，很多人都在几家事务所之间互相调换工作，或许因为一口气不服就换了，或许因为所在项目很弱，或许因为跟上司不合，或许因为自己跟女朋友分手，总之想换就换，对这个行业的高离职率大家早已习以为常。

Ricky 新进了这家公司之后，稍稍调整了自己的性格和对人对事的做法，逐渐稳定下来了。忙季的时候，一如既往地忙，但劳动强度远比不上第一家公司，Ricky 甚至感觉这是"养生"做法，还稍显轻松，可职位越来越高，责任越来越重。Ricky 已经养成了非常负责任的职业习惯，几乎什么事情都要非常仔细地去检查和验证，办公室最晚下班的就是他。Ricky 虽然工作很忙碌，可情感也没闲着。做这一行出差的时间比定居的时间多得多，虽谈不上四处留情，但是 Ricky 确实交往过不少女朋友。多年以后成家的他总结一句话："男人要是没经历几段感情，怎么能轻易结婚呢？"这些闪电般的情感，总是在他一次又一次工作忙碌的状态下被迫分手。Ricky 是个性情中人，多年以后感慨地说："淡季的时候谈恋爱，忙季注定要分手。"三百六十行，行行有难处呀。

做这行经常要出差，职业早期根本没有定居的概念，枯燥而繁重的工作让人心中非常压抑，不排除有一部分人的健康也会出问题。Ricky 就曾经在熬了一通宵后第二天早上从椅子上站起来的一瞬间直接瘫倒在地。同事们把他送到医院，可是醒过来之后几乎没怎么休息，他又投入到紧张的工作当中去，因为"累死是小，工作完不成是大"。不过经历了这一次小风波之后，Ricky 第一次开始思考：自己是否处于一个不正常的状态？是否真的要一直这么做下去？或者自己做下去的目标是什么？做到什么时候就差不多了？这一次身体上的打击让他想了很多，终于想明白了，他要争取做到高级经理，然后"洗干净脚就不再下田"了。牛越耕越瘦，地大无比是越耕越肥，事情不是靠一个人做完的，而个人的精力体力始终有限。

Ricky 在淡季的时候更加勤奋地复习考试，本来就考过三个科目的他顺利地考过了 CPA 的余下科目，不久也争取到了公司的经理职位。

Ricky虽然意识到自己身体健康的重要性，但是工作起来一如既往地拼命，或许已经形成的职业习惯很难改了，就像抽烟成为习惯了之后，Ricky就一直戒不掉。工作严谨，认真，负责，是Ricky对自己的要求，同时，对那些刚入行经验为零，或者入行不久经验尚浅的小朋友们，他也非常严苛。第一是为了提高工作的质量和效率，第二是为了让小朋友们更好地成长，他常说："我不能带坏小朋友啊。"有一次出差在火车上，对一个不太懂事的小朋友，Ricky竟然从上车到下车"教训"了一路，语言虽然比较有劲，其实是在给她做培训，但Ricky认真投入的时候很容易激动，一激动看起来就像"训斥"一般，同行几人吓得脸色苍白，除了上洗手间都不敢有多余的动作。不过，事隔多年以后，这个小朋友依然感谢Ricky对她负责任的教导。Ricky带下属通常也不局限于专业的技能，而会将做人的道理也一并带上，好为人师是Ricky身上极为突出的表现，或许他一路走来深知如何才能在职场当中立于不败之地，或许他真的想让后辈年轻人尽早掌握能在竞争激烈的商业社会安身立命的真功夫，当然也有可能这是他的管理方式，带有压迫性地让下属尽快提升能力，保证项目的进度，腾出一些私人时间，毕竟下属消耗的是上司的时间，每个人都处于濒临崩溃的境地，"你死总比我死好"，他在抢时间。

还有一次，一个入职不久的小朋友，家境不错，但是工作期间不认真，每天嘻嘻哈哈，当他被分配到Ricky团队当中的时候，Ricky就完全受不了。Ricky生气了，后果真的很严重。本来该小朋友通过面试进入这么有名气的公司家里人都很高兴，但是谁知道乐呵呵的性格和不够沉稳的状态，让Ricky大发雷霆，直接训话："你根本不合适做这行，你给我滚蛋，别在这里捣乱。"小朋友吓得不敢吭声，几天之后还在出差当中的 Ricky 突然在酒店遇到一对中年男女，相请不如偶遇，慢慢道来方知是那位小朋友的父母，直接跑过来为小孩说情，诚恳地请求再给一次机会。好说歹劝，Ricky 始终不为所动，直言道："这个社会很残酷的，做人不行，事情就不要做了，没得谈！我很忙，没有时间，对不起！"Ricky 并不像电视剧当中的"霸道总裁"那样既霸道又温情，这个小朋友不久之后就离开了。

时间过得很快，几年之后，Ricky 终于拿到了自己所设定的目标职位——高级经理。而此时的他已经没有多少开心和高兴的理由了，从健康出现不良征兆的时候开始，他已经立下阶段性的目标，在此公司只为拿到这个头衔，毕竟这个头衔在市场上的认可度很高。Ricky 工作有严谨的一面，但是他对自己的想法从来没有服软过，虽然在职业生涯中所学颇多，也是得益于公司的平台，但是 Ricky 的付出照样为公司创造了非常大的价值，Ricky 并无感恩，相反还憋了一肚子气。当自己想要的东西都到手的时候，一周之内他提交辞呈，公司提出要交接手续一个月，Ricky 说赔钱就是了，说走就走，根本没有接受任何劝说。这个时候的 Ricky 在思想上已经比较成熟了，当然，他的人生阅历还不够丰满，毕竟他只在一个类型的职业平台做过，从宏观的商业社会上来讲，那里再好，可能也只是一个"孤岛"。

从这家知名事务所走出来的高级经理，可以选择的机会太多了。Ricky 与三四家公司谈过后，选择了一个全球顶级、行业内全球排名前三的跨国公司在中国子公司的副财务总监职位，原因是：第一，平台够大有名气；第二，这公司的文化跟他那反叛直接的性格很匹配，能任由发挥；第三，当然是工资收入丰厚。不过有点不太满意就是职位是副职，这在当年的 Ricky 看来是很不能忍受的事情，不过经过总部财务总监的好心劝导，他勉强接受。Ricky 本质上是个很容易记仇的人，这个副财务总监，更让他求得升职的欲望暴涨，而对应的就是加大管理的力度，让管理手段来得更疯狂些吧，在专业领域上，Ricky 的眼睛就如同架上了放大镜，什么问题都看得清清楚楚。

　　Ricky 工作起来不要命，没有人能跟得上他的节奏，不到两个月的时间就把这家公司查了个底朝天，什么细节都清清楚楚，下属个个被问得哑口无言，谁不服从或恼羞成怒的立刻被 Ricky 直接请走，有个别不服气的或跟不上工作节奏的快速辞退。到第三个月的时候，公司的团队焕然一新，战斗力十足，这时候 Ricky 才稍微感到满意。所有的流程、做法、表格、汇报路线、开会的风格，全部按照 Ricky 的要求来做，甚至连归档也要管，全部修整一遍之后，人心也统一起来，下属能力也大有提升。不过从下属的角度看，压力确实大，公司下属最常说的就是："在 Ricky 下面做事，每天就是提着脑袋在干活，稍有做错，几秒钟就被看出来，接下来就是劈头盖脸的一顿批，身体不好的直接能吓出小便失禁。"但是几个月过后，总部感觉到报表的质量提高了，时效性也更好，总部财务总监心里暗暗佩服和认可 Ricky。

　　风风火火大整顿过后，工作流程变得流畅了，Ricky 突然觉得每天竟然没什么事情可以做了，跟以前的工作状态比真是差别太大了。Ricky

逐渐有时间花在自己的生活上面了，按照他的说法是："以前的世界真的太封闭了，我还是喜欢现在的状态，在企业里面工作感觉真不错。"

这一年，Ricky 认真地接触了很多许久未联系的同学和朋友。机缘巧合，Ricky 认识到了他生命中最重要的女士，工作不忙，时间宽裕的他认真地投入到了一段新的感情。一年之后，Ricky 奉子成婚，可喜可贺；同年，总部对 Ricky 的工作表现非常满意，提升为财务总监，可谓双喜临门。

这家公司的工作内容基本不对 Ricky 形成压力，Ricky 便逐渐把更多的时间放在家庭上。这个时候父亲对 Ricky 说："你现在在社会上混得还不错，也做到了公司的财务总监，可以回家里的企业管理财务工作，以后也要接下爸爸的生意。而且你成家了，还给人打工，不值当啊。"

按照 Ricky 的思维，他跟父亲永远是谈不来的，父亲越这么说，他越不想这么干，于是就直接回复："我毕业之后自己打工，自己挣钱，没要过你一分钱，自己买房子，结婚花自己的钱，我又不需要依靠你，你管不着我。"

父亲听了，差点被气吐血，母亲在中间两头劝。类似这样的场面还很多。Ricky 经常说，每次看到自己父亲，听他说话就不痛快，看着就来气："我们可能注定合不来吧。"

第三年，集团又在另外一个城市收购了一家同行业的公司，收购后面临文化整合、流程的整理、人员培训等，由于集团认为 Ricky 在专业技能和管理风格上都非常强硬，在短时间内就能做到提高报告质量、做好管控，因此将 Ricky 调派到新公司，对他说快则两年，慢则三年，当该公司运行稳健后可调回原城市。当然，这家公司离 Ricky 所在的城市并不太远，周一至周五待在新公司的工厂，而周末可以回家，配有专门的司机接送，福利各方面非常到位。

Ricky 说干就干，比起原来的常年出差，这算不了什么，不过现在多了照顾家庭的任务，孩子也小，Ricky 与妻子进行了多轮商讨，毕竟公司的事情容易摆平，家庭的事情没那么轻松搞定。最终谈判一个月后，妻子还是支持 Ricky 的工作，家里老人也支持帮忙带小孩，虽然公司给 Ricky 的时间是 2~3 年，但是 Ricky 自认为半年到一年足够了，哪里需要那么久。Ricky 又一次开始进入忙碌的工作状态，自从结婚以后，Ricky 的火暴脾气缓和了不少，当然也不至于一下化成绕指柔，该做到的事情一件不能落下，该遵守的原则也不能破。

强势的管理风格让 Ricky 在"客场"公司遇到不少困难，总经理跟他可不是一个路子，总认为刚完成收购，节奏不能太快，而 Ricky 的眼睛里容不得沙子，他认为不快速解决，纵容会形成习惯，以后要改更加不可能。总经理的业务团队没少向集团总部汇报情况，背后向 Ricky 捅刀子。Ricky 经常莫名其妙收到集团财务总监的劝说和警示，这些警示对 Ricky 根本没有效果，他甚至亲力亲为，亲自培训，要求财务部细致到位，深入业务团队，把每个控制点该做的事情全部培训好，按照新制定的符合集团管理规范的流程来执行。Ricky 的思路是以迅雷不及掩耳之势让流程规范深入人心，财务部若有执行不到位的人、反对的人，Ricky 会一对一面谈，谈得清楚有具体原因的可以讲明白，谈不清楚支支吾吾明显有私心的就是不想干，立刻辞掉，重要岗位 Ricky 认为应该安排价值观一致的人员，个别岗位不符合要求的重新招聘。Ricky 在这家新公司一如既往地强硬，半年之后，出现了崭新的局面。总经理和业务部门领导对总部的各种投诉意见全部不攻自破，工厂的日常运营情况已经基本为财务所掌握，数据报表清清楚楚，资金管理、税务、成本、报表、分析、预算全都执行到位。由于有了前面几年在原公司的经验，这一次，Ricky 做得更加到位，也帮助公司培训了几个重要财务岗位的负责人，这几个人对 Ricky 非常尊重和佩服，属于工作上的心腹下属。

不到一年的时间，公司的财务运作步入正轨，Ricky 又进入了相对稳定的状态，他开始跟集团总部申请回原公司，但是原公司已经从其他公司调任了一位财务总监，因此暂时回不去。这下可倒霉了，加上妻子也催促，Ricky 感觉到有点憋屈，不过集团的财务总监确实非常欣赏 Ricky，一再跟他做思想工作，说正在安排后续的人员调动，很快就可以回去。这个时候 Ricky 思念家庭，想天天回家陪儿子，开始有点"身在曹营心在汉"，隔三岔五地，Ricky 在周四安排好事情，周五就干脆待家里了，反正有事情电话能联络，邮件在家也能回复，资料也可以远程查找，管理到位，没有出什么大问题。有时候周一不去公司，有时候周五不去，有时候每周就去两三天。事情安排妥当，控制点全部到位，除了总经理开会，其他没什么大事不去也没人敢管。集团看到公司还管得不错，有效果，也就默认 Ricky 的做法，放任其所为。

在这个节骨眼上，猎头找上门了。Ricky 压根就不想去面试，如果去谈，那些公司一般都会邀请他去工作，收入确实有比现在还高的，但是他其实不太想再接受挑战了，他就想拿着现在这个还很不错的工资，每天能花多一些的时间陪陪家里人。看了三四家公司，有美国上市公司的财务总监职位，有国内大银行的高级职位，有家族企业的财务总监，等等。工资收入都比现在高，但是 Ricky 思前想后，感觉自己的性格还是不太适合这些公司，每家公司都有自己的文化，家族企业很难缠，谁都动不得，一大堆背后的关系；银行更是规矩多；上市公司肯定也没有现在工作那么自由和轻松。Ricky 摸了一圈之后，还是决定就在这家公司干着吧，懒得动了。

公司一开始说的暂时去两到三年，果然没错，Ricky 在新公司"半死不活地"耗了两年多。在这期间，公司在美国的总部有机会让 Ricky 到美国工作，从职业发展的角度讲非常不错，但是 Ricky 最终还是没有答应，他的理由很简单："我现在都什么年纪了，不想折腾了，家里还有小孩，我去了那家里怎么办？"当然，在国内公司拿着高工资，已经是老员工，有点任性有点自由散漫，轻松就能管好这家公司的财务工作，他自然习惯了这种状态。由于原来公司的财务总监另有工作安排，终于腾出了一个坑，Ricky 顺利回归，这一年，已经是 Ricky 在这家公司工作的第五年了。回来之后，原先的财务团队有几个人已经离开，不过大部分旧人还在，大家还是比较熟悉的，稍做整理之后，Ricky 又重新进入稳定的工作状态。

可是随着时间的推移，Ricky 的妻子在职业发展上迅速提升，现在已经是某家大型公司的中高层管理人员。作为管理人员，Ricky 很清楚决断力、不容挑战、执着、性格刚强等这些都是基本的素质，同性相斥是这个客观世界的真理，因此两个性格相似的人，处于相似的管理岗位，在生活中往往容易产生矛盾。

孩子一天天成长，管理孩子的过程中，经常各执一词，习惯了所有人都听他的，Ricky不太允许妻子挑战他的权威，问题是妻子已经成长为中高层管理人员，她同样要面子。至于说日常家庭生活中的事情，A观点正确，还是B观点正确，只能是公说公有理，婆说婆有理，因此谁都不服气。Ricky经常与妻子就这些生活中的安排争吵不休，问题的重点不在问题本身，而是性格上的争端，试想Ricky连他爸爸都反抗，要他放下内心的刚强和执着顺从妻子的意见，做不到呀！

于是，工作上顺风顺水，威风凛凛的Ricky在家里却很不顺心，渐渐地即使公司没什么工作内容了，他也待在公司，找同事聊聊天也行，有时候同事下班了，自己一个人闷在办公室里面，抽着孤独的烟，一个人对着电脑，寂寞满屏，离开公司后也不直接归家，喝酒娱乐直到半夜，不醉不归。

其实，Ricky早就对物质的追求没什么欲望了，他要的是一种顺心的活法，工作上顺心那是凭着他的专业技能，可是生活中想要顺心，几乎没有什么专业技能可言，如果说工作给Ricky带来了丰富的物质，那么生活却需要他对外输出精神，可惜他宁愿晚归甚至不归也做不到这一点，或许他天生就是一个精神独享者。

3 Helen 迈上职业新台阶

Helen 是一个形象突出的女孩子，面容姣好，身材修长，在学校里就很引人注目，也因为如此，从小到大没少受到周围男人的各种献殷勤，她比其他女孩子要更早熟一些。在大学期间除了学习好之外，还谈了几个男朋友，按她的话说这叫"增长见识，积累人生经验"。

在一所大学念完本科之后，顺利进入了一家外资企业总部工作。公司分工合作都有具体的操作指引，并且这家大型企业对刚进入的新手还有相对完善的培训，培训完了会分派给一位师傅带着她工作。虽然学习好，但是公司的工作内容毕竟与学校的学习内容很不一样，因此职业初期 Helen 也感觉有点吃力。Helen 认真学习，努力工作，她属于话少但领悟力强的类型，总能很快明白师傅的意思，带她的师傅也很乐意教她。英文资料、ERP、账务、报表分析等，Helen 学习得很快，半年就把工作做得很到位，而她的师傅也满心欢喜。下属素质高，没有那么多麻烦和抱怨，师傅觉得挺顺的，也愿意说多一些，徒弟学得快，也能帮师傅分担多一些任务，皆大欢喜。

不过，一年之后，工作内容就开始有些重复了，当初的新奇和新鲜的感觉慢慢淡去，可是 Helen 并不介意，或者说 Helen 思想成熟，她很早就懂得职场当中大家都在工作，并不能太过于强求打破规则，机会要靠自己平时多准备，出现的时候及时捕捉，而不是杞人忧天。

第二年，这家外资企业在南方的子公司有职位空缺，由于内部职位提前告知内部员工，Helen 认为，自己在总部没有接触到很多实际的企业运营细节，有点空对空，虽然平时经常与子公司的财务人员沟通，但是毕竟仅限于一些报表的汇总合并，对于报表里面的内容怎么从业务和账务的角度去理解，怎么联系到企业的运营管理，Helen 感觉心里没底。但是子公司在南方，真要到那里工作生活，对于这个在北方长大的女孩子是个挑战，她还在左右摇摆。

有人劝她子公司地处偏僻，生活上可不如总部所在的大城市方便，要考虑是否能受得了；有人劝她别急，先做几年再看看；有些人直接就说总部负责的内容比较有技术含量，子公司的事情很杂很乱；有的人说很多子公司的人都向往总部的工作，你这一去子公司很有可能就回不来了；各种说法都有。但是 Helen 是一个比较有主见的女孩子，没有太多的抱怨，短暂的思考过后，她认为：子公司的工作岗位是成本会计，如果对外招聘需要一定的成本经验，但是从总部推荐过去比较容易获得。因此，Helen 迈出了这一步，不管什么生活问题、地理位置问题，说干就干，她通过了简单的面谈，由于是总部过来的成员，还受到当地子公司财务总监的重点关注。Helen 也尽量让自己快速融入当地的团队，该加班的时候加班，不用加班或者稍有空闲 Helen 也会积极帮助其他同事，而在个人形象和谈吐表现上，Helen 落落大方，虽少言寡语却总能微笑待人，她很快就能胜任本职工作，并获得了同事们的好感。

进入子公司一年之后,Helen发现子公司的情况并没有她想象的那么简单,她的直接上司是成本主管,而主管上面才是经理,再往上是工厂的财务总监,她如果想在成本这条线上有所升迁,必须会碰到自己主管的位置,但是主管是一位30多岁的女性,也是子公司的老员工,工作已有五年,是个家庭稳定的当地人,基本没有什么变动可言。因此,Helen觉得在公司内部来说,应该考虑别的发展路线,否则就要从外部寻找机会了。

Helen才工作两年就已经可以熟练完成一家大型外企的成本会计工作,即便经验不是很多,但是成本核算的来龙去脉,包括解决一些成本分析和成本降低的建议,她都有所接触,她觉得自己在职位方面应该要寻求突破。Helen虽然心里这么想,但是并没有向任何人透露过自己的想法,她积极更新自己的简历,也接到一两家公司的面试邀请,她找了机会请假后便去尝试。面试下来,被一家公司录用了,但是她认为在这家新公司提供的岗位在工作内容上并没有什么进步,依然是成本会计,只是收入有所提高,至于发展空间她没有办法判断到底以后如何,指不定跟目前一样也是一位比较稳定的上司,那可就不好了。于是她没有答应,还是继续目前的工作。

过了一段时间,有猎头公司直接找到Helen,猎头与Helen做了很长的沟通。Helen从猎头处获知,财务的成长路径应该是前期比较稳,多数人都是在公司内部获得晋升,后期的认同度会比较高,但是确实工作才两年多，经验比较少，很难有公司能提供主管的职位。不过猎头还是愿意给她推荐一家外企面试成本会计的岗位，这是一家新设立的外资工厂，财务经理也是新来的，很快就要开始运营，如果做下去以后就是公司的财务部元老了，而且是直接跟经理汇报。Helen 一听，这个架构是非常打动她的，她认真准备面试，财务经理对 Helen 的经验和之前的公司都比较认可，她顺利通过了面试。

Helen 的辞职对公司的人来说有些不可思议，因为她表现非常优秀，与同事相处也很愉快，怎么就突然离职了呢？面对财务总监，Helen 说出了真实的想法，财务总监也只能表示认同。离职有时候不需要什么正儿八经的理由，大多数情况下也不会有什么值得让人留恋的说辞，如果公司不是特别紧缺人手，一般也不会劝说留下，基本都是按流程办事。

Helen 到了新公司之后，跟财务经理一起工作，非常开心，这位财务经理以前也是在同行业非常出色的跨国公司工作，跳到这家公司也是与 Helen 一样看中了这种新公司的机会，价值观相似的人，做起事情来充满默契。Helen 是财务经理招聘的第一个下属，后续逐渐招来了另外四个人，一个财务团队组建完成。

Helen 做事情非常积极、到位，也足够职业化，工作效率和质量都是财务经理满意的。由于是新建立的公司，财务经理派 Helen 到集团内部其他子公司学习 ERP 的上线经验，并且当 ERP 实施团队进入公司之后，Helen 所负责的成本模块也是一个重点。和很多年轻人一样，Helen 也喜欢忙碌和充实的生活，表现良好的 Helen 也受到了经理的重点关注。工作到第二年，公司扩大产能，增加了生产线，财务部门的业务也相应增多，受到经理的器重、熟悉ERP和成本核算的Helen晋升为成本主管，这是Helen毕业参加工作后的第四年。公司重新招聘了一位新的成本会计，Helen带领一名下属，负责公司的成本分析和控制。有了下属之后，Helen可以把更多的精力放在成本分析和控制上，她参加了公司的成本类的培训课程，也到集团内的其他子公司学习成熟的管理经验，从理论到实践的衔接，使Helen在业务上的表现越来越成熟。

又过了一年，Helen又有点坐不住了，她很清晰地看到这家公司非常不错，而且自己已经做了一年的主管，对于成熟的成本会计管理经验已经非常丰富，而且有带领下属的经验，晓得怎么管理和分配任务，并且接触了很多总部和其他公司的财务人员，对成本工作已经有非常深厚的功底了，她想试试看是否有机会获得经理的职位，而从内部来看，经理已经坐稳位置了，限于公司规模，往上升迁不太可能。Helen考虑："往后的发展是继续做成本这条线呢，还是往综合性的财务经理方向走，这到底怎么规划好？"

在这方面，Helen确实没有太多经验。一般人的职业规划也无法做到非常清晰，因为限于对职场真实情况的理解和对每个领域内容的把握，当时当下都有非常大的局限性。Helen是很典型的稳扎稳打、走一步算一步的人，一方面，她很稳，在一家公司工作的时候就努力扎实地学习和积累经验，处理好人际关系；另一方面，当她的经验和水平积累到一定阶段的时候，就会想着往后应该如何取得晋升或进步。Helen又将简历进行了更新，求职的目标公司还没有来电话，猎头就很快找到了她。

Helen 心里有找工作的打算，但是并没有很急迫地想离开，她想先了解大公司中成本会计的发展情况，还有以后的路子怎么走比较好。

猎头很诚恳地告诉 Helen："像你这种情况，有五年的工作经验，有四年的外企成本分析与控制的经验，加上担任主管并具备带领下属和管理下属的经验，所在的公司在业内比较有名气，找工作应该非常简单，薪水可以提高的幅度不低。但是就是在升迁到经理这个问题上，比较困难，因为如果是一般的企业，经理的职位一般需要有经理的工作经历，并且经理职位比较少；如果是规模比较大的企业，会在财务分析这条线设立经理，在会计核算设立经理，有时候如果公司特别重视成本，会单独设立一个成本经理，这些经理都会带领人数不同的下属，对管理能力和对运营分析的动手能力要求都比较高。"

Helen 听了之后，感觉这些对经理的要求与自己的实力差距还有点大，毕竟没有当过经理，但是她已经做了四年的成本分析和控制，很有自信，便问猎头："那还有没有别的情况有可能做到经理的，而且主管升任经理以前是否有这样操作过的案例？"

猎头想了想，说："还有一种单枪匹马的经理，在外企有时候需要一种经理是不带下属的，具备非常强的操作能力和分析能力，整个人就挑起这个事情，但是很多时候他们要求具备顶级会计师事务所工作经验的人来担任这个岗位，因为对动手能力有比较高的要求，很多时候也因为这个职位的上司也同样具备类似的工作经验。"

Helen 听到这里，心里就有数了。她跟猎头说："那您有这样的职位麻烦推荐给我，我应该合适这样的情况。我现在的公司经理就具备从顶级会计师事务所的工作经验，我们平时的合作没有什么问题，而且我从她身上也学会了很多成本分析和控制的经验，应该可以取信于其他公司。"

猎头听到这里，虽然觉得有点玄，但是既然 Helen 这么说，她也愿意给 Helen 找机会试试。

这边猎头帮忙推荐职位，另外一边，Helen 也努力寻找其他职位，心里想："如果面试经理的职位不成功，找工作的过程，也是一种好的体验。"

结果，在猎头还没约好面试机会的时候，Helen 就已经开始参加别的面试了，那也是业内一家知名的公司，财务总监自己面试，跟 Helen 谈过之后，在成本方面没有什么问题，虽然 Helen 表示自己的学习能力很强，但是由于财务总监很依赖这个财务经理来管理团队，因此便没有下文。Helen 有点失落，不过她仍然继续总结自己的过往，以及面试过程中面试官的一些要求。

终于，等来了猎头的电话。猎头告诉 Helen："这是一家知名公司，组织架构上确实需要一个没有带下属的财务经理，由于工厂对成本非常重视，因此工厂的财务总监希望有一位在成本方面非常有经验的人来担任成本经理，要求有五年的成本管理经验。"Helen 虽然成本管理的经验不够五年，但是也有四年多的成本经验了，对于 Helen 来说，她信心满满。

对这次面试，Helen 做足了准备，包括理论和实践，所做过的 ERP 上线项目，日常遇到的成本管理中的诸多案例和解决方案等。

果然，功夫不负有心人，面试阶段跟财务总监的聊天很默契，由于是同行业的公司，对成本分析和控制的细节 Helen 非常熟悉，而她的谈吐和做过的案例更是让对方很欣赏。跟财务总监面谈之后，接着就跟 HR 总监见面，效率之高也是 Helen 一开始没有想到的，第二天，公司就发 offer 了。

对方并不介意 Helen 目前的头衔只是成本主管，不过根据 Helen 的综合情况，对方公司建议给 Helen 一个副经理的头衔，以后若工作出色，当然有机会可以转为经理。Helen 非常高兴，她终于抓住机会了，更开心的是，薪水涨幅比较大，Helen 获得了高薪和副经理的头衔之后，自信心也增加了不少。

这一次，Helen 的目标很清楚，既然已经拿到了副经理的头衔，那么一定要好好表现，做出成绩，争取做到财务经理。副经理的工作一做就是四年，四年里面 Helen 虽然知道自己的工作表现还不错，但是期间 Helen 也把一部分的精力放在成立家庭上面，当 Helen 完成了结婚和生小孩两件大事之后，财务总监主动提出要给 Helen 升职，这让她喜出望外，终于得到了合作四年的财务总监的认可。

Helen 从副经理到升任财务经理，一直没有带领下属，这个职位本来就是单枪匹马的职位，不过工资收入每年都有上涨，这是 Helen 比较满意的事情。到了这个时候，Helen 家庭稳定，工作也稳定，跳槽和晋升的意愿已经不是很高，只要一如既往地好好在工作上发挥自己的才能就可以了。

过了一年，公司在另外的一个城市新设立了一家子公司，公司的财务总监需要兼任新公司的财务总监职务。财务总监因为与 Helen 有多年的合作关系，对她非常信任，因此经常将一些工作交给 Helen 代为完成，久而久之，Helen 接触了很多属于财务总监才有机会接触的工作内容，这让她的能力和经验大为长进。

第二年，由于另外的新公司已经基本正常运营了，因此在财务总监的推荐下，Helen 争取到了新公司的副财务总监职位，而财务总监也不需要两边跑，回到了原公司担任财务总监。这对 Helen 来说真的是可喜可贺，这一年，Helen 就搬迁到新公司所在的城市居住，由于是副财务总监的职位，因此在待遇上又有了提升，公司还配有一套房子给 Helen 居住，生活方面公司都给予周全考虑，Helen 更是如鱼得水，将精力都放到了新公司当中去。

在这家公司工作了两年之后，Helen 认为对所有的财务工作都得心应手了，便从外面寻找机会。做了两年的公司财务负责人，虽然职位是副财务总监，但这不影响市场对她的能力和经验的评估，很快便有另外一家公司以财务总监的头衔将 Helen 挖走，涨薪幅度比较高，Helen 满心欢喜。

到了新公司，面临一个 15 人组成的团队。这家公司原来的财务总监 Albert 提升为集团中华区的财务总监，但工厂原有的高级财务经理并没有提升为财务总监，而是被迫离职，这样一来职位空缺，公司便希望 Helen 过来之后，能力挽狂澜，稳住局面。Helen 了解了基本情况后，立刻招聘了一个财务经理补充之前高级经理的缺位。新进来的财务经理在面试的时候与Albert面谈过，由于稍有不慎回答问题不是很对Albert的胃口，虽然没有被拒绝录用，但是进来公司之后，Albert对新来的财务经理不太欣赏，隔三岔五就刁难财务经理，在耗了半年之后，财务经理感觉已受到Albert的有意打压，心中相当不快，便辞职不干了。

Helen的财务团队又缺位了，情形不容乐观。Helen静静地思考过后，发现原来Albert是"百足之虫"，他之前在工厂任财务总监的时候，下属团队都是他非常信任的人，而当他被提升为中华区财务总监之后，对公司的人和事仍然抓得很紧。Helen新来不久，其实还没完全赢得这些下属的认可，因此当Helen新招来的财务经理做事风格有点强势的时候，就轻易被Albert用压迫的方式"赶"走。Helen想清楚这些问题的关键之后，决定下力气稳住下属的人心，不能再让Albert这么严格控制自己新接手的这个团队，必须由自己来真正掌握财务团队。于是，Helen又招聘了一个有18年工作经验的财务经理，负责公司的资金、ERP和报表；对于核心的成本和税务岗位，重新招聘人员负责，管住公司财务部的重点环节。这一举动也引起了Albert的强烈不满。

Albert经常不在工厂，偶尔来一趟，其他时间要到总部或其他工厂工作，而对于Helen的新动作，他非常反感。在Albert被提升为中华区财务总监之后，印象中比较乖巧、容易按照自己的思路来管理公司的Helen却急切地想掌权，如此一来自然就削弱了Albert在公司的影响力，他逐渐意识到Helen想掌握公司的实际运营，想拥有实实在在的权力，而不是满足于做他的"傀儡",因此,这两个人就暗暗地较起劲来。

　　Helen重新招聘了几个人之后,逐步掌握了公司的情况,实力明显加强。Albert看在眼里,但是也没有什么办法,毕竟Helen的实力不容小觑。忙碌了一年之后,公司团队稍微稳定下来,Helen的年假还没有休过,便在安排好公司的具体工作后,连续休了十几天的长假。休息这么长的时间,引起了Albert的强烈反对,他趁着Helen休假期间,便向公司的总经理、集团总部财务高管和HR部门高管投诉,表达了他对Helen做法的不满,并引用了工厂的一些不太到位的实际工作来证明Helen管理不善,只顾享受自己的私人生活,对工作表现出懈怠的情况。这些事情在高管人员中传来传去,工厂的财务团队完全不知道,但这其中有人将内容转给了Helen。

　　Helen旅游度假期间,实在没有办法与Albert争辩。休假回来的第一天,Helen穿着一身漂亮得体的职业装,一下扑进中华区财务总监的办公室,Albert正在忙于工作,看到Helen,刚想"虚伪"地寒暄几句,只听Helen大声吼叫:"你神经病啊!我休假,你发什么疯!"

　　身材瘦小的Albert立刻从座位上站起来(但限于身体高度的原因,Albert只能仰望着Helen),对Helen大喊:"你给我出去!我不欢迎你!"

　　Helen不顾Albert的颜面,拿起他桌面上的电话,举过头顶,重重地砸在办公桌上,Albert本能地躲闪开,紧贴在墙边不敢动,嘴里大喊:"你个神经病,在这里捣乱,保安,保安,过来把她拉走……"

　　Albert的办公室有一面透光的玻璃墙,事发突然来不及把窗帘拉上,Helen刚刚进入办公室,门也没关,听闻如此动静,整个公司财务部、人力资源部的员工都停下手头的工作，凑过来围观，大家都在看一场年度大戏……

人力行政总监闻讯而来，见此情景，两只眼睛瞪得又大又圆，大步走向财务总监办公室，边走边喘气，边骂边掏手机，边拨号边喊个不停："廖队长，出大事了，都打起来了，你赶紧过来，在财务总监办公室……"

"停！停！停……"人力资源走进 Albert 的办公室，大声喝道，"你们干什么呀！有事情好好说，外面所有人都在看，怎么可以做出这么不文明的事情……"

"你问他自己干了什么龌龊的事，正经事你不干，背后捅刀子你就会……"Helen 用女性独特的高音大声喊，穿透力极强，似乎整个办公室都要被撕裂开，人力资源总监好声好气地劝："好好好，中午一起吃饭，先回去，有事好好说嘛……"

不一会儿，保安队的廖队长带人过来了。事情紧急顾不上人情，Helen 吵架第一名，Albert 身材瘦小，单薄的叫喊总是被 Helen 的高音无情撕碎。人力资源总监一边推着 Helen 往外走，一边说："好了，好了，小点声，到我办公室去，咱们聊……"

廖队长和几个下属到达之后，发现还好，现场没有人员伤亡，也没有什么打斗痕迹，此事也就简单处理，拉上办公室窗帘，关上门，廖队长护送 Albert 离开，人群逐步散去，大家工作还得继续。

经历了这样的风波，并没有影响 Helen 的情绪，她认定这家公司很有发展前景，依然保持应有的努力。Helen 为人正直，刚正不阿，三年以后，Helen 的能力得到集团内的广泛认可，集团将她提升为华南区财务总监，统一管理区域内 5 家子公司的财务工作。

到此，Helen 的职业发展又迈上了一个新的台阶。

Career Paths
in Finance

下篇
财务人员的职业人生

——智者顺势而谋，愚者逆理而动

体会职场　把握人心
面对诸事　有理有据
识局破局　顺势而为

在上篇中，以故事为引子，先将大家带入职场发展的实战环境，让大家切身体会到财务职场的方方面面。

在下篇中，将详细阐述财务职场中的八个重要问题，让大家了解财务职业生涯的普遍规律。学习职场规律是财务人生的重大课题，掌握了规律，才有可能利用规律，而利用好规律，才有可能事半功倍，达到"四两拨千斤"之效。

当把财务专业知识之外的职场因素、家庭因素、健康情况、个人素质、人际关系等结合起来之后，财务人生就更丰富且立体了。通过学习财务职场八大重要问题，大家可以结合自己的实际情况，找出一条与自身最为匹配、最贴近实战环境、最符合个人价值取向的职业发展曲线，以此指导职业发展。

"凡事预则立"，财务职业生涯必将从中受益。

PART 5 | 财务人生有规律

财务人生有规律

1　为什么要探索规律
2　人的发展有规律吗
3　职业发展有规律吗
4　财务职业实战技法

财务人生虽然复杂，涉及工作和人的诸多方面，但是事情总有其发展规律。

人在职场，需要学会把握规律。对规律的有效把握，能让财务人员在职业生涯实战当中快速积累经验、提升自己，适时排除职场困惑和忧愁，把握机遇，从而实现职业发展目标。

1　为什么要探索规律

探索规律是人们的天然本性，人们正是因为掌握了各种各样的规律，才能利用规律做各种各样的事情。但是，规律无处不在，无所不有，有一些规律为人们所掌握，有些规律人们还暂时无从认知。即使对于已经为人们所掌握的规律，从宏观的角度来看是人们千百年来综合起来的呈现，对微观的个体来说，每个人穷尽一生能掌握到的规律实在有限。

俗话说"三百六十行，行行出状元"，但这是以前的事情了。如今科技发达，社会分工更细，各行各业，分门别类，多如牛毛，数都数不过来。但不管多少行业，不论什么职业，各有各的行业或职业规律。这些规律对于身处这个行业或职业当中的人来说才是相对重要的，对于其他行业的作用极其有限。从这个角度看，认识规律必须具备现实的使用意义。所谓"隔行如隔山"，说的就是不同行业不同职业的人所积累的规律性认识大不相同。

从宏观层面看，规律很多，个人无法全部识透；从微观层面看，各行各业有相应的规律；从现实的使用角度看，个人必须学会寻找与自己所处行业或职业相关的规律，把握规律，利用规律，这是个人职业发展必不可少的重要环节。

如果你掌握不到规律，或者你掌握的规律不足够支撑你的职业发展，那么在职业发展过程中难免会出现很多"不良反应"。如果能掌握规律，运用好规律，那么往往可以取得较大的正面效果，见图5-1。

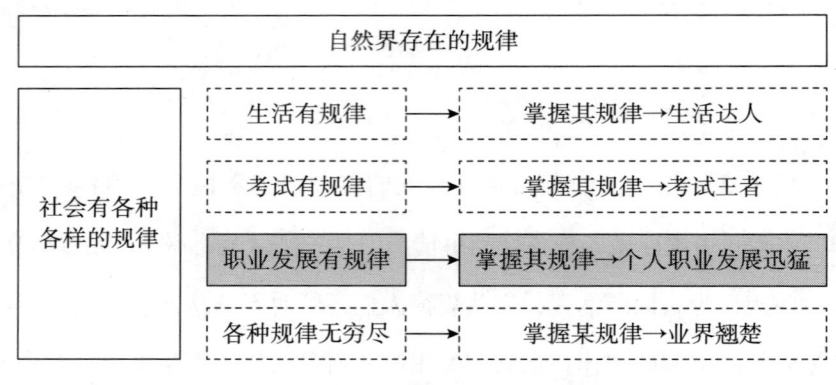

图5-1　规律与个人发展、职业发展

认识规律是一件不容易做到的事情，直到现在，人们对自然规律的认知仍然十分有限，其难度可想而知；而关于人的发展方面的规律，也是千变万化，难以捉摸。人的发展规律有明有暗，在不同的人身上呈现出来的效果各有差异，而每个人又有不同的个人内在因素，譬如：性格、兴趣、欲望、知识、眼界、胆识、魄力，等等，甚至长相都会影响某些规律的呈现。但是正因为难以认知，所以珍贵，掌握规律的人，在个人发展方面就具备更大的优势，因此每个人的成长过程其实是一个认知、掌握和使用规律的过程。不过仅掌握规律在现实的社会当中还不足够，还要利用规律，让规律在适当的环境下发挥它的作用，让人们享受到利用规律而取得的效果，这是规律对人的发展起到的真正意义。

探索规律如此重要，那么掌握关于人的发展方面的规律，有那么简单吗？当然没有。千百年来，有很多古训，很多谚语，很多家训，很多传世之作，很多圣人之言，数不胜数，也许一辈子也看不完，更别说识透了。虽然众说纷纭，但各有各的说法，各有不同的总结，这些规律并不是使用严谨的自然科学论证方法就可以掌握的，而是需要更多个人实践、体会和领悟。

人的发展规律是客观的，但其使用效果并非一成不变，对于同样的规律性，不同的人实践起来效果大相径庭。同样的人在不同的环境下实践，效果也并不相同。但不管怎样，必须承认的是，把握规律在人生的发展过程中确实极为关键。

2 人的发展有规律吗

人的发展是一个从无知到有识，从略懂到逐渐精深的过程。每个人的发展都需要经历大致相似的过程，从牙牙学语到自由奔跑，从初初识字到青春羞涩，从言听计从到独当一面，从妄图改变世界到慢慢适应社会，从奔向远方寻找梦想到面对现实养家糊口，等等。

人和人之间有诸多不同，譬如个人素质不同，所处环境有差别，受教育程度有差异，对社会的体验不同……即使存在诸多不同的因素，但人们在发展的过程中，依旧体现出了相似的规律性。

当一个纯真的少年受到委屈而满脸泪花的时候，他会觉得自己是这世界上最悲惨的人。但是，他可能不知道，他人也曾感受过他的感受，经历过他的经历。

当一个有为青年因爱情失败而郁郁寡欢的时候，他会觉得没有人能理解他的痛苦。但是，他可能不知道，他人也曾感受过他的感受，经历过他的经历。

当一个初入职场血气方刚的毕业生因不懂"礼貌"而受尽非议的时候，他觉得别人总是故意为难他。但是，他可能不知道，他人也曾感受过他的感受，经历过他的经历……

还有很多类似的情况，每天都在发生。这些相似的行为背后隐藏着人与人相处的种种规律。

善于观察的人，能够发现：

- 对人礼貌，别人就会有意愿与你交往。
- 笑脸迎人，就容易获得别人的认可。
- 语言谦卑，别人就愿意倾听。
- 眼神亲切，别人就喜欢对你说出真实意见。
- 言行一致，就容易取得别人的信任。
- 热心助人，就容易获得别人的报答。
- 薄情寡义，别人就会远离你。
- 不择手段，别人就会想办法报复你。
- 训斥辱骂，别人会联合起来抵抗你。
- 目中无人，别人就不可能为你所用。

……

人的发展，说到底是要实现各自的人生目标，而发展的根基就是人和人相处的众多基本规律。正如前述，规律众多，每个人在不同的发展阶段所认可、所掌握的规律皆有所不同。对基本规律的认知有差异，会导致不同的行为风格，不同的行为风格发展出不同的人生内容。然而，反过来看，虽然每个人具有不同的人生内容，但由于其相似性，加以归类之后，又体现了最初的必然的基本规律。那么，通过了解这种从始至终一直存在的规律性，人们便可利用这些规律，在事情尚未发生之前，在事情的发展过程中，在人们可预见的阶段，便做出相应的调整行动，让事情最终往人们所期望的方向发展，往人们所设定的目标靠近，这是掌握规律给人的发展带来的现实的、重大的、积极的意义。

在成长道路上，我们应当自问：你有什么梦想，你为此付出了什么努力？这是一个典型的了解个人发展目标的模式：第一，了解远期目标，第二，了解具体行动。其实，如果想更全面地了解一个人，这样的问法还不够，至少应该加上一句："你目前掌握了多少规律？"如果不懂规律，做事不上"道"，有时候以为能够办到却事倍功半，有时候拼尽全力最后却"为他人作嫁衣裳"，有时候努力付出反遭埋怨，南辕北辙无功而返。

人生必然不止一种发展模式，有的人一生碌碌无为心有不满，有的人一生精彩辉煌高歌猛唱，有的人少年出彩中年悔恨，有的人知足常乐平淡一生……从宏观上看，把握人的发展规律，是实现人生目标的最重要也是最基础的一环；从微观上看，我们也必然只能在逐步成长的过程中，通过与人交往，经历世事，积攒阅历，才能渐渐地领悟到各种不同的人生发展规律。

3 职业发展有规律吗

在这个现代化的复杂世界里,人们的行为之丰富已经超越了个体的想象。如果细究人们各种行为的细枝末节,那是无法穷尽、无法描述的。

不过,物以类聚,人以群分,把人们的行为按照行业、职业来区分,那就简单一些了。分类之后,人们甚至可以只关注与自己最为相关的某个或某几个行业和职业的行为及其规律,而不用太强求自己去掌握杂乱无章、体量巨大的所有规律。更何况,如果哪一天有人告诉你要认识所有的规律,你会突然感受到巨大的压力,而在现今劳动分工如此精细的世界里,这是一个人穷其一生也根本不可能完成的事情。从现实的角度讲,人们只要把握所在行业或职业当中的一部分重要规律,就已经足够实现个人的发展目标了,只不过,大部分人能把握到的个人发展规律还相当少。

对于已经进入社会参加工作的人来说,当他想认识一个人的时候,最常见的发问方式是:此人在哪个行业,做什么工作?行业和职业已经成为现今社会人们了解对方的重要信息,而人的发展,在一定程度上已经离不开行业和职业的相关话题了。大家所关心的人的发展,从现实意义上讲是职业发展,但有的人会说:人除了工作,还有生活呢。没错,但是对于人们来说,工作和生活早已"纠缠"在一起了。很难清晰界定这就是生活，而那就是工作。说到底，究竟工作是为了生活，还是生活是为了更好地工作？没有标准答案。

有人说，工作就在公司完成，一点也不要带到家庭里来。但是扪心自问，有多少人能真正做到？

从社会现实来说，邮箱、微信、微博、各种 App，手机一开所看所谈所聊完全与工作无关的内容恐怕不多；外出购物、休闲、旅游，闲坐下来只谈生活不谈工作，那几乎没有人能做到，甚至很有可能一起外出同行的就是你工作上的同事，可能婚姻的对象就是工作中的同事或经同事而认识的其他人，生活几乎无法与工作割裂。

从这种意义上看，工作已经不仅仅是割裂式的"上班干活卖力，下班与我无关"的概念，而是具备了社交的概念。如今这社会，谁又能离开社交而孤独生存？不过，也难免有极少数的人已经脱离了工作状态，只有纯粹的生活，这是极其少数，不做讨论。综合起来讲，当人们已经无法把生活和工作区分开的时候，探索工作当中的规律，其实也必然需要考虑到生活的因素，这也正是探索职业发展规律的重要意义。见图 5-2。

图 5-2　职业发展：工作与生活

职业发展有规律吗？"行行出状元"，每一行都有做得非常优秀的佼佼者。所以，除去自然的天赋以外，在后天努力的过程当中，职业发展规律非常重要。由于职业发展规律属于人的发展规律，而探索人的发展规律就要考虑到人与人之间的互动关系，人与人的互动关系之复杂是远远超出大多数人的想象的。职业发展规律并不像自然科学规律那样，有公式，有标准的准确答案；一般来说，它总体现为总结性地表达人与人之间互动关系的规范、规则、规律。从职业发展的角度讲，对适用于某个人的职业发展规律，放到另外一个人身上，可能就产生不同效果了。譬如：

一位上司长时间重复培训公司内部操作流程和规范，对某些自觉性不高的下属能发挥作用；但是对于本来就非常自律的人来说会被认为是啰唆而引起反感。

激励一个三十多岁有家庭有小孩的员工，如果你采用"谈梦想、规划未来发展蓝图、授予远期不确定收益"的方式，对方不但听不进去反而会直接认为你幼稚，而同样的说法则可以唤起一个拼劲十足的年轻人的斗志。

对一个孤傲自负偏执的老板，谨慎谦卑地提出意见，他很可能会认为你这是由于没有自信而显得唯唯诺诺，所表达的意见根本不值得浪费时间继续听下去。而当老板属于广开言路、善于耐心听取下属意见的一类人的时候，这个做法很可能就会被赞同和认可。

职业发展规律是客观存在的，就如同"苹果熟透而落地"那么自然而然，但它躲藏在职场中、人堆里，无形无色，难以捉摸。即便如此，透过众多的职业现象中，还是可以捕捉到其中的共性，而这些重要的规律性特征，将可直接地运用到个人职业发展的实践中去，切切实实为个人实现其职业发展目标而发挥实际效用。

4　财务职业实战技法

财务是众多职业当中的一个，虽门槛很低，但宽度无边、纵深无底。不管你是否学习会计、财务类专业毕业，都可以从事这个职业。不管是应届毕业生，还是社会在职人员，都可以中途转而从事这个职业，这就是通常所说的门槛低。

传统的会计工作主要承担的任务是把企业的商业行为按照会计理论要求以标准化格式的数据表达出来，而随着经济的发展，企业、社会、政府监督等诸多方面有了新的变化，财务工作由原先相对简单的会计核算逐渐演变出如财务分析、全面预算、辅助决策等更丰富的功能。

在现实中，会计职业的名称多种多样，譬如会计、财务或者管理会计等。从大范围来看，都属于会计这一大范畴，为了方便讨论，本书不会专门区分会计和财务这两种叫法在内容上有什么具体的区别。因为从企业的实战角度讲，进了公司，接触实际的工作，要处理很多事情：录入信息、查找原因、制作表格、整理资料、分析原因、撰写报告、开会讨论、解决问题，除了这些专业性内容，还有团队管理、内部激励、任务分工等软性的内容，称之为会计或财务不会对工作的实质内容造成什么影响。

因此在本书的讨论当中，如有特别指出，譬如应收会计、应付会计、报表会计等带有修饰的名词，这些会特指整个会计职业当中的某部分具体的工作内容，除此以外，仅称"会计"或者"财务"的，都是统称这个职业所承担的内容，总体上包括了：资金管理、会计核算、税务筹划、全面预算、财务分析、合并报表、内部控制等，即泛指整个职业的最大范围的工作内容。

从职业覆盖的内容便可看出，会计工作已经变得非常复杂了，以至于大型的公司，光财务团队的人员便达上百人，甚至上千人之多，对会计整个大的职业范围从内容上进行区分，不同的人只负责其中一小部分内容，而整个公司的工作分割成众多小模块，人与人之间的协作依靠相当复杂的流程、手册来进行。这样的大团队与其所负责的工作内容，构成了现代化的企业财务管理体系。

正因为存在如此复杂的财务管理体系，所以每个财务人员的职业生涯变得相对复杂，职业发展与财务管理体系的具体分工情况密切相关。简单地说：财务人员的一生，从工作的角度看，就是身处于这个大的财务管理体系当中从事不同的工作内容。

有的人一辈子就做比较基础的工作；

有的人可以比较快速地轮换着做各种岗位，体验不同的工作内容；

有的人能力突出，获得领导的赏识便可以晋升；

有的人比较知足，做到一定阶段就不愿意再付出更多；

有的人拼搏向上，不钻到财务管理体系的最高层誓不罢休；

有的人在竞争关系中总是处于失败的境地。

……

职业的发展目标是什么？本质上讲，就是付出劳动，获得期望的报酬。但是当一个人站得比较高，看得比较远的时候，当前的报酬就只是一个中途的环节而已，而对于目标不是很高的人来说，那么当前的薪资水平便是他重点考虑的关键。人与人虽不一样，但是一样的是每个人的劳动付出都具备对应的报酬。

关于财务岗位的工资问题：

- 从公司规模看，规模越大，财务管理体系分工越细，业务越复杂，工资报酬相对较高，但是对财务人员的要求也相对较高；
- 从公司所属行业看，金融、房地产、高新技术公司等依靠大资金运作、高新技术运营、高利润率、稀缺资源类或垄断资源类的行业，工资相对较高，其他行业则相对较低；
- 从公司的发展阶段看，如果是从无到有的创业阶段，那工资相对会低些，而成熟稳定期的公司工资水平只能超过市场平均水平，否则就不具备市场竞争力了；

- 从公司性质看，外资企业会相对较高，民营企业会相对低一些，上市公司会高一些，而非上市公司会相对低一些；
- 从公司地理位置看，一线城市高些，依经济发展程度从高到低逐步减少；
- 从公司岗位内容看，做与财务报表相关的工作工资会高些，而做财务报表确定之前的某个部分的核算工作则工资相对低一些；
- 从管理的角度看，管理下属的岗位工资高些，没有下属的岗位工资会低些；
- 从公司的总部和子公司关系看，总部的岗位工资会高些，而子公司的相似岗位工资会低些。

综合地讲，在财务人员的职业发展过程中，工资基本取决于上述的这些分类的关键点，即：公司规模、所属行业、发展阶段、公司性质、地理位置、岗位内容、管理层次、是否总部，等等。在职场的实战过程中，只需要将这些关键点分别列出来，关键因素相似的公司岗位基本可以得到类同的工资水平。

财务人员的职业生涯实战，一般会涉及两方面的内容：第一，客观的企业因素；第二，财务人员自身的因素。客观的企业因素就是上述这些关键点的不同的排列组合；而人的因素比企业的因素要更复杂。不断地认识自己，认识他人，提升自己的综合实力，是个人职业发展的内在动因，而企业环境信息是个人职业发展的外在因素。见图5-3。

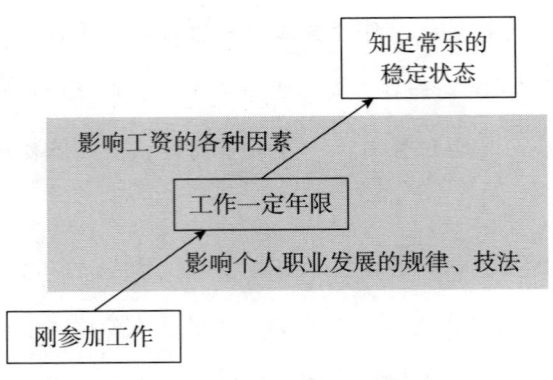

图 5-3　财务人员职业生涯实战

人的因素在个人的职业发展当中占据绝对重要的位置，人首先要认识自己，包括自身综合能力、所处阶段、职业目标、家庭观念、为人处世的原则，等等；接着是认识他人，这就更难了，而认识他人与认识自己也有相关性，譬如，一个对自己的综合能力认知不足的人，会高估或低估其他人的综合实力；而为人处世原则有所不同则会影响对他人行为的理解，最终影响相互间的人际关系，等等。

财务人员的职业生涯实战需要将客观的企业因素和人的自身因素结合起来，认识到在职场当中，人的职业发展的基本规律，把握规律是为了更好地发展，而逐步的发展也同时能提升人生的体验，进而提高对人的自身因素的认知，当个人综合能力有所提升而站上新的高度的时候，对企业的认识和对人的因素的认识，又会到达新的一个层次。长此以往，职业生涯逐渐进化，直到人生当中的妥协因素出现，便进入稳定的职业状态。这一切规律包括其中的细节，简言之，就是财务人员的职业生涯实战。

实战技法，顾名思义，就是实战的过程中所采用的技术和方法。财务职业生涯实战的过程中，需要用到很多技术和方法，以便更好地避开各种职业发展障碍，解开心中对于职业发展的迷惑，寻找更快的晋升捷径，吸收更多职业发展的经验……

对于财务人员的职业发展来说，光掌握规律还不足以实现职业发展的目标，更具备实践意义的是在掌握规律之后所演绎出来的有利于执行和操作的技术和方法。所谓事半功倍，四两拨千斤，前提是重视规律，同时须拥有技法，再加以实践，最终才能发挥功效，这些便是本书所需要讨论的核心内容。

Part 6

认识社会与职场

1 财务发展依靠平台

2 企业平台八大特征

3 观察识透财务职场

4 先有了解后谈发展

PART 6 | 认识社会与职场

社会是一个非常大的话题，从与财务相关的角度讲，可以将企业作为研究对象，认识企业的方方面面，进而深度认识这个复杂的商业社会。

以企业的角度观察社会的时候，职场就不可避免地进入讨论范围，单个企业内部是一群人在协同工作；把整个社会的企业都放到一起观察的时候，不同企业的人在工作的时候是相互联系、有相似性的，可以通过分类而认识到其中的共性，这些共性构成了职场的话题。而职业的分类众多，譬如销售、采购、生产、人力资源、财务、行政、研发，等等。

综合起来看，认识社会和职场是探讨财务职业生涯实战的重大前提。

1 财务发展依靠平台

如果想要了解某一个职业，必然先要了解这个职业有什么职业特性。那么财务职业有什么特性呢？

对于财务这个职业，若要有所体验，必须直接走进企业内部，真正在企业里面去做事情，感受职场当中的工作内容，包括，众多实实在在的实物，譬如合同、单据、流程、制度和软件，等等；还有一些无形的职场工作要素，譬如：如何展开合作，怎么做一次完整的财务结账，遇到问题如何寻求解答，面对自己无法胜任的事情如何处理，怎么向领导汇报工作，等等。因此，准备从事财务工作的朋友，应该尽早地投入到真实的职场当中去，体会或有形或无形的与财务工作相关的事情，这种实战做法才能发挥实际效用。

参与企业的实际运营是财务职业的一个重要特征，这个特征也关系到财务人员的职业发展问题。

譬如，一个财务人员只在一个年销售额1000万元的企业工作，公司财务人员三人，那么与此规模和业务的复杂程度相对应的业务处理过程、软件系统配置都相对简单，而在这个公司工作的财务人员，即使工作了五年，也难以积累到让大型企业认可的经验。当这家公司的财务人员跑到另外一家年销售额十亿元的公司去寻求工作机会的时候，苦于之前的企业没有真实、复杂的业务处理过程，那么该名财务人员五年的工作经验实际上很可能不会被这家大型公司认可。从这个角度讲，没有实实在在地经历过，将不可能积累到实实在在的被市场所认可的经验，通俗地说，寻找高工资的工作的一个重要前提是：具备该工作所要求的实际财务经验。

假设还是这两家公司，在第一家公司工作五年不仅无法积累到大型企业要求的业务处理技能、软件操作经验，甚至可能连沟通能力、管理能力、团队合作能力、解决问题的能力等都无法得到第二家公司的认可。同样的原因是：平台太小了，工作虽然很久，但是无法积累到相应的经验，财务部若仅两三人，很难有团队合作的概念，也很难有管理能力的积累。对于第二家企业来说，招聘一个经营规模相似、复杂程度差不多的公司的工作经历的财务人员，要比招聘一个没有类似经历的人风险小得多。对很多企业来说，其实就是希望招聘的人在入职后立刻能体现出价值，而这是平台对于财务人员职业发展的重要意义。

当一个财务人员从缺乏职业经验成长到立下目标要积累充分的职场经验的时候，选择什么平台就变得非常重要了。换句话说，如果拼劲十足，你就业的时候最关注的应该是平台，而不是别的因素。因为大的平台能提供给你体验的空间,而小的平台局限非常明显。

不过,反过来看也成立。当一个人在大的平台积累一定的工作经验之后,由于某种其他原因,可能是家庭的问题,或者生活方式转变的问题,想要转向小的企业平台的时候,就变得轻松多了,因为大的企业平台的经验对于小的企业来说,有非常大的吸引力。所以,对于有长远的职业发展动机的人来说,职业前期对于职业平台的选择较其他因素重要得多。见图6-1。

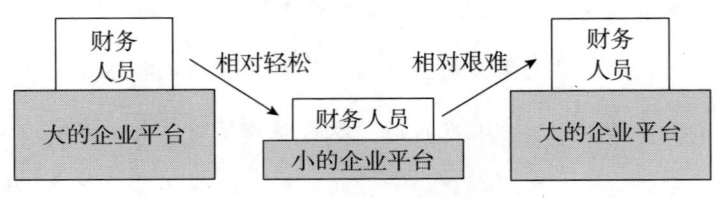

图6-1 财务人员的平台转换

不过,这里要注意一点,小的企业平台和大的企业平台只是一个相对的概念,现实中小企业也有可能成长为大企业,而大企业也有可能转变为小企业,环境是动态的,时刻在变化。因此,真正的职业生涯规划需要考虑的因素远比"平台问题"多得多。在此仅侧重于强调财务发展过程中所要依靠的平台的特性,后续篇幅会逐步详细谈及财务职业生涯中的其他问题。

总之,财务人员的职业发展千万不可离开平台来谈发展,否则会陷入非常被动的局面。

2 企业平台八大特征

"天下熙熙皆为利来，天下攘攘皆为利往"。对商业的理解，最为直观的感受就是赚钱。有"钱"的因素才有商业可言，与钱无关的事情，一般来说，商人不做。从这个角度看，社会当中就有一个又一个的"赚钱"团体，可称之为企业，或公司。商业社会企业众多，它们既是可以满足财务职业发展的平台，也是创造财务职业的起源地，因此，研究财务职业发展问题必须重点考察企业。

如图6-2，对财务职业发展而言，公司规模、所属行业、发展阶段、公司性质、地理位置、岗位内容、管理层次、是否总部等是非常重要的企业环境因素，因此在理解这个由众多企业组成的商业社会的时候，从这些因素入手，对理解财务职业生涯实战有着非常重要的作用。从实战的角度出发，了解企业平台的八大特征，深刻认识商业社会，将有助于财务人员对自己的职业生涯做出更好的规划，选择适合自己的发展路径。

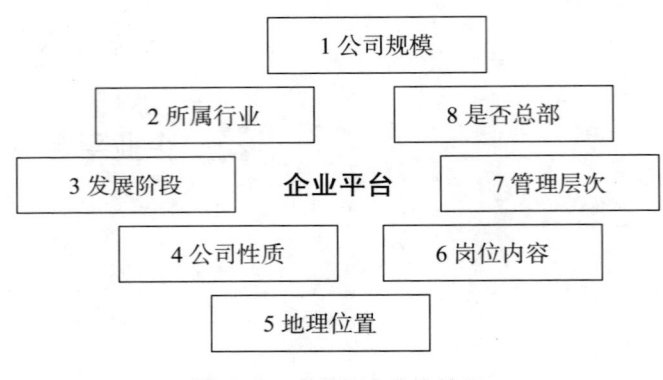

图 6-2　企业平台八大特征

1. 公司规模

关于公司规模，从有利于财务人员的实战角度出发，一般可以考虑以下几个指标：公司的营业收入、业务范围、公司总人数和财务部人数。先不论及其他因素，譬如是否公司总部、是制造业还是服务业等，单就规模而言，从收入是能够看出一家公司规模的，譬如，全球 500 强企业的评价标准里面非常重要的一条就是"收入"。从收入可以看出这个公司对外销售或提供服务的能力，收入越高，这家公司的管理复杂程度越高；反之，收入越低，管理公司就相对越简单。从财务管理的角度讲，这也解释了为什么很多先进的财务管理技术、财务管理经验都出自规模大的企业。

考察公司规模的第二个指标是业务覆盖范围。如果一家企业的业务覆盖全球，那可以认为这家企业规模比较大。一般来说，如果一家中国企业的业务覆盖大多数省份，则已经颇具规模。为什么从业务覆盖可以看出规模呢？因为如果在多地区拥有相应的业务，由于业务的开拓需要相应的市场、销售、采购、物流、行政、财务等一整套管理体系，而维持这一套体系需要耗费非常多的资源，一家公司能维持多地区的庞大资源耗费的正常运转，从这个角度看就是一家规模不小的公司。

第三个指标是总人数。任何一家规模较大的企业，一般来说都会披露"本公司员工多少"，这也是企业对外宣传的一个关键数字，从中可以非常直观地看出规模。员工多本身就是一个规模的体现，暂且不论每个员工创造的销售收入有多少，人多已经包含了管理复杂程度的含义。

最后一个指标是财务部人数。一个公司的销售收入、总人数，其实与财务部人数没有非常稳定的对应关系。

譬如，一家500人的公司，销售额10亿元，如果不论及商业模式，一般无法直接推论出应该配备多少财务人员才是最合适的。如果是一家制造型的企业，以制造业务的生产工人为主，使用成熟的ERP管理体系，那么可能配置10个财务人员足够了；如果是一家快速消费品的企业，管理不是很成熟，有可能需要15个财务人员；而如果是一家刚刚从销售额2亿元快速发展而成长起来的企业，属于不稳定期，有可能仍然只有5个财务人员。当然财务部的人数与管理水平有直接关系，差不多的人员数量，不同的财务人员在不同企业的管理效果大不相同。但不管怎么说，从宏观层面讲，与每个财务人员的职业发展直接相关的问题是，一般来说，一家公司的财务人员超过5个人，才具备较多的管理要求和业务正规化程度，而10个人以上会有比较好的分工思维和管理思路，超过15个人则公司一般有比较成熟的财务管理体系，如果大于20

个人,那么这可以算是一家比较大型的公司,在财务管理经验上有比较丰厚的积累。

以上四个指标可以提供给大家参考,面对一家企业,从这几个方面可以帮助你比较轻松地了解这家公司的规模。

2. 所属行业

怎么理解企业所属行业?通俗的说法就是,这公司靠什么业务挣钱。行业分类对财务人员的工资收入有比较大的影响。了解一家公司所处的行业,对于综合理解税务政策、财务报表数据分析、公司战略规划、预算等方面有非常大的帮助。不同行业有不同的发展模式,政府也会对不同行业出台不同的政策,譬如,有的行业享受税收优惠,有的行业则没有。从宏观角度讲,政府需要通过行业来分析把握全国各行业的发展情况,经过分析之后,再制定引导政策和指导性措施,而每个公司都非常重视自己所处行业的相关信息,包括但不限于:行业周期、政府的新政策、重要原材料价格、市场的需求、新的工艺、科技趋势,等等。

财务人员对于行业信息的理解可以力求细致,大型企业的财务分析也通常需要涉及各式各样的行业信息,因此从个人职业经验积累的角度看,行业信息对财务人员非常重要。而从企业利润的角度看,每个行业都有不同的利润率水平,一般来说,销售规模非常大的企业,薄利多销,利润率会相对低;高科技行业利润率会相对高一些;稀缺资源或垄断行业利润率则会更高,不同的行业利润率会影响企业的利润状况,进而影响财务人员的工资收入水平和职业发展空间。超大型跨国企业一般都掌握了从原材料到销售市场的全产业链，高技术含量的核心技术，垄断性的资源供应，等等，这种行业若有机会进入，从个人的职业生涯实战角度看，属于比较稳定的发展类型。

因此，对于财务人员的就业选择而言，选行业挺重要的。

3. 发展阶段

任何一个公司，都有一个大致类似的发展阶段的变化过程，从开始创业期、业务增长期、稳定期、变革期，到衰退期。公司所处的阶段不同，在管理成熟度、人员的技能、员工的稳定性、工资水平、工作的正规化程度等方面，都会有相当大的不同。对于财务人员来说，在职业生涯当中，选择企业的时候，除了要匹配自己的因素之外，对企业发展阶段也需要做非常认真的了解，谨慎思考后再做选择。

选择一家初创企业，对财务人员比较不利的方面可能是：规模不大，流程粗糙，工资不高，上下班时间不固定，员工离职率高，等等；而有利的方面可能是：财务人员有很多机会接触各种工作内容，有更多独当一面的机会，如果企业的发展前景好则往后发展很有可能成为元老级人物，容易得到晋升，业绩评估比较直观，工作成效容易体现。

选择大型的成熟企业，对财务人员比较不利的方面可能是：流程相对固定而繁杂，新提供的岗位会是内部人挑剩下的比较难办的工作集合，人际关系相对复杂，管理层级多，工作业绩难以体现，晋升机会竞争激烈，等等；而有利的方面可能是：可以有很好的长远发展空间，学习到很多成熟的流程和经验，不用担心短期之内的公司倒闭问题，只要是满意的岗位便可以长期做下去，福利待遇比较丰厚，等等。

4. 公司性质

公司的性质本来仅仅是因为投资方不同而有差异，但是由于资本的持有方不同，导致了企业的文化、管理风格，甚至跟员工直接相关的工作量要求、工资水平都不太一样。

民营企业有些是通过改制而转为民营的，有些是从无到有的，创立初期就是民营企业；外资企业主要有欧美企业和日韩企业。依据上市与否，还可以分为上市公司和非上市公司。

在外资企业中，与财务人员直接相关的财务流程、制度规范相对齐全。因此，很多财务人员在这一类公司得到了很好的职业发展。在外资企业工作的另一个好处是可以提高自己的英语水平，也正是因为对英语有一种额外的要求，所以在同等条件下，外资企业的职位工资可能会相对高一些。

上市公司的规模不能一概而论，有上市多年的成熟稳定的巨无霸，也有刚上市不久还不太稳健的公司。上市公司和非上市公司的区别就在于公众是否能参与投资，但是对财务人员来说，直接相关的是这家公司的财务规范程度、内部发展空间、薪酬待遇等与切身利益相关的事情。拥有在一家上市公司工作的经验，以后的职业发展空间会相对更好，可在内部寻求发展也可朝外部选择。

5. 地理位置

正如研究房地产行业的发展规律一样，我们通常会说一线城市房价如何，二三线如何，从这个角度看，做商业研究的时候习惯于将各城市按照经济发达程度分为一二三四线等。譬如，北京、上海、深圳、广州，经济非常发达，人口特别多，经济活力明显超出其他城市，因此大家都习惯将此四个城市统称为一线城市。次之，如杭州、苏州、天津、东莞、武汉、重庆等一系列城市，可称为二线城市。依此类推，还有三线城市、四线城市等。

古人讲究"天时，地利，人和"，地利便是地理情况。对于职业发展而言，地理位置当然是非常重要的。一个定居在二线城市的财务人员，如果跑到一线城市去工作，并且没有较高的工资收入，就不一定是个好的选择。不过如果是年轻人，为了获得一个较大的发展平台那就无所谓了，否则拖家带口，生活费用太高，就大可不必。

从一线到四线城市，下面这几项因素依次递减：大型企业数量、上市公司数量、生活成本、房价、财务人员的发展空间、财务人员的工资、财务人员的跳槽频率、换工作的选择性，等等。这些都是与财务职业生涯实战息息相关的重大因素。简单来说，就是在经济不发达地区，更多的是看准了公司，慎重跳槽，中等城市以下的地方趋向于安稳的工作状态；而大城市里面，其实也要慎重跳槽，只不过跳槽仅仅是为了弥补前一次就业的不足，或者绕过职业发展的瓶颈，大城市给了财务人员更多的修正自己职业发展的机会，而越往后期发展，财务人员越能获得更高的工资报酬。

譬如，有一个在一线城市读二本的毕业生，如果在一线城市寻找工作并不理想，其实并不用排斥到二三四线城市工作，因为与在一线城市工作相比，学历上的优势相对会强一些，同样可以选择较大规模的企业，同样可学习积累很多财务工作经验，那么工作几年之后，可能就很有职业发展的优势了，一来可以继续内部晋升，二来转换到一线城市也没有问题。而如果一直认为自己在一线城市读书，必须在一线城市工作的话，由于学历的竞争优势并不明显，一旦没有办法进入很有发展前景的公司，后期发展可能难度更大，毕竟初期就业的平台很重要。因此，在职业生涯前期，在城市的选择上可以稍微放宽，以积累经验和选择公司平台为择业重点。

6. 岗位内容

由于当今社会经济发展特别快，科技越来越发达，公司业务也越来越复杂，大型企业当中的财务岗位分工越来越细致。为了说明财务岗位问题，先把公司分类为复杂公司和简单公司，其实这种分类并没有一个具体的标准。但是，为了比较清晰地说明问题，按照现实的财务职业岗位设置和招聘人才口径，财务岗位基本可以分为：出纳、资金专员，应收会计，应付会计，费用会计，固定资产会计，成本会计，税务专员，报表专员，财务分析专员，预算专员，等等。

在现实中，企业根据每个人的资历、工作经验、能力给予相应的职位。当然，除了基础会计职位之外，往上还有其他管理职位，譬如，各个基础岗位都可以根据实际情况设置主管、经理、财务总监等。这样一来，财务的岗位就很丰富了，不同岗位负责不同的内容，而相互之间又有恰当的合作和管理的关系。层级高的岗位管理层级低的岗位，同一层级的岗位之间互相合作。

怎么理解和选择岗位呢？其实上述这些岗位按照与财务报表的关系可以分为两部分：报表前职位和报表后职位。报表后职位是：财务分析和预算；其他岗位可以称为报表前职位。按正常的情况看，在同一层次中，报表后的岗位要比报表前的岗位复杂，要求综合能力更高，工资酬劳也会相对高一些；不过，报表前岗位当中的报表、成本和税务三个岗位比较特殊，其工作内容比较复杂、对能力经验要求相对高，工资收入也会相对高一些。不过，如果不是同一层级的岗位，而是上下级，那工资收入差别就比较大了。

规模大的企业，这些岗位会分别安排不同的人，甚至由于业务太多，必须由多人承担一个岗位的工作，然后在岗位之上设立主管；而规模适中的企业，一个人担任一个岗位的工作比较常见；规模再小一些的企业，由于业务量比较少，经常是合并岗位，譬如，应收会计和应付会计都由一个人来负责。

7. 管理层次

管理层次是跟规模有直接关系的，当然也跟公司的企业文化有关。规模大的企业，管理层次相对多一些；但是，有些企业不喜欢太多的管理层级，因为信息的传递效率和质量不高，譬如下属传给上级，上级要考虑斟酌过滤之后再传给上级的上级，第二上级还要继续考虑斟酌过滤之后再往上报，如果后面还有第三上级，那基本上处于最顶级的管理者，获得的信息要么都是好消息，要么就是要"吓死人"的极坏消息了，而消息多多少少已经有点"走样"。

有些企业却喜欢多层级管理，因为这样一来，每个处于上级的管理者比较轻松，把任务分派下去，自己就不用劳心费神了。不能简单地说多层管理一定好或者坏，只能说每一种管理模式在企业里面都是有其文化根基的，换句话说就是这"玩意儿"是多年积累下来、各方面因素权衡的结果。

没有必要去假设每个公司都是为了追求管理效率最高、管理效果最好而存在的，这是理论，而不是现实。现实的情况有时候糟糕得很，效率低得很，但感觉上企业运行得还挺稳定的，不能否认这样的公司也是好公司。管理层次往往是个人利益和公司利益的平衡结果。

譬如，一个只有三层结构的财务团队，包括财务总监、两个财务经理，下设10个会计人员。多年以来能够满足业务需求，但财务经理忙得够呛，一个人带领5个会计，复杂的事情还不能让会计人员代劳，必须亲力亲为。但是，如果另外一家公司，还是这么多人，换一种方式，在两个财务经理下面再设置两个主管人员，一个财务经理下面带一个主管人员（主管人员负责管理下属会计人员），而经理可以双线往下管理（既可以管理主管人员，也可以管理普通的会计人员），这样一来，经理就稍微轻松些了，因为引入主管之后，主管的能力比普通会计人员强一些，可以把很多以前要亲自做的事情交给主管去做，自然减少了工作量。同样是10个会计人员，这种方式就是四层管理。两种方式的不同之处在于经理是"亲自干事"还是"只管不干"，这确实要看公司的文化和经理的个人风格。而作为一个擅于管理的财务经理，当然是选择"只管不干"的公司了；而作为喜欢亲自动手的经理，可以进入"亲自干事"的公司。抛开其他任何因素不讲，单就这个情况，当然是"亲自干事"的财务经理负责的事情多，既要负责具体事务又要管理人，工资可能会相对高些；但是如果从整个财务部门的工资总额看，设置三个管理层次的公司确实比四个管理层次的公司更节省人工成本。

管理层次是一个相对灵活的事情，没有绝对的正确模式，而对于财务人员的职业发展而言，需要根据自己的需求和自身的因素去做匹配的选择。

8. 是否总部

总部是相对于子公司而言的。这两者的区别是：总部往往没有具体的盈利部门（就算有盈利，大多也是对集团内部公司收取各种服务支持的报酬，属于内部收入，而不是对外部第三方的收入），一般都是管理部门，总部的职责是对下属子公司进行综合管理，以及报表的合并、税务筹划的指导、各种共享的服务、法律支持，等等。子公司就是一个实实在在的创造价值的单位，有对外的收入，有本身的成本，有各个业务部门发生的费用，但是，对于总部所支持的"综合管理、法律、IT、税务、报表"等方面的能力会相对弱一些，有些公司甚至连财务信息都放在独立的公司做统一共享，那子公司财务部留下的人就更少了。

从总部对子公司的支持情况来看，内容肯定是比较复杂的。子公司少的有两三家，多的可以是几十家、上百家，因此在总部工作，必然对员工的能力要求高一些，综合素质强一些，工资收入也相应会比较高；

反之，子公司对员工的各方面要求会相对弱些。但需要特别指出的是，在总部工作的能力，和在子公司工作的能力，是不一样的，子公司对于沟通能力、团队合作能力、多部门合作能力、解决业务问题的能力，要求比较高，简言之，这些能力都跟"执行，实操"有关。而一般来说，总部人员所了解到的信息都是已经被子公司高度处理后的第二手资料，因此更强调综合资料的处理能力，报表、法律、IT等支撑。

在一个集团公司工作，可以在子公司工作，也可以在集团公司总部工作，职业发展的空间和路径是不太一样的。在集团当中，子公司和总部的人员可以有一定的内部流动，譬如，一个人在子公司工作，由于能力很强，然后被调到总部协助总部控制监督子公司；一个人在总部工作，然后出于加强对子公司控制的目的，调动到子公司工作。

上述内容有利于财务人员更深刻地理解企业平台；而对任何目标公司进行详细的了解，也将有利于财务人员的职业生涯实战。

3 观察识透财务职场

正是由于财务这个职业的平台特性,因此,积累财务经验必须是实实在在地到企业当中去任职,感受实实在在的工作内容以及比较隐秘的各种无形的职业发展因素。通过认识这个商业社会当中的企业,进而认识不同类型的企业内部不可或缺的财务部门,最后认识在财务部门任职的不同岗位的财务人员及其工作内容,便能全面认识财务职场的所有内容。

认识财务职场,可以从这样的分类和思路开始:

1. 财务职场的部门关系

对企业有一定的了解之后,要进一步认识财务职场,需要认识企业内部的部门关系。

部门是在实现企业目标的过程中,因需要处理各种不同的商业活动,由不同的人去做具体的事情,再把这些事情按照天然的性质进行分类而形成的。譬如,一家最简单的贸易公司,企业的目标首先是盈利,那就需要有下列的商业行为:

第一,让外部资金往企业流进,相应地就需要把货物销售出去,移交给外部单位，通俗地说就是让对方交钱过来，这是销售部门负责的事情。

第二，当日复一日地把货物移交给外部单位的时候，相应地就需要从其他单位买进匹配客户需要的货物，而买进来的过程，通俗地说就是把钱付给对方，对方把货运过来，这是采购部门负责的事情。

第三，公司要设立一个仓库，把采购的货物存放在里面，而当销售部跟客户商量好发货时间的时候，仓库需要按照约定好的时间和用量发出去。

第四，公司销售部、采购部、仓库（及其他部门）都需要相关人员配合协作，有人处理订单，有人跟进客户，有人与供应商协商进货日期、货品规格、运输要求，等等，这些人不是无缘无故来的，因此需要有一个招聘的过程。招聘进入公司之后，要向他们培训公司的流程制度，这是内部培训。每月末还要对员工所做的工作进行评估，看是否做到位，这是绩效考核。而评估过后，核算出本月的工资，发给每个人，这期间还会涉及上缴"五险一金"等，这是薪酬核算。这些事情都属于人力资源部门的工作范围。

第五，公司日常运作需要用到笔、本子、文具、办公桌椅等，公司所在的大楼需要请清洁公司的人帮忙打扫，还要有司机接待客户，请保安管理公司安全，这些都是行政部门负责的事情。

第六，公司比较高级的管理人员，需要一个比较气派的办公场所，以方便接待客户或合作单位，所以会设立一个特殊的部门总经理办公室，这个部门会发生一些额度较大的招待费用、出行费用、酒店费用等。

  第七，上面所讲的这些部门，都需要有人来记录相关的经济情况。譬如，销售部跟客户约好了签合同，那签的是多少钱？销售部今天答应客户发货过去，是发了多少量，要收回来多少钱？供应商下午运货过来，仓库接收了，那是多少货，一共要付多少钱？仓库登记进进出出的货，分别有多少量？行政部购买的各种东西，负责的各项业务要花多少钱？总经理室花销了多少，报销了没有？人力资源部门招聘了多少人，每个月核算出来要付多少工资，公司准备好钱了没有……这些记录都由财务部来负责。财务部门也要负责准备这些钱的收支，还有负责跟进银行的贷款还款事宜，向税务局计算和缴纳税款，对企业内部每月登记的这些数据进行分析，然后提供给各部门做决策使用。

  以上是一个最基本的贸易公司所需要的部门情况，从这个最简单的情况可以看出，几乎任何部门都跟财务有关系。因为这些部门的商业行为会导致公司的经济情况发生变动，记录公司经济存量和变动情况是财务部的责任。

  从这个角度看，财务部和其他部门的关系是非常密切的。

  上文所列举的是一个简单的公司，如果涉及其他行业、其他类型的公司，商业行为会更为复杂；但不管多复杂，都是这种形式的扩展。譬如，增加一个制造过程，那么货物就不是买进来再卖出去，而是买进来进车间，领用后进入车间加工生产，然后再把产成品卖出去；如果不是与货物相关，而是服务单位，那就是对外部公司提供服务，如此类推。

2. 财务职场的工作内容

财务部的责任不仅简单登记这些与金钱相关的数额，而是有一套会计准则作为指引，这是财务部门的工作内容之一。此外，财务部至少还要负责：

第一，将日常记录的所有与金钱相关的数额，按照会计准则记录好之后，形成财务报表。

第二，要按照国家的税务法规来计算，并准时缴纳税款。

第三，负责跟银行之间互动沟通。

第四，负责跟总经理和各部门领导沟通汇报财务核算和分析的成果。

第五，日常制度的执行，譬如：合同条款审批，公司公章用印的审批，等等。

第六，编制第二年的预算，并提供各种历史数据做参考，审批预算。

但是，上述内容属于对工作的概括性描述，而不是工作内容的表现形式。换句话说，这些都只是讲清楚财务要干什么事，但是没有讲清楚财务怎么干这些事、干出来是什么样。

而"怎么干""干出来是什么样"就是财务工作内容实实在在的样

子，表现形式如下：

第一，由财务人员发起的表格或单据，发起之后传递给其他部门，或者传递给外部单位。

譬如，财务部每月会填写纳税申报表，经过内部审批后最终提交给税务部门；财务部出纳会填写转账支票给银行；财务每月会制作财务分析的 Excel 表格，然后发给其他部门总监和总经理作为月度经营会议进行讨论的依据……

这一类实物形式表明了财务部门的具体工作行为和具体工作对象，体现了"落地执行"的细节。

第二，由其他部门发起，但是需要财务部作为一个后续环节进行处理的表格或单据。

譬如，由行政部门发起的一个与清洁公司签订的合同，法务部门审批，然后财务部门也会参与审批，最终经过总经理签批后，符合加盖公章的要求，则合同盖公章后生效。IT 部门申请一笔付款，是执行购买网络设备合同的一部分，财务部需要查询是否之前申请过款项，符合条件，则财务部会签字表示审批通过，付款申请再往后续流程走。

第三，由外部非政府单位发起，但是需要财务部门作为一个后续环节处理的表格或单据。

第四，由外部政府部门发起，但是需要财务部门作为一个后续环节处理的表格或单据。

若对财务部的每一个岗位都按照这个思路来理解，便可真正对企业的工作内容理解到位。譬如，对出纳岗位、应收会计岗位、应付会计岗位等，都可以总结出这四项内容，到底是主动需要发起的工作内容，还是属于应答式的工作内容，这些内容是以签字的方式完成，还是以表格的方式完成，是需要查询系统资料还是不需要查询。

3. 财务职场的汇报路线

汇报路线就是谁向谁做汇报，通俗点讲就是：谁管我，我管谁；谁管不了我，我管不了谁。这几种关系在财务职场中会影响人和人之间的关系。

最常见的是两个平级但很少有工作交集的同事，会因为一些偶发的工作内容而互相推托。譬如，每月一次的装订凭证，如果安排不妥当便会出现这种现象，为什么他装订10本，我装订12本？为什么他这个岗位每次都不用负责装订凭证，我需要？为什么他总是让我帮他装订，我是否应该拒绝？为什么领导不能分配得公平一些，而总是偏袒某几个人？

小李是杨经理的直接下属，那么杨经理会负责小李的业绩考核，业绩考核会关系到小李的奖金多少，因此杨经理分配给小李的正当的工作内容，小李得服从。这是直线汇报。但是，如果杨经理经常把她的另外一个直线下属应收会计小黄的工作也分配到小李头上，就不是很合理了，那么小李必然心里不舒服。小徐是另外一位周经理的下属，杨经理直接分配任务给小徐，小徐内心也许就会产生抵抗情绪，因为小徐的汇报对象是周经理，按道理来说他应该接受周经理的任务指派，而不是杨经理。

这些只是一些常规的汇报路线问题，有些公司会出现多头汇报，穿插汇报，乱七八糟，那么同样在职场当中，就很有可能这个人心里不舒服，那个人感觉不公平，另外一个人又整天抱怨，简直"乱成一锅粥"。而在某些公司所处的特殊阶段，"乱"可能是一种与之相匹配的管理方法。

一个公司的汇报路线是否合理，是否清晰，跟管理人员有非常大的关系。但是，是否非常清晰的汇报路线就一定适合所有的公司，那倒未必，有时候相对混乱的汇报路线反而更适合某些公司的管理需要。这是让人觉得头疼的社会现实，但确实存在。

作为财务人员，一般来说，必须认清楚公司的汇报路线，作为下属，按照汇报路线办事，但是，当你有所图谋的时候，当然可以无条件帮助其他汇报路线上的人员，以换取相应的好感。而当管理者面对混乱无序的汇报路线并没有什么表态的时候，那么"睁只眼闭只眼"便是这家公司当下阶段的企业文化。这些都是财务职业发展过程中必须了解的重要问题，每个重视职业发展的财务人员，都必须根据自己所处的职场环境，画出职场的汇报路线图，不管是明线的还是隐线的，然后找出自己需要执行的路线，可以帮助别人的路线，以及必须拒绝的底线。

4. 财务职场的管理模式

财务职场中的管理模式因层级多少而有差异，需要考虑岗位的专业技能难度，也要考虑管理者的个人风格。以职位的高低来分，把管理模式分为：财务经理以下职位的管理模式，财务经理以上职位的管理模式。为何要这么分？因为财务经理以下的职位相对来说偏向于执行；而财务经理以上的职位执行内容比较少，会包含更多无形的软实力。

这两种模式是有所差别的。譬如，可以对基础会计人员进行操作的培训，流程培训，然后按部就班操作即可，但是财务经理以上人员关注更多的不仅局限于规则、流程本身，而是执行或不执行，执行是松还是紧的问题。

在职场的实战过程中，管理下属从方法上看有几个关键点：

• 在专业能力方面，以直接的知识、经验指导，或下压式让其自行探索。

• 在表达方面，采用行动暗示或者是直接的语言文字表达。

• 在沟通方面，根据对方的性格特征给予对应的强制命令（吃硬不吃软）或温和请求（吃软不吃硬）。

• 在激励方面，给予远期的晋升期望或满足现实的利益。

• 在生活方面，可给予恰当的指导或满足，形成"人情"关系。

• 在持续性方面，隐藏目的，让下属因把握不到上司的真正意图而更加积极。

• 在信息方面，隐藏一部分重大信息，不透露、过滤信息后再透露或延迟透露等方式相结合。

不过，对于不服从各种管理方式的下属，最后只能谈心、辞退、转移到非重要岗位，或调换给别的上司。

以上是管理方法的几个关键点，但是具体到每个不同的管理者，管理模式跟个人风格关系很大。在一些公司里面，由于管理者的管理水平跟不上，反而倒逼下属辞职，以保留适应管理者现有管理模式的人员，类似情况常有发生。因此，职场现实中，经常出现"一朝天子一朝臣""有什么样的上司就有什么样的下属"这样的情况，这些情况没有绝对的好与不好，只不过对于身处职场之中的财务人员，必须学会理解和把握管理者的管理模式，然后顺着管理者的管理方法行事。

第一，财务经理以下职位的管理模式。

一般来说，财务经理以下设置主管，主管以下是会计，主管和会计根据能力经验也可以再分级。譬如，刚毕业进公司的会计可以定位为助理会计，过一两年有经验后定位为会计，再过一段时间可以升为高级会计，再往后沟通能力、管理能力、解决问题能力提升后可升为主管。

这些职位，除了主管有管理下属的职责之外，会计人员一般都是亲力亲为，没有可管理的下属，不过根据公司的情况不同，可以让有经验的会计人员带领没有经验的会计人员，进行辅助指导，当然这也是最容易产生管理问题的环节。因为从会计人员的角度讲，直接上司就是主管，而当一个有经验的会计人员指导另外一个没有经验的会计人员的时候，就难免发生指派任务过重，或被指派任务的一方不能理解这种非正式的管理关系的情况。

不管怎么说，会计人员偏向于执行工作，有实实在在的任务摆在面前，需要自己发起完成，或者接收其他部门、单位传递过来的任务，给出答复。而主管却不完全是自己亲力亲为，可能主管的一部分工作"当自己需要发起任务，或者接收到其他部门、单位传递过来的任务的时候"可以转给下属会计去负责操作，而相对于这部分工作，主管承担的角色就是理解任务，分解任务，分发给下属，然后在必要的时候给予指导。

一般来说，现实中的主管，管理能力其实还有待提升，根据自己的能力水平，更多的是只关注管理问题中的一方面或者几方面，很难做到全面。譬如，某个主管，采用"生活照顾+温和请求"的方式管理一个当地的会计人员，该会计人员属于乐观型的人，比较喜欢赞美，并喜欢工作之余享受生活，对于这种类型采用如此方式，能调动其工作积极性，也能让她感觉到"人情味"。而另一位主管，可能采用"强制命令+行动暗示"对一个刚毕业的专业底子还不错但不太懂得职场规矩的年轻会计，目的是让他自我反省，给他隐性的压力。职场中没有最合适的一套方法，现实很残酷，不能期待更换管理者，只能让自己变得更能识别其管理模式，以形成合适的互动。与管理者形成良好互动，是职业发展中的重要一步。

第二，财务经理以上职位的管理模式。

财务经理基本有三种模式：完全自己亲自做事不带下属的"光杆司令式"经理；大部分事情指派给下属做而自己操作一部分复杂事务的经理；完全不用做事全指派给下属的"用嘴巴工作"的经理。

之所以存在这三种情况，是因为每家公司的发展情况、发展阶段、企业文化以及对管理结构的设计不同而导致的，有时候并非经理本人所为，不过经理本人可以在各种模式下通过自己的能力进行管理模式的微调。譬如，在一家外资企业里面，由于财务报表分析的工作一直不太符合财务总监的要求，但是这方面对经理的能力要求很高，因此财务总监招聘一位财务经理，不需要带下属，完全负责这方面内容，这个经理属于"光杆司令式"。对于这种情况，财务总监如何管理，还是前面所阐述的几个管理要点，譬如，财务总监采取"专业知识和经验指导"便可，因为这位经理在其他方面已经十分优秀，主动积极，自我激励，职业目标明确，等等。又如另外一家公司，财务经理带领5个下属，负责会计核算的所有内容，财务总监根据财务经理的具体优点和弱点，采用"生活照顾＋利益照顾"的模式，由于这位经理经验十足，专业上不怎么需要指导，默许其家里有事的时候可以早退晚到，经济利益上给予较高的业绩考评成绩，奖金发多一些，便可做好管理。

一个好的管理者应该根据下属的能力、素质、知识水平，教育背景、家庭情况、优点弱点等诸多方面采用合适的管理模式。从这个意义上讲，管理就是将合适的人安排到合适的工作岗位上，前提是，上司应具备全面识别下属的能力并拥有成熟的管理模式。而作为下属，要懂得掌握和理解上司的管理模式，恰当的时候要配合上司的管理模式，通俗说法就是"顺着他来"，以获得上司的信任和认可。从下属的角度看，尽量做到：把握管理者的管理模式，但以一种"不太懂得上司的管理模式是什么"的状态去执行任务，而恰好执行下来让管理者感觉到满意。

5. 财务职场的经验积累

一入职场深似海。初入职场，可能有点不适应，刚到一个好的平台，拼搏努力，积累经验，但是工作三五年之后，又会感觉陷入发展泥潭，进退维谷，往前看还有很多东西不懂，往后看很多年轻人正在追赶。这个时候，人生可能进入了稳定期。

为了更好地发展，能在更远、更高的位置进入稳定期，从第一天进入职场开始，或者从尚未进入职场的时候，就需要理解好"经验积累"问题。一般来说，完成一件事情是这样的过程：首先是识别现实的事件，其次是了解规则，再次是转化为实实在在的可操作的实物（表格、单据等，参考前文所述"财务职场的工作内容"），最后就是完成任务。不过在职场中积累的经验，并不总是完成一件事情，而是要加上各种考虑："这件事情是不是我来负责，应不应该先告诉上司之后才开始做，自己独立完成还是通知别人一起完成，不应该我完成但也可争取获得委派"，等等。

这里面有两个层次：第一个层次在于暂时忽略职场环境，积累完成任务的能力；第二个层次是加上职场环境因素之后，如何综合判断一件事情，并合理完成。两个层次的能力培养并不存在先后关系，可以并行。但要注意一点，任何时候在积累经验的阶段，注意尽量别侵犯其他人的重大利益，否则把精力耗在处理相互间的利益纠结问题上，耽误了积累经验的功夫；从这个角度讲，就是所谓"年轻人多吃亏不总是坏事"，就是先锁定积累经验的目标，暂时放弃自身其他方面的利益，造成"吃亏"的假象，而把精力花在本人的经验积累上。

举个例子：突破一个看似无解的死循环。

在积累经验阶段，很多朋友对自己的现状感觉到无奈，其中郭羽就是一个很有代表性的例子，她参加工作不久，但是对工作的感觉有几点：首先，工资微薄，心情已经不愉快了。其次，由于忽略自身能力弱的问题，常常觉得工作任务太繁重。再次，由于对财务职业发展的视野有局限、对未来的发展路径不清晰，时常感觉在工作过程中身心疲惫。最后，由于缺乏对周围的人和事的全面认知和理解，往往会形成"四面都是敌人"的错误判断。当然，一个处于工作状态当中的财务人员可能还会面临其他困难。

郭羽整日闷闷不乐，工作不积极，经常推托同事的请求，与其他同事谈起工作问题往往一开始就抱怨工资低，看到别人的工资高职位高可很少考虑自己的经验和能力问题。越是有这些负面情绪和看法，郭羽的表现越消极，而越消极的表现越被上级领导忽视她的存在，同事们也越来越清楚郭羽的工作风格，越来越没有更多的额外工作敢与她进行沟通合作，越是这样，越陷越深，时间过得越来越快，一晃五年过去了，郭羽还是原先的普通会计。

职场中最常见的死循环：抱怨现状→看不清方向→能力停滞→机会丧失→更抱怨现状……

其实解开死循环只需要把中间的某一个"指针"稍微调整一下就可以了。

"指针"调整看似简单，然而在现实中，对很多从事财务工作的朋友来说，恐怕比登天还难。难在未来不明朗，难在有一段不知道多长的努力付出却没有相应的回报，难在做出这种超越需要承额外的身体和精神上的压力，难在不清楚每个环节应该做些什么才是有利于跳出死循环，还难在当局者迷……但也有部分财务人员可以做到。譬如，另外一个财务人员苗小仙，她也从事基础岗位的会计工作，工资也相当微薄，也看不清方向，但是她不断地学习，参与自己工作之外的事务，虽然暂时得不到工资回报，但是两年之后，上司觉得苗小仙责任心强，做事情很沉稳，专业能力比一开始进入公司有明显的提升，于是借着机会就把苗小仙转岗到了高级会计岗位。瞧，苗小仙的死循环解开了！

PART 6 | 认识社会与职场

4　先有了解后谈发展

当人们谈及职业发展的时候，前提是对职业和发展都有所了解。通俗地说，财务职业生涯最核心的内容应该是"谁都很想通过一定的方法尽快到达获得高收入的状态"，但现实情况是，这个目标受到种种现实制约、环境制约和自身因素制约。

不过，职业发展之道总是惊人的相似；偶尔有超脱非凡的人，那么这个人又会与另一个能力杰出的人的发展过程很相似。从个体到参数，可以总结出职业成长相似的一批人，因此虽然每个人的职业发展细节有所不同，但职业发展规律有迹可循；从本质上看，人们的职业发展其相同的职业发展规律。

宏观上看，比较粗的线条上大致相似；从微观角度观察，个体稍有差别，但总体不会跳出大的方向。

之前已经对职场的情况做了充分的展示，当了解了财务职场的复杂性，对财务职场的内容进行多维度的分析之后，实实在在落实到个体的发展上，便显得简单多了。这犹如一个没有指南针、没有地图的年轻人置身于一个陌生的繁华都市，眼前皆为横平竖直众多类似的街区，按照哪条路径才能尽快到达目的地？留给这个年轻人的肯定是迷惘和沮丧，如果限定时间完成任务，那恐怕会把这个年轻人推向绝望。可是如果配备了现代化的设备：全球定位、城市三维地图、路牌标记和导航仪器，那么到达目的地简直就是轻而易举，不仅难度降低不少，还让这位年轻人自信满满冲向前方。类似地，财务人员的职业发展，视野、方法和工具都很重要，面临困惑、陷入迷惘之时，需要寻找职业发展的突破口（见图 6-3）。

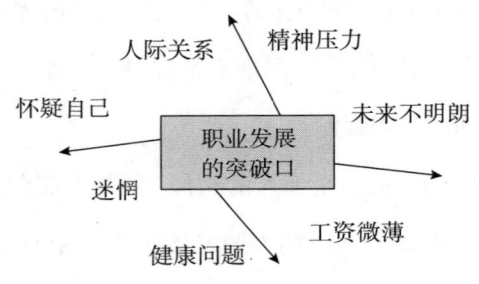

图 6-3　寻找职业发展的突破口

太多的财务人员并不清楚财务职场的情况，一来没有这样的机会让他们亲身体验职场，二来也没有太多的材料让他们获得相对直观的感受，三来财务人员都怕"教会徒弟饿死师傅"，当然还有很多其他原因。这导致很多财务人员在刚刚进入财务职场就出现"第一次进入陌生大城市"般的晕眩，失去方向感，凭自己的力量怎么也找不到出路，想出力但害怕走错，一个人处于"对周围环境不了解，对脚下这条路的远方是什么情况"都浑然不知的状态下，犹豫徘徊，事倍功半，战战兢兢，久而久之就变成了温水煮青蛙，耗尽时光，死猪不怕开水烫。

当熬过了几年之后，稍有经验，又苦于无法二次突破，进阶的路上充满困难，一路走来相当费劲，只能在"假设我能重新来过"的幻想中倍感无力。

其实，先对财务职场有所了解，这是财务职业生涯实战的重大起点。没有了解，就谈不上发展。

财务的十大岗位

1 职业发展落到实处

2 财务实战十大岗位

3 报表前报表后岗位

4 研发类管理类岗位

当对商业社会、企业、财务职场有所了解之后，职业发展要落到执行的层面。可以实践的职业内容是什么？这个问题对财务人员来说是实实在在摆在眼前的，是要切实动手操作的内容。随着经济业务趋向复杂化，企业业务日益繁多，而企业内部各部门之间的合作并非总是那么顺畅，财务部内部需要良好的分工合作。

因此，认识财务岗位，不是仅仅知悉岗位的操作内容那么简单，如果财务人员想有所发展、晋升，承担更重要的工作任务，还必须弄清楚为什么要那么做、为什么如此分工、各个岗位职责有什么区别、合作间要注意的关键点是什么，这样才能为日后升级为财务中高层管理人员做好准备。

1 职业发展落到实处

执行和操作是每个财务人员在成长过程中都迈不过去的坎儿。有很多现实的情况是：一些没有多少实际工作经验的财务人员，或者一些还没有毕业的学生，总是认为执行和操作是劳而无功的，繁杂苦累缺乏意义，而他们可能设想财务工作应当是要处理企业综合财务事务，对企业经营的宏观问题侃侃而谈，最好是达到"自己说一句，别人就听，别人就认认真真去执行"的状态。简单点说，就是"我要做老大"。但是，现实给出的回应往往是：不可能。

为什么说执行和操作那么重要呢？之前在积累经验的章节已有所涉及，这里再从职业发展的角度讲一讲。

如果从积累经验的角度讲，通过实践进行执行和操作可以加强身体记忆，深入理解事情的细节，强化对抽象化理论知识的认知，真正做到理论和实践相结合。

如果从职业发展的角度讲，不通过实践去认识这些细节，假设有机会担任管理职务，凭什么去管理下属？下属真的就如设想中那样"你是领导就听你的"吗？当然不是。

总的来说，企业内部的很多管理问题并没有确切的标准答案，但是它的结果总是会体现出动态的平衡。通俗点说，即使某家公司管理上"乱成一锅粥"，但重要的资金、法律等关键环节不出问题，照样可以延续这样的管理风格，保持现有的经营状况。当然这有些许的夸张成分，因为现实中的企业不会总是那么乱，不过现实中一家公司的经营管理状况一直非常顺利、每个人都皆大欢喜的情况不易遇见。否则，为什么企业内部会有离职，争吵，改革，流程再造？总之，企业出现了问题，就有管理的需要，而企业管理不到位，必然就会出现各种各样的问题。

因此，管理重要性的一个体现在于作为管理者到底会不会管理，到底能不能管理到位。管理也是一个实操问题，就是去操作"管理"这件事情（见图7-1）。

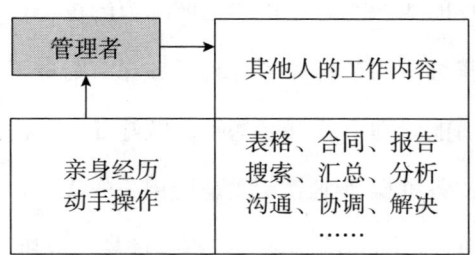

图7-1 财务职业发展中的实操作用

当你有机会成为管理者，对操作细节却不够了解的时候，就需要依靠一个对操作细节非常了解的人，即使很信任这个人，你也必须具备一定的操作细节方面的实际经验，因为亲身经历过的操作细节要比抽象化的理论更具体，更深入，更贴近事情本身，换句话说，抽象化的认知往往并不保证事情的可操作性。如果自己缺乏操作细节的经验而草率下定论做判断，那么管理的过程将充满不可预见的风险和漏洞，所谓细节决定成败，讲的就是这个道理。

而企业上下级、平级之间都可能存在一定的竞争关系，假如管理者缺乏对细节的把握能力，只能被动信任和依赖他人，那么一旦他人另有异心，潜藏的风险爆发几乎只是时间的问题，因为管理者根本不知道他人已经在细节上"动了多少手脚"，出过多少错。这么说并不是意味着每个管理者都必须亲身经历任何一件事情的细节，而是作为管理者要具备把握细节的逻辑能力，而这种能力的培养正是来源于职业早期对细节的执行和操作。

从现实的职业发展角度看，实际动手亲力亲为地去执行和操作财务相关工作内容，有多方面的好处：

第一，培养你的实践能力，积累把握细节的逻辑性的能力；

第二，对操作细节的亲身经历有利于加深对财务工作的深度认知；

第二，为日后能管理下属打下基础，做好准备。

与财务相关的各种操作细节，就是指相关的表格、单据的填写、汇总，整理各种资料，合同阅读，录入数据，搜集、分析数据，撰写报告，等等。在财务职场中，实际的执行和操作会以"日复一日"的重复方式进行，而在财务人员的发展过程中，必须接受这种非常"枯燥"的方式，进而才能正确体会其中的含义。当然，重复仅仅是大致重复，每一天的业务都会有些许的不同，业务在持续发展，总会有不一样的事情发生，而只有坚持执行操作，才能体会和理解这些复杂的企业事件，并学会处理，掌握其中的逻辑性。

2　财务实战十大岗位

财务人员的职业发展状况，说到底就是在企业当中承担什么岗位的工作，以及未来可能的岗位变化情况。譬如，某个人的职业发展状况，言下之意，就是此人目前在哪个岗位工作，是否能往其他岗位发展，或者晋升到更高的岗位，甚至可能跳槽到其他公司工作。因此，了解职场当中财务人员可能从事的各种岗位，对于财务人员的职业生涯实战而言，是最贴近现实的帮助。简言之，财务职业实战须从财务实战岗位开始。

了解财务实战的十大岗位，非常有利于财务人员理解财务工作，并帮助财务人员做好自己的职业生涯实战规划。从一个典型的制造业企业来看，十大岗位分别是：资金管理、应收账款、应付账款、固定资产、费用、成本、税务、报表、预算和财务分析岗位。当理解了一个制造业企业常见的十大岗位之后，对其他行业而言，其实岗位分工大致相同，做一些行业或企业属性的变通即可帮助理解。

接下来，对这十大岗位的工作内容、能力要求、发展空间进行详细描述，最后再对十大岗位的级别设置进行整体总结。

1. 资金管理

工作内容

资金管理会计岗位主要处理与银行相关的事务，并且根据企业货币收支的记录进行各种资料的整理、统计、归档等。

与资金管理相关的岗位，比较常见的就是出纳岗位。出纳主要负责公司货币资金的直接管理，包括处理各种与银行相关的手续、收付款、银行账户管理、货币资金统计、核对、录入系统、制作报表、归档、装订凭证等工作内容。若企业涉及对外支付外币业务，通常还需要了解对外支付款项是否需要在国内的代扣代缴业务，若需要的话，在扣缴完税款之后，才能对外支付外汇。若企业收付款方式多样，还会包括一些与银行相关的票据操作。

若公司涉及贷款，一般会设置贷款专员，或者资金管理专员，也有公司直接由出纳兼任，主要负责贷款业务办理，包括资料准备、资料提交、资料核查、资料归档，等等。

因公司不同而异，或者单独设置专人做资金的预测和执行情况分析，或者让出纳或者资金管理专员兼任。资金预测对企业来说是非常重要的一项工作，新闻中常见的"某企业资金链断裂"的表述指的便是企业已经资金枯竭，无法继续正常运转，而造成资金链断裂的原因有很多，但其中一条就是企业的资金预测和执行工作没有做到位，或者只做纸面的预测和分析却缺乏实实在在的执行。不过，企业经营不善是诸多原因造成的，并非一张资金预测表就能解决。

若企业规模较大、业务复杂，可单独设立资金部，资金部设置独立的资金总监、资金经理、资金管理员、出纳员等职位，若规模不是很大则资金管理相关岗位并入财务部。资金的管理岗位，如主管、经理、总监等，分工合作，协调公司所有的收付款事项，境内外收支情况，多种形式的贷款业务管理，公司的资金平衡、资金预测和规划、资金的使用效率提升和资金成本降低等全面工作。

能力要求

若企业业务多为国内业务，并且企业没有贷款事项，那么出纳的工作会相对简单。而大型企业，如果涉及不同币种业务、国内外贷款，那么对资金管理的岗位要求比较高，至少在英文能力方面有一定的阅读和书写要求，并要求积累了一定的资金收支和贷款管理的实际操作经验和职业敏感性。

该岗位与其他财务岗位紧密关联，譬如，与应收账款岗位合作对收款和客户应收款进行核销；对于付款事项则需了解付款前置条件是否具备，需要与应付账款、费用会计有业务上的合作；而对国外支付款项需要与税务会计进行配合，等等。

发展空间

对于某些跨地区经营公司、集团性公司、拥有跨国业务等大型企业，资金管理其实是一个相对独立于会计核算的部门，只不过不同的公司有不同的情况，看是否成立单独的资金部，或只是在财务部内部设立资金小组或资金岗位。出纳的发展空间可以是财务的其他岗位，也可以直接发展为资金管理专员、贷款专员，或者别的资金管理岗位，工作经验丰富之后，可升任资金主管，资金经理。在大型企业的资金经理，工资收入同样非常丰厚。

除了大型企业相对独立的资金管理线路，其他的就是传统的出纳转会计岗位的发展方式，譬如出纳转为费用会计、固定资产会计或应收账款会计、应付账款会计都可以，再往后就是走会计核算和分析类岗位的路线。

2. 应收账款会计

工作内容

应收账款会计岗位属于财务部的初级岗位，不过这个初级岗位非常重要，关系到企业的资金情况，对于制造业来说，大量的资金流入是因为对外销售货物，对外销售是否能收回款项就反映在"应收账款"这个会计科目上。

从操作内容上看，应收账款会计需要负责处理与客户之间的账务关系，销售货物产生应收账款，而从收到客户的货款之后需要将应收账款和银行收款记录进行对比核销。每月末，对于所有欠款未付清的客户来说都有一个应收账款余额，需要针对此类有欠款的客户做一个应收账款的账龄分析表，有利于对客户的信用情况及后续合作关系作出决策，是继续合作销售货物还是暂停发货催款催账，这取决于公司对每家客户的信用政策。对客户的催款信息也是源于应收账款岗位，而按照公司的制度，一定时期内需要对重要客户或关联方的公司进行应收账款对账，以保证余额的准确性，因此该岗位要求应收账款会计有一定的沟通能力和逻辑分析能力，因为当应收账款余额与客户所提供的金额不一致的时候，应收账款会计应当能够从客户订单、发货记录、发票情况，收款核销进行一系列数据中找出问题的根源。

能力要求

具备对外与客户之间的沟通能力；具备发现业务问题的能力，对客户账务的敏感性；对公司内部的业务逻辑非常熟悉，能与销售部门、物流部门、仓库等部门进行沟通；能与其他岗位的会计人员或出纳配合完成工作；有一定的管理分析能力，具备账龄分析、信用分析的能力；对数据处理分析操作比较熟练，很多大型企业的客户资料非常多，每天发货量特别大，因此对庞大数据的处理能力非常重要；最后是有 ERP（企业资源计划）的操作经验，若完全没有经验，须懂得分工合作的关键点，熟悉客户订单从头到尾的业务流程。

发展空间

应收账款会计是一个基础的财务岗位，有些公司设置应收账款会计助理，甚至不要求有任何工作经验。一般来说，应收账款会计可以从有一定的出纳和应付账款、费用、固定资产会计等岗位的工作经验的财务人员中转过来，也可以轻而去从事上述其他这几项工作，这是一种平级的调动。如果从职位上升的角度看，具备一定的应收会计基础，可以提升为税务会计或成本会计，不过初任这两个岗位肯定要由其他熟悉税务和成本的会计人员或者主管人员指导，仅担任过应收会计就调任税务或成本会计的还不足以直接成为独当一面的税务会计或成本会计。

3. 应付账款会计

工作内容

应付账款会计岗位属于财务部当中的初级岗位，不过这个初级岗位非常重要，关系到企业的资金情况。对于制造业来说，大量的资金流出是因为从外部采购原材料，而对外采购的付款时间是个关键问题，每月末尚未支付的采购款项就反映在"应付账款"这个会计科目上。

从操作内容上看，应付账款会计需要负责与供应商之间的账务关系处理、采购入库、采购发票匹配、应付账款、支付款项的审批等内容。到每月末，所有尚未付给供应商的款项都会存在余额，需要针对此类供应商做一个应付账款的明细账和账龄分析表，这个表格有利于对供应商的付款制定后续的商业决策，这取决于与供应商之间的合作情况、商务谈判时是否强势、过往的信用政策等多种因素。按照公司的制度，一定时期内需要对重要供应商或关联方进行应付账款对账，以保证账务处理的准确性。当余额不一致的时候，要求应付会计能够从供应商订单、收货记录、发票情况，到付款核销进行一系列的检查核对。

能力要求

具备对外与供应商之间的沟通能力；具备发现问题的能力，对供应商相关账务的财务敏感性；对公司内部的业务逻辑非常熟悉，能与采购部门、生产部门、仓库等部门进行相关的业务沟通；对其他岗位的会计人员或出纳具备合作配合的能力；有一定的管理分析能力，对账龄、付款政策进行分析的能力；对数据操作比较熟练，很多大型企业的供应商资料非常多，每天收货量特别大，因此对庞大数据的处理能力非常重要；最后是有 ERP 的操作经验，若完全没有经验，须懂得分工合作的关键点，熟悉供应商订单从头到尾的业务流程。

发展空间

同应收账款会计类似，应付账款会计是一个基础的岗位，从人员的来源看，有些公司设置应付账款会计助理，甚至不要求有任何工作经验。一般来说，应付账款会计可以从有一定出纳和应收账款、费用、固定资产会计等岗位的工作经验中转过来，也可以转而去从事上述这几项工作，但这是平级的调动。如果从职位上升的角度看，具备一定的应付会计基础，可以提升为税务会计或成本会计，不过初任这两个岗位肯定要由其他熟悉税务和成本的会计人员或者主管人员指导，仅担任过应付会计就调任税务或成本会计的还不足以直接成为独当一面的税务会计或成本会计。

4. 固定资产会计

工作内容

固定资产会计岗位主要负责公司范围内的固定资产从无到有、从有到无的每个环节的账务管理工作。

从无到有：从前一年的预算支出开始，申请、采购、安装、验收、投入使用等所有环节的管理，若出现贷款还要注意贷款利息的资本化问题。从开始使用之后，还要根据公司的财务制度进行固定资产折旧，若固定资产的使用单位改变、使用位置迁移需要进行相应处理，公司需要制定并执行固定资产盘点的制度。

从有到无：固定资产的维修，因各种原因进行处置，等等。

一般来说，固定资产从采购开始就有详细的资产信息，可以使用 ERP 软件，或直接采用 Excel 等各种管理工具。固定资产管理不仅需要对与固定资产相关的情况进行财务记账，主要对固定资产的位置、状态、使用部门等非财务类信息进行详细管理，否则由于价值较大，一旦丢失或损毁则责任重大。由于固定资产价值非常大，因此管理的实际意义也显得非常重要。

能力要求

原则性非常强，能严格执行公司的固定资产预算、执行、管控的制度；具备财务基础岗位的经验；业务逻辑清楚，对固定资产从无到有、从有到无的各环节处理流程非常熟悉；有较好的沟通技巧，能与税务会计做相关的合作沟通，因为报废等处置事项需要一定的税务处理经验；具备与其他业务部门沟通的能力，防止由于流程不熟悉，对固定资产的实物不熟悉，而被具体使用部门"忽悠"，导致管理失控。

发展空间

本职位属于基础性财务职位，首先可以跟其他财务基础职位互相调动，其次可以往税务、成本方向发展，但若仅有固定资产管理的工作经历，则一时难以独立胜任税务、成本工作，须有相关有经验者指导。

5. 费用管理

工作内容

费用管理会计岗位非常烦琐、杂乱。费用管理是企业管理当中看似平凡但非常重要的环节，负责费用管理的会计人员往往有点吃力不讨好，不太容易见功劳。费用同固定资产岗位一样，从预算开始就要非常操心，如果企业管理不是非常成熟到位，费用管理往往会沦为费用登记，缺乏分析和控制的功能。从正常的角度讲，费用从前一年的预算开始，就要做详细的定义，关系到预算科目的设置、责任归属、预算标准等。在具体执行的年份、月份，需要根据财务制度进行费用审批，这是最容易出漏洞的地方，因为费用的报销对象是个人，审核不严格则费用报销会沦为"个人的提款机"。通过审批的费用会由出纳付款，会计记账，月末需要对费用做预提，结账后对费用做归类分析，作为严格控制费用的根据。由于费用的类别非常多，此岗位需要面对非常大的工作量和非常烦琐的处理过程，要求相关人员有足够的耐心。

能力要求

对费用类别具备较强的敏感性；原则性非常强；熟悉公司的各项费用制度；Excel 的操作能力强，能够对繁杂的费用进行分类整理分析；具备一定的耐心和服务精神，能够与公司各部门的人员进行相关的解释和互动。

发展空间

本职位属于基础性财务职位，首先可以跟其他财务基础职位互相调动，其次可以往税务、成本方向发展，但若仅有费用会计的工作经历则一时难以独立胜任税务、成本工作，须有相关有经验者指导。

6. 成本管理

工作内容

成本管理会计岗位是大有发展空间的岗位，若熟悉产品的生产过程，有成熟的成本分析管理思维，可发展成为成本分析大师。大型公司设有专门的成本管理经理、成本管理总监的岗位，从这个角度可以看出成本管理在财务体系中的重要地位。譬如，房地产行业的成本控制，一个项目一松一紧有可能差出上亿元。而制造业里面的流水线的产品，每个产品哪怕节省一点点成本，整个公司的利润就能增加不少。对于成本管理的工作内容来说，涉及面非常广，而且需要丰富的实际工作经验，一般不是简单的"理论派"可以胜任。

负责成本管理岗位，需要了解产品从无到有的过程。一般来说，产品成本可按照物料、人工成本、制造费用三个大项来分析。投入到产品中的物料从采购订单开始就纳入了成本管理的大流程，还包括原材料、辅料的采购、入库、领用、进入生产过程、人工的投入、生产车间发生费用、生产设备的折旧，等等。以产成品为对象进行合理的分摊，最终得到产成品成本。这个总流程里面的每个环节，比如如何计算价格，如何分摊，如何结转成本，是成本会计所要负责的内容。

而到了成本分析的阶段，需要对整个流程中的材料进行单价、数量的迭代分析，对单位人工、单位费用进行分析，与标准成本、预算情况、上月成本、上年成本进行比较，还要掌握产品质量合格率、废品率，等等。

以上工作内容，在成本会计阶段需要熟练使用成本核算方法，熟悉流程各环节的控制点。成本分析阶段，则需要对整个管理流程的各个分析指标提出合理性建议，指导实际的生产运营，达到控制成本的目的。

对一个普通的会计人员而言，最重要的是理解成本核算的逻辑，逻辑一般体现在ERP软件当中，若不使用ERP软件，则体现在具有逻辑性的Excel表格中。对于初学者来说，需要有具备成熟经验的人带着边学习边体会。

能力要求

有充分的企业成本核算的职业敏感性，熟悉成本员业务流程与财务的联动关系；熟悉成本核算方法，有过成本核算的经历，若完全没有成本核算经历，应当有具备成熟成本管理经验的会计带领和指导；Excel 操作水平高，能进行多种核算模式的设计和操作；具有一定管控能力，能发现问题，提出问题，辅助决策。

发展空间

对于初级的成本岗位，可以由其他会计岗位调任，或无成本经验者担任，但需有具备成熟成本管理经验者的指导；而初级成本会计可以升任独当一面的成本会计，成熟的成本会计可以升任成本管理职位，根据公司的规模大小可以升任单独负责成本控制和改善成本的主管、经理或总监。

7. 税务

工作内容

税务管理会计是一个与成本一样需要有深厚实战功底和丰富实践经验的职位，税务可以分为相对初级的税务专员（或叫税务会计），也有比较高深的税务筹划大师。根据公司的规模，税务也与成本的设置相似，根据公司规模大小可以设置税务会计、税务主管、税务经理或税务总监。从内容上讲，税务是比较独立的一个体系，与会计核算遵循的是会计准则不同，税务核算或税务筹划需要以政策法规为依据来进行一系列的税务处理，从而影响具体的商业行为。

初级税务会计的岗位，一般从报税开始学起，每一个税种都是非常复杂的，而税务的难度还在于税务政策是统一的规则，公司财务部需要将税务政策转化为符合公司运行特征的具体的商业操作指引，这是非常有难度的一件事情。基础的税务会计就是按照既定的已完成转化的商业操作指引来办事,而税务筹划就是要通晓各种有关政策法规,转化、设计或指导商业操作行为。通常来说,这二者还有一些中间状态,譬如比较单一的税务政策解读,不太复杂的税务政策解析并指导业务。不过,由于税务特殊的政策性和复杂性,很多大型公司除了内部的税务人才之外(或有些公司内部根本没有税务筹划方面的人才),往往还需要聘请外部的咨询机构的专业税务人才作为税务政策解读、税务筹划的顾问。

企业运作过程涉及税务问题,一般会考虑以下几个方面:合规性,要求对相关的税务政策理解透彻;税收负担,寻求税务成本较低的处理方案;业务流程操作合理性,要求在公司的业务逻辑当中保留税务的控制点;税务政策转化为操作指引,让业务操作人员和税务会计之间有良好的合作指引。

能力要求

若初次接触税务,需要具备其他基础岗位的工作经验,并且需要具备丰富经验的税务会计进行指导;公司的业务复杂程度和规模大小会影响税务会计的工作内容的难易程度;对企业运营有良好的职业敏感性,有宏观的政策思维和具体的操作方法;税务方面的经验是在企业实战过程当中积累起来的,仅仅通晓政策还远远不够,不能胜任税务管理的角色,要求有对内,对外的沟通能力,把规划的内容落实下去的转化能力、执行能力。

发展空间

税务会计在大企业平台的发展空间很大,可以做到税务专员、税务会计、税务主管、税务经理和税务总监。税务会计在规模不大的企业工作相对稳定，内容并不复杂，但是在业务规模大、内容繁多的企业，常有新型的业务出现，需要做税务解释和筹划，难度较大，发展空间较大，相应的劳动报酬也高。

8. 报表

工作内容

报表管理工作一般指将前面所讲的各个岗位涉及的内容总括起来，再考虑其他一些相关的综合事项，最终对企业的财务报表负责的一个岗位。简单来说，这个岗位负责给企业编制财务报表。虽然是一个普通的财务岗位，但是很多规模较大的公司将报表岗位直接定位为主管，或者直接就是经理级别。因为在每月报表出来之前，要管理好出纳、应收账款、应付账款、固定资产、费用、成本、税务等岗位的工作，然后结账，看起来每个模块都有具体的人员在负责，但是综合起来需要相互协调。

在很多大型企业，每次月结之前都会有月结会议，将所有岗位的难点提出来讨论并给出解决方案，不过每次月结总会有这个问题、那个问题出现，大问题、小问题频出，报表岗位的人员就需要在出现问题的时候，协调大家，提出解决方案，最终完成月结事项。没有经验的人几乎无法胜任这个岗位。

在大型企业里面，结账出财务报表会分几个过程，先是月底提前几天的预结账，然后是真正的结账过程，在月末到次月初的时间段里，财务部都盯着报表这件事情，高层的管理者也等着报表的数据，如果出现数据错误，报表会计会承受巨大的压力。这个岗位的工资收入相应也比较高。

能力要求

熟悉业务流程，熟悉每个模块的操作及其对财务报表的影响；良好的执行能力、沟通能力、协调能力、管理能力；充分的专业理论基础，理论和实践结合的实战经验；大型企业还要求ERP的实操经验；处理突发事件的能力，等等。

发展空间

这个职位可以由成熟的成本会计或税务会计提升来担任，但是需要有成熟的报表负责人来指导和检查；如果是成熟的报表岗位会计人员，可以往预算和财务分析方向发展，如果公司内部有空间有机会并且积累了充足的经验，可以升任财务经理。

9. 预算

工作内容

预算是对企业经营过程和成果的提前规划。虽然说"人算不如天算""计划赶不上变化"，但是"有预算总比没有预算要强得多"。如果没有做好预算，则管理层对于是什么产生了变化，变了多少，变到什么程度，一无所知。

企业运作是各个部门一起合作的复杂过程。由于各个部门的功能不同，发挥的作用有差异，因此预算能把各个部门的功能责任分清楚，最后体现在企业的总体运营成果上。一般来说，全面预算是相对比较成熟的理论，但是真正做到全面预算的企业并不多，而且从现实的企业实战角度看，预算并不像税务法规那样具有合规的强制性，更像是一种企业管理控制的手段，而这个手段是紧还是松，须与企业的发展实际状况、人员素质情况相挂钩。

很多负责过企业预算编制的朋友都有体会，一个费用的指标，有的企业按照去年的情况直接填上去就可以过关了，但是有的企业不行，需要有严格的预算数据的计算根据和理由，这就是每个企业不一样的地方。

财务人员在预算这件事情上的作用是什么呢？预算流程的制定，预算的历史资料准备，预算的编制过程控制，各部门预算的审核，预算的编制合并，预算指标的分析和控制，等等。负责预算岗位的财务人员，必须对企业的运作细节非常熟悉，否则数据上的漏洞不容易发现，对每一个经济活动对财务报表的影响也要清清楚楚。

越是大型企业，编制预算的要求会越严格，难度也会越大。大型企业为了让全面预算更贴近现实，更具备分析和控制的价值，往往还会做滚动预算，让年度预算滚动起来。滚动预算能给企业的运营决策提供更多的参考指标。

预算来源于对未来事项的计划和安排，最终会落实到财务报表上去。财务人员在参与整个预算过程的时候，相对基础的财务人员最大的一部分工作是提供预算历史数据、对各部门预算数据进行合并处理等，而预算的流程制定、预算审核、预算分析和控制往往由经验丰富的预算主管、预算经理（或者财务经理兼任）来负责。

从初级的预算水平到高级的预算控制水平，需要多年的经验积累。譬如哪些指标是比较重要的，对哪些部门的哪些指标需要严格控制，而哪些指标基本不需要耗费太多时间，甚至在预算审查的时候，是否要坚持自己的原则，还是让别的部门的数据混过去，这都需要非常深厚的实践功底。

能力要求

对企业运营的业务模块和财务模块之间的联动非常熟悉，具备相当丰富的经验；熟悉预算的总体制度，控制点，预算编制的过程，分析和辅助决策的功能；Excel 的操作能力强；具备 PPT 的演示能力；具备培训的能力；具备与其他部门沟通协调解决问题的能力；原则性强，具备较强的抗压能力。

发展空间

初级的预算岗位，可以在成本会计、税务会计或报表会计当中选择人员担任，但需要有具备成熟经验的预算人员指导；成熟的预算会计人员，可以定位为主管、经理，在很多企业并没有单独设立预算经理，而是让财务经理负责预算的内容；负责预算的主管、经理，往后发展可以成为部门经理，或在大型企业里面担任财务总监。

10. 财务分析

工作内容

财务分析是以通俗易懂的方式，以企业运营过程中的数据、资料为基础，通过 Excel、PPT 等工具向管理者展示企业运行过程中出现的种种问题，从财务的角度提出管理建议，最终达到辅助管理决策的目的。

财务分析是建立在数据充分和资料翔实的基础上的，因此一家基础数据残缺、基础资料不齐全的企业，是很难做到真正的财务分析的。所以一般来说，规模小的企业没有什么财务分析岗位可言。财务分析岗位都是针对大型的企业，基础数据和资料都通过 ERP 来收集，ERP 能够将不同业务部门的数据都统一起来，因此对 ERP 功能完善的企业而言，财务分析的意义非凡。譬如，一个仓库的发货动作，可以及时反映到财务报表的数据变动，这是业务部门的基础数据和财务数据的联动表现。当然，没有采用 ERP 管理的公司也可以存在财务分析，只不过就是对数据进行手工收集，或者半手工收集和分析的过程。

财务分析一般在月初结账之后进行，所有财务模块都有分析的价值。财务分析有相对成型的理论体系，不过财务分析也如同预算一般，是一种管理手段，并非整齐划一的标准做法。财务分析完善的企业，有可能业务运作很成功，也有可能运作失败；财务分析只是提供了一种辅助决策的财务分析结果和意见而已。至于财务分析结果和意见是否被采纳，或者是否对财务分析反映出来的问题快速指定解决方案，落实改善，取决于企业的执行力和管理者的综合决策能力。譬如，一次财务分析结果反映出企业的存货周转天数是这个行业平均水平的两倍，那当然就是企业的运作效率比较低，需要管管了；但是如果企业产品本来就没有多大的竞争力，那么这种存货周转天数问题也不可能在接下来的一两个月就轻易得到改善。

财务分析的指标很多，一套一套的，都有对应的含义，就如同汽车的仪表盘一般。理论上讲，每家公司从财务的角度进行分析的时候，都可以把几十个到上百个的财务指标罗列出来，但是在实战中每家企业关注的指标其实不太一样，每个指标对每个行业的指导意义与重要程度也不一样，因此，成熟企业会有与自己的运作理念、行业特殊性、企业发展情况相适应的重要财务指标，每家企业最重要的财务指标也就是 5~10 个最综合、最能反映问题的指标，其他的都是辅助性的指标。而从考核的角度看，这些最重要的指标往往也会成为考核企业管理者的指标。

很多现代化的企业都使用 ERP 进行企业的业务和财务运作管理，因此很多财务分析的表格，譬如账龄分析表，直接可以在 ERP 的财务模块当中快速形成，各种指标比率也可以在结账后同时生成，省去了很多人工的操作，譬如资产负债比率、存货周转天数、杜邦分析体系中的指标，等等。

这里需要强调的一点是，落实到财务部门的实际工作中，预算、会计核算和财务分析往往是"三位一体"的，这三者分别代表了事前规划的企业运行情况、现实运行的成果和对运行成果的总结分析。

能力要求

在大型企业当中从事财务分析职位工作，需要对企业运作的流程细节和每个动作对财务数据的影响都非常清楚；最好的财务分析人员应该是了解业务实际操作流程和财务分析方法的人，而不是单纯只懂得财务分析理论而没有多少基层岗位操作经验的人员；财务人员需要具备 Excel、PPT 和 ERP 的相关操作经验；具备良好的逻辑思维能力，良好的沟通能力、协调能力，以及较强的抗压能力。

发展空间

初级的财务分析人员可以从成本会计、税务会计、报表会计、预算会计等人员中选择，但需要有成熟的财务分析人员指导；财务分析人员在经历一段时间的锻炼之后，积累丰富的经验可以在级别上进行提升,从普通专员到主管,再到经理;在现实的企业当中,很多时候预算和财务分析都统一在一个财务经理的管理范围内;从长远来看,做好财务分析能对企业的运营问题有深刻的理解,对企业的发展过程中的辅助决策提供重大的财务支持,远期有机会、有空间可升为财务经理、财务总监。

3 报表前报表后岗位

对一个财务实战经验还不是很丰富的财务人员来说，可能对财务的十大岗位还没有太多体会，接下来从另外一个角度来看待这十个岗位，就比较容易理解了。由前述可知，财务的十大岗位分别是：资金管理、应收账款、应付账款、固定资产、费用、成本、税务、报表、预算和财务分析岗位。

从一个特殊的侧面来看，就是以报表为分界线来认识这十大岗位，这样就很容易对它们有感性直接的认识。从职场实战的角度来看，这是比较实用的方法，而众多企业在设置财务部的岗位、财务部的组织架构的时候也是按照这个思路来完成的。很多参加财务工作的朋友去面试的时候，面试官会询问面试者负责的是什么岗位，做什么内容，如果采用这种思路去解释，那面试官会觉得你对财务的理解还是比较深刻，非常清晰的。

分类是为了更深刻地认识讨论的对象，而分类的依据是这种分类是否容易被理解和接受的关键。对于财务这个职业来说，最重要的工作成果就是财务报表，因此按照工作的完成顺序，在财务报表完成之前的岗位有：资金管理、应收账款、应付账款、固定资产、费用、成本、税务岗位；报表会计（或者主管、经理）负责完成财务报表；而在财务报表出来之后，就是财务分析，预算则有更高的要求，需要对财务的所有内容都非常熟悉才能胜任，因此从范围上讲，预算和财务分析同样是覆盖全部财务内容的，归成一类，同属报表后岗位。因此，以财务报表作为分界线，可以把财务岗位分成两段，即出具财务报表前的工作和出具财务报表后的工作（见图7-2）。

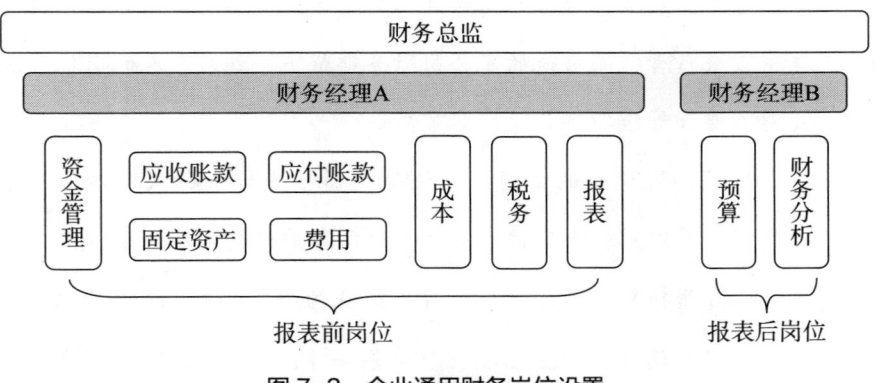

图7-2　企业通用财务岗位设置

从企业的实际情况来说，一般都可以按照报表前岗位和报表后岗位来设置财务部的相应岗位，但是由于企业的业务内容不同、规模不同等原因，可以根据具体的情况设置相应人员。

譬如，对应以上岗位，某企业每个岗位设置一个人，那么这个财务部门就有13个人。当然，具体到每一家企业，根据具体的情况进行调整，譬如，AAA公司业务量不是非常大，可以把财务总监去掉，设置财务经理为部门负责人，并且只有一个财务经理，下面分各个具体的会计人员来管理，一个资金管理，一个应收账款兼固定资产会计，一个费用会计，一个应付账款兼成本会计，一个税务，而经理本人兼着负责报表、预算和分析。这样一来，同样的财务功能，人员精减为6个人，同样能覆盖所有的财务工作内容。

对于某些大型集团来说，由于建立了财务信息共享中心，其实就是把各家子公司当中的资金管理、应收账款、固定资产、应付账款、费用、成本、税务等岗位的工作全部统一到总部的财务信息共享中心来负责，而当地的子公司财务部留下一到两个人的岗位，负责财务综合管控即可，效率非常高。

当然，规模大的公司，或许每个岗位安排一个人还不够，会出现多个人做同一个岗位，那么整个财务部门就远不止13个人了。譬如，费用报销的业务量大，费用设置两个人；税务的情况比较复杂，可以再设置一个主管带一个税务会计；成本核算也比较难，按照产品不同，分给两个人去做；而资金管理内容繁多，也可以分给两个人做。这样一来，总共就要17个人。照此类推，如果业务更复杂，人员会更多。

不管公司的情况如何，从财务岗位的工作内容上来讲，架构设置都适用十大岗位的分类方法。

4 研发类管理类岗位

之前所讲的财务十大岗位内容，比较适用于具有实质性业务的公司，而对于现代化管理的大集团公司而言，集团内部有很多执行实质性业务的子公司，集团总部的定位是统管所有子公司的服务功能。集团公司总部的作用在于对整个集团提供战略规划，对外业务拓展以及对内管理模式、体系架构、文化宣导等方面进行统一的协调。针对财务的功能而言，集团公司总部的财务工作会对集团内各公司提供在会计准则、税务、资金、预算、财务分析、信息化、内部控制等方面的支持。由于集团公司的业务规模庞大，经常出现跨地区或跨国的业务，因此在财务体系内的各个领域都需要强大的操作上的支持，而这需要有强大的财务理论研究能力。在集团总部，除了合并统计集团内各公司的报表之外，还有一些研发类的岗位，通过财务理论与实际业务的研究和开发，生产可运用于各集团复杂业务的财务政策、操作方案。

从总部的财务功能出发，具体可以有这些方面的研发类岗位：会计准则、税务、资金、预算、财务分析、信息化、内部控制等（见图7-3）。对于一家集团公司而言，有时候并不能做到同时具备这么多方面的研发能力，当面临复杂业务，集团内部又没有足够的研发智囊足以给出解决方案的时候，通常需要委托外部咨询公司对业务情况进行调研，然后由咨询公司给出具有解决方案的咨询报告。不过，现实当中诸多大型企业的总部从过去大量依赖外部咨询机构逐步开始转向内部培养研发类智囊团，以解决各种复杂业务在财务领域的问题。

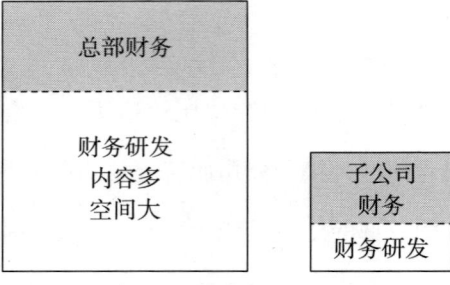

图7-3　财务研发示意图

对于集团内部研发而言，研发类岗位对专业技能和业务实践经验的要求非常高。通常来说，一方面，具备财务理论研究能力和实战经验的人会成为此类岗位的首选要求；另一方面，研发类岗位也需要一些跨行业、跨专业的综合性研究人才，相应地这些岗位的收入水平也相对会高一些。这些研发类岗位，会按照总部的级别要求，设置主管、经理、总监或专家职位。而从财务人员的个人职业发展角度来看，从总部的研发类岗位，走向子公司的实际业务管理岗位，或者从子公司的岗位脱颖而出到总部从事研发类岗位，都是可以走得通的职业发展路径。

从现实来看，集团的总部会有比较多的机会需要研发类的财务岗位，那么具有实质性业务的子公司是否需要这些研发类的岗位呢？当然也需要，只不过机会比较少。在一个具有实质性业务的公司里面，出现最多的职位是基层职位，就是依照既定的流程来执行，不需要太多的判断和变通，不过也不排除公司会出现新的业务，那么这个时候往往就需要公司内部的财务研发人员来解决问题、安排培训。但一个具有实质性业务的公司是否值得为了应对偶尔出现的新问题（难题）而常年拥有一位或多位研发类的财务人员呢？答案通常是否定的。

在具有实质性业务的公司（或集团的子公司），从一般的工作实践来看，大部分内容是既定的，少量内容是需要改进、改良或创新的，因此真正特别高深的财务研发工作很少，财务研发类人员在这样的公司当中其实难以发挥出真正的作用。

在一家具有实质性业务的公司（或集团公司的子公司），基本情况是管理类的岗位兼具有一定的财务研发内容，当出现复杂业务的时候，财务的管理者需要对这个难题进行解答，当然管理者如果自己不能胜任，那么他会动用资源来解决，或者与外部的咨询公司合作，或者获得集团公司总部的智囊支持，偶尔出现的难题就可以解决了。那么，在此类型的公司工作，对于财务人员个人的职业生涯实战而言，从收入的角度讲，更值得推荐的职业上升通道，应该是争取晋升，从简单的操作执行岗位跃升到管理类岗位当中去。

从研发类和管理类的区别可以看出，如果在财务专业技能方面朝着高深的方向走，在总部可能有更大的用武之地；而对具有实质性业务（或子公司）来说，长远地看应该朝着管理类的方向走。

Part 8

财务的发展模式

1 财务职业发展模式

2 物以类聚人以群分

3 财务要走自己的路

4 职业发展五大羁绊

5 职业发展艰难抉择

6 职业发展事在人为

PART 8 财务的发展模式

虽说都是财务人员，从事财务相关工作，但是每个人的成长经历、家庭原因、价值观、自我认知等诸多因素并不相同，所在公司的环境、文化氛围、流程规则也不相同，因此，纵观财务人员的职业生涯，每个人的发展从细节上看并不一样。

每个人的发展都建立在前人的基础上，譬如，一个新入职的财务人员，必然是在原有的公司流程规则的基础上展开工作；而一个处在职业发展迷途的财务人员，也会参考工作经验比较丰富的前辈的一些工作心得。总之，你参考我，我参考他，他参考另外一个人，是人的发展过程中的共性。当然，这有好处，可是也有坏处，好处就是听听看看，吸取别人的经验教训，避开职业发展的大坑；但坏处是，四处传播的信息容易失真，而每个人自己的观点又受到个人因素的影响，若经验不足会陷入混乱，并且职业经验有深有浅，其他人的表达有虚有实，更让参考价值变得无法定论。

其实，职业发展没有具体的清晰的标准答案，每个人发展细节确实因人而异。但是总体来看，很多人的发展过程却极为相似，这是因为背后有职场发展的规律性在左右着，区别只在于当事人是否能察觉。有规律，但也需要发挥个人的主动性，有困难，但也有解决问题的实战技法。

为此，通过对财务职场特性、财务工作内容、财务人员特征、财务职业发展的人生羁绊、个人在面对困难时的主动性等诸多因素的综合考量之后，将不同财务人员的职业生涯进行归纳总结，以相似性的规律呈现出来，便可看出财务职业的发展模式，这将有利于财务人员规划其职业生涯。

1 财务职业发展模式

说到发展模式，可以有很多参照物帮助理解。

比如花的品种很多，正如人和人的差异，但是花开各有各的季节，各有时间长短，相差较大，不过同一品种却相去无多，人的发展也如此。不论地域，不论美丑，甚至不论学识，总有那么一群人在发展模式上体现出高度的相似性，而这正是讨论职业生涯的重要意义之所在。当了解过不同人的发展模式之后，第一，可以学习某种模式以发展自己，第二，可以识别其他人的发展模式，而发展模式最终体现为人在职场中的想法、做法，这是关系到每个工作细节的具体事项，看似微不足道的细节但意义重大。

在职场当中，有时候要花很多时间和方法去了解一个人的真实想法，有时候根本无法了解人的具体想法，只能靠推理，甚至靠感觉。而如果可以多了解一些财务人员的不同发展模式，那么在日常的工作细节当中，对某个人的把握就可能可以更贴近真实的情况，而这将非常有利于职场中的管理和合作。

讨论发展模式，在每个人就业伊始就争论不停。到底是去大公司当普通的员工，还是去小公司担任较高的职位，这是"鸡头凤尾论"。类似的还有，是去外资企业发展还是选择民营企业，要不要辞职考研，是不是必须拿到某个证书才能找到好的企业平台，是先去做两年审计再转财务还是一直在企业做财务，是坚守大城市还是回老家中小城市算了，甚至有关晋升问题是主动提出还是默默等待，等等。

　　发展模式取决于人的做法，成熟的做法是先有想法而后行动；了解各种不同的发展模式有利于规划自己的职业发展，也就是先了解一番然后想一想，毕竟人无远虑必有近忧。

　　财务这个职业具有一定的平台特性，专业技能必须在具体的平台上面才能得以发挥，而将自己投入到平台上去发挥能力的时候，同时也在积累经验，因此平台对财务人员的重要性首当其冲。一直在谈平台特性，但是"平台"二字有非常丰富的内涵，至少包括平台的规模、平台的流程、平台的管理架构、平台的工作风格、平台的发展空间等因素。对于财务人员而言，更需要重点关注的平台特性是：是否有发挥的机会和是否能积累到经验。这两点几乎是所有财务人员在达到职业上知足常乐的状态之前所追求的直接目标。但是，当某个人去一家新公司报到入职之后，真的就能轻松实现这个目标吗？探讨职业发展，落到实处，与职场人士直接相关的就是这两点了，如果说其他还有很多条件，如证书、学历，甚至相貌等，只是影响因素之一。

　　从职业实战的角度看，这两点确实不容易被察觉，更不容易实现，可以说是职业发展的痛点。是否能发挥自己的才能和是否能积累到经验，相辅相成，互为因果。具备一定的经验，才能获得某种机会，去某个平台发挥自己的才能；而在某个平台上发挥才能的过程，又能为自己积累到新的经验。

　　发挥才能如何实现？以一位新入职的财务人员来说，他肯定是"过五关斩六将"，才获得了职位，这已经足够痛苦了，进入公司以后，就是过关斩将的新阶段了。对于公司来说，新入职的员工受关注的程度应该是接近于零，在这家公司的经验值也是接近于零，获得发挥的机会仍是一个不确定的因素。开始工作后，相关人员在盯着你的工作成果，你若是普通员工，那么上面有主管；你若是主管，那么上面有经理，下面有普通员工；你若是经理，那么上面有总监，下面有主管；你若是总监，那么上面有老板，下面有经理，周围的相关人士都在盯着你。

　　正因为获得发挥能力的机会不易，所以内部竞争从来就没有停止过。新入职的员工，从第一天开始就会参与各种或明或暗的竞争关系。那什么情况下能获得发挥能力的机会呢？一般来说，每个人对自己的本职工作，做上三个月到半年就会熟悉得几乎闭上眼睛都能做完，但是当你熟悉了一年之后，你还是会不断地被要求做各种重复性很大的事情，这也是合情合理的，毕竟公司给你付工资报酬，而员工不可能一直要求接触新鲜的工作内容。从宏观的角度讲，公司雇佣员工完成任务给付工资，天经地义，好像二者是很稳定的合作关系，可是人毕竟不是机器，每个人在完成每天工作的同时也会产生对未来的期望，对当前状态的感受，与人合作所产生的情绪，等等，这些都是隐藏的但确实存在的不稳定因素，从这个角度看，公司与职员的雇佣关系只是一种暂时稳定的动态平衡而已。从个人的角度讲，永远存在自己心里期盼的职位、工作的状态和工资收入，也就是每天生活中看到的比自己所处的更优越的状态，这是每个人很自然而然的感受，对于个人发展来说是正面的动力源，只不过对公司而言，是不稳定的因素。

什么事情都要分两面来看，一面往东，一面往西，一左一右，一上一下，如此类推，工作也是这样。进入某个岗位的平稳期之后，人们就开始念着什么时候能涨工资、什么时候能有更大的发挥空间，而只有进入职业发展上知足常乐的状态的人才会满足于手头的工作，因为他们的侧重点可能已经转向生活的其他方面了，但是到了那个职业发展的满足状态，人们可能又会希望减少工作量，让自己腾出更多的时间精力去做一些工作之外的事情。不论是正处在追求职业发展的状态中，还是已经满足现状的知足人群，其实都对正常的工作有心理上的额外期望。因此，一般来说，追求职业发展的人需要寻求机会多做一些事情，而知足的人会寻求机会推掉一些工作内容。对于达到知足状态的人来说，基本已经处于人生的长期平衡状态，在此便不讨论其追求职业发展机会的情况了。

对于这些在职业发展上有所追求的人，究竟应该如何寻找到新的机会，以发挥自己的能力，并同时积累经验，这是有很多前置条件的，而其中最重要的一条可能是获得领导的信任，而因为领导也是人，所以他总会有所偏好、有自己的工作风格，这为职场的人们把握职业发展机会提供了可靠的参考标准。谈到这里，可能有人会说，原来转了一大圈，得出的结论是"拍马屁，博得领导的欢心"。此言差矣！千万要记得，职场工作，获得新的机会和发挥能力的空间，取得他人信任是一个重大前提，要学会获得领导的信任，但获得信任并不等同于"拍马屁"。从给予新的发展机会的角度而言，领导可能会信任专业技能特别强的人，也可能会信任专业技能不强而沟通能力较强的人，但是，如果你的目标是在职业上有所发展，那么领导可能不会把发展的机会留给知足常乐的人，通俗地说，准点下班、办事拖拉、推托任务、八卦不断的工作风格，可能会被领导列入"职业发展已经知足"的特征。相反，争抢工作、积极主动、乐观向上、承受压力等特征可能更容易获得领导的信任。个人的职业发展过程中，应当重视这些具有一定普遍性的规律，形成个人职业发展模式时须一定列入考虑范围。

假如有完全不同的十个人（尽管在职场当中，大家千差万别，此处举例之用），由于对职业发展的不同认识，加上其他的譬如个人素质、自我认知等条件的影响，那么各自会有不同的发展模式。但是，当处于不同的职业状态的时候，这十个人不一定能很好地认识到由于自己对发展模式的认识稍有不同而导致的发展结果有差异，因为形成发展模式的影响因素确实太多了。

那么，究竟如何认识发展模式的本质呢？在这里要提出的一个重要问题就是，抛开自身因素的影响，在职业发展的过程中，如果你是一个对未来的职业进步有所规划和想象的人，那么对职场发展模式的规律必须有清醒的认识，这个认识就是接下来要详细描述的，来源于上面所讲的获得上司的信任。一般来说管理性质的职位工资收入高，那管理的难处在哪里？或者说为什么管理职位就能拿高工资？管理从本质上说就是管人，而在职场中，管人的过程一般就是上司管理下属，下属的正确做法就是：对上获得上司的信任，对平级同事处理好合作关系。职场当中，对一个没有带领下属的职位来说，该工作关系就是处理好与上司和平级同事的关系；如果是一个有带领下属的职位，那就是处理好与上司、平级同事和下属之间的关系；如果是一个没有上级的职位，那就需要处理好与平级和下属的关系，但职场上不需要上司的岗位很少。每时每刻都是这三者或者其中的两者在与你发生关系。谈到晋升，谈到职业发展，这属于职位上的升迁。因此，职业的发展模式的重点在于获得上司的信任、下属的支持，并与同级同事保持好关系。而在现实当中，一般来说，获得上司的信任最为重要。虽然说"水可载舟亦可覆舟"，但是在职场当中，上司的意见的重要程度相对比较突出，这是一个现实问题，有其合理性，从来都是上司给下属做业绩考核评估，很少有公司让下属来决定上司的业绩情况，这可能是天然的职位权力所赋予的，也是职位之间人的技术积累、阅历、经验等综合能力的差距决定的，公司里面会天然地认为上司在综合能力上比下属更胜一筹。这也是为什么职场当中，人们总是担心"我做的事情领导根本看不到"，但是这种担心其实也没有必要，因为领导观察你的工作情况，并非采用你观察领导的方法，没错，观察也是一种能力。你可能以为必须通过某个表格、某个报告才能让领导了解你，但其实不然，领导观察的办法有很多，甚至可能超越你的认知。譬如，看你一眼的时候就留下印象了，还有某次会议中你的发言，某次你与其他同事的沟通，你在某个项目上经常加班的情况，你向他单独汇报时的表现，给你分配的任务得到的回复质量和实效性，甚至一起出去旅游的时候几句看似不经意的聊天，等等。

获得上司的信任，绝不仅限于工作内容本身，有的人工作质量很高，技术观点很新颖，但依然不能得到上司的信任。或许你技术能力很高但是你对上司的态度不是很谦和，那么可能会被上司归类为"一个技术能力强悍的人确实应该完成公司的技术难题"。除此以外，可能就没你什么事情了。而另外一个人技术能力并不那么强，却在综合表达、沟通与汇报态度上非常到位，那么领导可能会将此人归类为"综合处理能力高，我跟他沟通很舒服"。而这两个人的合作关系很可能会是：让技术能力强的人将工作难题攻克后，移交给综合处事能力强的人，并让后者进行详细解析（解析比攻坚技术难题可要容易多了），后者再以上司认可的表达方式呈现给上司。这是一个非常常见的职场三角关系。而这里面有几个重要的关键点是：这种财务类的技术内容具有非常简单的可复制性，譬如一套文稿、一个表格、一个模型等。从技术上看，难度最大的环节应该在于首创这些技术内容，而当这些资料被移交给第二个人的时候，后者将非常容易上手，也就是"站在巨人的肩膀上"。从这个角度看，技术性工作内容质量高并不一定能获得上司的信任，换句话说，某个人得到了上司的信任，上司可以把一些相对复杂的已有工作成果交给他来处理（学习），接触者非常容易就能提升技术水平；而对于未得到上司信任的人来说，往往没那么容易获得这种技术资源，或者会被归类为开发创新新技术资源的一类人，然后其开发的技术资源将被上司使用或者可能会传播给其他受上司信任的人。总而言之，职业发展当中的一个非常重要的关键在于获得领导的信任，而专业技能的学习往往难度并不是那么大。简言之，得到上司的信任之后，事半功倍。

讨论了这么多，发展模式的重点在于你是否知晓上司对你的能力类型的归类认定，而这个归类确实来源于你的表现。你的行为强化了上司对你的认定，而上司的认定结果可能就会决定你的职业发展。当你强调自己的技术能力的时候，需要做非常多的实际技术工作，而当你强调自己的软实力的时候，自己的软实力就得以发挥。从现实的职场来说，任何一家具备实质性业务的子公司（这里是相对于集团公司总部来说）对高技术能力的需求都显得比较少，譬如，一个有 20 个人的财务团队，可能仅需要 1~2 个技术能力高超的财务技术人员，便足以满足公司对财务流程、财务表格、财务制度等技术内容的需求，其他人照着开发设计好的规范、指南进行操作就可以了。而处于管理者角色的岗位相对于技术专才来说会显得比较多，按照有带领下属便属于管理者角色的标准来看，20 个人的财务团队里面，一般有 8 个带领下属的管理者岗位，这些人或多或少会负责部分操作内容和管理工作，而纯粹负责实际操作的基层职位的员工应该在 12 个人。从收入模式上看，当然这 8 个带有管理性质的职位要比其他纯粹负责操作的职位的收入要高，而且管理层次越高，工资收入的上涨幅度越大。

职业发展落实到职场当中去，就是岗位的变迁，管理层次的变化，最后是工资收入的增减。从这个角度看，除了获得上司的信任（信任的点很多，要看自己的能力和对自己的定位，就是以什么样的素质获得上司的信任）之外，现实的财务职业发展就是从纯粹的具体操作转变为半具体操作半管理，从大部分操作小部分管理转变为大部分管理小部分操作，直到最后只管理不参与实际操作的中高层。

对职场发展的重点环节有足够清晰的认识之后，再回过头来看这些会决定不同发展模式的选择："在一线城市发展还是回老家三线城市""是去大公司做普通职员还是去小公司当领导""是不是要主动提出晋升"，这些问题回答起来就显得比较简单了，因为决定你职业发展的是你对发展模式的认知和选择，而不是这些形式上有所差异的问题。简单说，不同公司都会面临相似问题，而在一家公司掌握的综合职场能力，在其他公司也当然适用。因此，很多具备了一定经验的财务人员，可以在不同城市之间转换工作，也可以在不同行业之间转换工作，难度并不大（问题是值得不值得去换，符合不符合你对未来的想法，匹不匹配你的职业发展模式），甚至有些大型的上市公司高层管理人员，也可能会换到一个新的行业和领域重新担任高管，完全没有问题，这就是所谓的"一通百通"。

因此，发展模式的本质是相通的，只不过由于个人的因素，以及对发展模式本质的认知程度不同，让每个人的具体的发展情况出现了大同小异的区分。实质上，无论你目前的实际情况如何，只要按照这个思路去理解发展模式，便可重新拓开一个新局面。

2 物以类聚人以群分

从前述内容可以认识到人的诸多发展情况，除了自身的因素之外，比较重要的是对发展模式的认知程度。而对发展模式有所认知之后，接下来要认识的是在财务职场当中形形色色的人。有的朋友可能觉得奇怪，我一个学会计、财务的人，怎么工作之后变成要认识人了？先简单提醒一下：在会计、财务的工作的过程中，周围都是人！

人是非常复杂的智慧生命，越复杂越值得探索，获得与人相关的规律越多，在与人相处的职场当中能发挥出的能量越大。有人说："鸟儿不懂空气动力学，照样翱翔四方。"但是，其实，"你不是鸟，你怎么知道鸟儿不懂空气动力学？"不要用人的眼光去推测鸟儿的想法。如果把类似的情况放到人身上，可能有人会说："没让你弄懂，不懂能干会干就行，至于为什么能这么干、要这么干，没有必要想这么多！"这句话听着特别像"叫你做就做，你别问那么多！"，这不就是在职场当中领导对下属经常讲的话吗？但是，作为问为什么的下属，说实在的这话听着心里好受吗？这里面隐藏着一个管理上的秘诀：力图保持下属不懂，上司便拥有知识和经验上的优势，而当下属无法打破这种优势的时候，他便更容易变得顺从，让下属感觉到"我真的是无力反驳啊"。这当然也适用于财务职场，并且可能也是大家司空见惯的。懂和不懂的差距有点大，除去自身的学习欲望和理解能力之外，很多时候就是经验技能的保密问题了。工作内容、知识和经验可以统称为信息，领导对重要的信息只会向受到信任的下属传播，而下属接收了信息之后，一来丰富自己在工作、知识或经验上的认知，提升自己；二来需要完成领导安排的工作，满足领导对工作的要求，这是最常见的上下级合作模式，前提就是上司得信任下属。不过，在现实社会中，不同公司有不同类型的领导，而下属鱼龙混杂，各种情况都有。譬如，有的领导在传播信息的时候，连吼带叫，让下属必须按照自己所讲的内容来操作；有的领导可能是轻声细语大概说说，相信下属自会有解决细节问题的办法；有的领导顺便请下属吃一顿饭，安慰两句让他加班；有的领导只需发个邮件，什么都不必多说下属就能做完，其实，上下级相处的方式非常多。

当下属对领导掌握但自己并不掌握的工作信息、管理模式，或为人处世等方面的内容有诸多期待的时候，下属和领导的合作是相对顺畅的，下属以获得领导的信任为前提，行为处事比较到位，而得到的是信任和在职场工作中自我成长的机会和空间。但是，当两者势均力敌，或领导的综合能力与下属不相上下的时候，下属可能就不那么"听话"了，上下级之间的信任关系就比较容易破裂。从这个角度讲，领导通常会控制好自己跟下属在工作处理方式、为人处世、管理模式、重要工作信息传播等方面的距离。当一个下属的学习能力、领悟能力极强而侵犯到上司的"信任安全线"的时候，上司的内心是比较"惊慌"的，站在领导的立场来理解就是："他要是比我还厉害，我还怎么管得了他？"站在客观的第三方角度看就是:"此人功高盖主,再不收敛恐酿成大祸。"职场上的信任是诸多方面的综合感受。因此,在职业发展的过程中,要非常注意"物以类聚,人以群分",认识清楚你的领导、你的上司、你周围的同事,还有你的下属:对下属管理到位,对平级关系得体,对上级能持续获得信任而不逾越界限,这也是为什么很多聪明的职场人,对自己的职业发展有所求的时候,行事低调、默默成长,逐步掌握住重要的工作内容,积累管理经验,但是从表面上看并没有突破周围的人包括领导的"信任安全线",让周围的人感受不到"威胁"。

由于之前讨论过职场发展模式,与上下级之间的关系极为密切,下面会对职场当中容易出现的情况进行分析解释。

在职场当中,金字塔形结构普遍存在。众所周知,不管是公司整体,还是公司内部的部门,从宏观上看,职工的综合能力结构、工资收入水平,工作复杂程度,承担的风险程度,人生阅历水平等因素都呈现出金字塔的造型,即:级别低的人员,这些因素水平相对较低;相反,级别高者,这些因素水平都相对较高。但是,按照级别从低到高,人员的数量总是从多到少,级别越低,员工数量越多,级别越高,员工数量越少。

譬如,一家公司中某部门有20个人,总监级别就可能只需1个人,经理2~3个,主管4~6个,其余10~13个人是普通职员。这是一个简单的金字塔模式,那么对于普通职员,在综合能力、工资收入、工作复杂程度、承担的风险,人生阅历等水平相对较低,然后从主管、经理再到财务总监，水平会越来越高。譬如从收入的因素看，一个财务总监假设年薪50万元，而普通的员工可能年薪是5万元，财务总监所承担的工作复杂程度和风险会相当高，而普通职员的工作内容比较单一，基本上按照既定流程做完即可，这是现实中常见的职场金字塔模式。

那么，管理型的职位相对来说会有较好的收入空间，而在"财务职业发展模式"中已阐述过工作技术内容是比较容易在不同人之间流传和学习的，管理者对下属都有一定的"信任安全线"，等等，当面对这些客观存在的规律性时，很重要的一点是，识别清楚各种领导的类型及其行为模式，对职场人士的职业发展非常有好处，对获得领导的信任有极大的帮助。而在职场中，获得信任是开拓一个新的发展空间的重要一环。

职场上的管理者有多种类型，有人喜欢下属顺从听话，有人不介意下属持不同意见，有人利用别人的劳动成果来丰满自己的羽翼，有人对上顶礼膜拜对下恶语相向，有人作为高层管理绝不与基层员工沟通，有人常常注意并在基层中物色可靠人物加以培养，有人性情高冷对下属比较苛刻，有人平时大大咧咧喜欢与下属打成一片，有人常年不吭声只用眼神做交流，有人表面笑眯眯背后搞小动作，等等。

识别职场当中领导的风格之后，距离获得信任便更近一步了。每个管理者的风格差异，导致他们在管理下属的风格和做法上差别也很大，因此他们所信任的下属在行为表现上也很不一样，但是对于职场人士来说，须努力读懂种种行为背后的原因，才能真正把握到领导者的风格类型。当然，读懂并不是为了揭穿，而是为了趋利避害。

　　了解领导者的风格和行为需要多关注细节，譬如有的管理者属于话少，声音低，与其面对面讲话的人都要集中十二分精神才能听清，这是为什么？可能有一部分原因就是此人注意保密自己的语言内容，不想让其他人了解到他的说话内容，可能防范心理比较强，而下属需要配合这样的领导风格和行为，需要做的是谦卑地讲出所有内容，表现态度诚恳，以消除他的戒心。有的管理者声如洪钟，气运丹田，讲话的时候隔壁屋都能听见，这可能是在宣示自己的权威，表达自己的主见，需要下属服从，震慑其他人，你要表现勤快，有错则认错，正确则保持，让他感觉到已经把你震住了，服从管理。有的管理者对其他人讲话怒目相对、言行粗暴，但对你却轻声细语毫无敌意，可能他很欣赏你的做法，你就继续好好表现，千万不能过于着急，否则一旦他认为你具有进攻性，信任可能会破裂。有的管理者看起来对所有人都一样，平缓而安静，但你可以从他的做法（譬如讲话、文字、对某事的处理方法等）了解到他更欣赏哪一种做事方式。有的管理者对每个人讲话都不一样，那就需要了解到底什么样的做事方式比较能获得管理者的欣赏，他偏向于照顾谁，谁的行为模式可能比较值得推崇，这也是与领导走得近的延伸，有人能与领导走得近，那么你与此人走得近或参考他的行为模式一样能有所获……

类型很多，是否能找到应对的方法，一方面在于是否观察到位，另一方面在于是否能找到行为背后的着力点。当然，穷尽所有的类型是不可能的，这里提出这些类型的意义在于，总体看来，不管是什么类型，管理者的风格会慢慢渗透到他的下属团队当中，久而久之，经常出现的情况就是一个部门领导的风格，几乎就代表了整个部门的风格。一个讲话轻细的领导，下属团队讲话也是轻声轻语，办公室里可谓针落有声；而一个中气十足、玩笑开不停的领导，下属也都是大声讲话开玩笑的好手。

种种领导风格和背后的含义，以及下属们的应对方式，长久地看就会形成大一统的风格，也就是"物以类聚，人以群分"，到这个阶段，就比较明显了，呈现出一群一群地分出来的结果。如果是一个新来的领导，那么原来的团队必然有一个、两个，或几个不太适应新领导的管理风格的，这当中或许有人属于强烈反对而格格不入的，那么杀鸡儆猴的戏就会开演，而领导会以较快的速度让风格有差异者收敛、改变或离开团队，而这对其他人有很强的警示作用：服从新领导的风格是多么重要。而当又有一个人跳出来反对的时候，又会以类似的方式使其离开。当然，每一个职场当中的团队成员都处于动态平衡状态，很少出现整个团队一致反对新来的领导的现象，因为领导也懂得只挑少数人来做典型案例的道理，因此随着新领导的风格逐渐明朗，团队当中的成员又会采用上一段描述的方式，逐渐适应，在不久之后，新的管理风格形成了，人以群分的现象又出现了。

从职业发展的角度而言，往往新领导上任，是下属团队成员的发展机会，有心于职位提升的人，应尽快进入适应新领导的状态，会有更大的机会获得信任，而如果不懂得这种"人以群分"的道理，那么往往容易被这种新风格所排斥。在职业发展的道路上，如何获得上司的信任，包括理解团队当中的领导风格非常重要，而这里面的细节，需要大家在日常工作中尽心体会，好好实践。

3 财务要走自己的路

把对职业发展的理解落实到对管理者的关系和企业管理者的风格的解读上，是追求职业发展的行动细节。职业发展是建立在一个个细节的基础之上，而不能局限于对宏观理论性的把握，不用于实践的理论认识是很难在个人职业发展上发挥实际效用的，对于财务的职业生涯发展更是如此。人各有志，每个人的自身情况不相同，财务职业发展的模式之多，领导风格之差异，财务人生便体现出多种多样的可能性。

很多人常常陷入财务生涯发展的迷惘之中，特别是当自己尚未掌握什么技能，也没有足够的阅历去认识自己及周围的人际关系的时候，犹如睁眼瞎一般，双脚不敢往前迈，也不能识别方向在哪里，久了就会对职业前途产生恐惧，甚至有些客观上还比较适合做财务工作的朋友会被吓得逃离这个职业，其实，遇到种种类似的职业发展问题，都有一定的解决方法，周围的朋友、同事、家人不一定了解财务职业发展的道路，给出点意见听听可以，但如果要采纳的话必须言之有物才成，否则，从现实出发误听会引发误想，误想很快可能会误判，职业发展本来就非常倚重职业判断，误判对于一个财务人员的职业发展来说，有时候真的伤不起，后果比较严重。往小了说，可能小误判导致走弯路一两年，还能补救，如果是大误判，那可能误终生。大部分的财务人员在就业过程中，缺乏对职业发展的深度认知，路其实很多，办法也很多，道听途说不如好好学习财务职业生涯实战的内容，走出自己的财务发展道路。

有人说："哎呀，做财务就是忙啊，天天加班。"真是这样吗？当然不是，君不见很多公司的财务人员从来都是准点下班的。

有人说："做财务就是非常痛苦，钱少事多还有风险。"也不是这样，很多公司的财务人员是钱不少事不多风险也不大。

有人说："要考到很厉害的证书我才能去找大的平台，否则我去了肯定没戏，财务这个职业有证书歧视啊。"其实根本不是这样，很多大平台确实更重视能力而不是仅凭证书论定终身的职业发展。

有人说："做财务的都不肯教人，问什么都不说。"当然不是这样，有很多人就碰到过很喜欢教下属的领导。

有人说："做财务十年也升不了主管，每天就这么耗日子了，还能怎么办。"也不对，有很多人三五年就胜任主管、经理，当然不是梦。

有人说："高学历就能拿高工资，我要裸辞去考研究生，读完就能拿高工资了。"这更不是了，有很多本科、专科学历背景的财务高管，也有很多研究生的工资并不怎么高。

……

对于财务人生，抱怨者比比皆是，无法穷尽。但是，这些处于不满和抱怨状态的职场人士,他们真的懂职场,懂得职业发展吗?当然未必!换一种思维,如果一种观点是很符合职业发展之道的,这些抱怨者为什么会那么容易将"真正符合财务职业发展之道"的秘诀采用抱怨的口吻来描述呢?这在逻辑上讲不通嘛。

由于职场金字塔模式的存在,因此大部分人处于基层的工作状态当中,难免看不明白很多现实问题背后的本质原因,看不明白职业发展之道的秘诀,因此不满和抱怨在基层团体中出现最多。随着在企业中的层级越高,不满和抱怨越少,可能有的人会说工资高了当然不会抱怨,这样说又有失偏颇了,因为一个人是综合能力先提高到那个层次,然后才能获得相应的工资报酬,而不是反过来。理由很简单,如果随便给一个基层员工定百万年薪,他真的可以立刻表现出百万年薪该有的知识、经验、阅历、判断力、承担风险的能力吗?答案是很明显的。

由于认知不同,想法不同,行动有异,财务人生的表达方式、表达内容也完全不同。因此,对于具体某个财务人员来说,若想获得职业发展上的进步,应该学会独立判断,先了解职场,再了解发展模式,然后将综合实力、综合素质较高的人列为引导的模范,学习各种职场实战技法,最终要走出适合自己的职业发展道路。

每个人的人生都是不同的。从来没有一模一样的人生,但社会中、企业中、职场中总存在一些有效的职业发展之道,因此财务工作的内容虽然很多,发展模式虽然很多,但本质原理其实一直摆在那里,不一定所有人都能有如此的体会,体会到的人不一定都懂得如何去付诸实践,付诸实践者不一定能控制实践的过程,控制得了过程不一定能得到预期的效果，得到预期效果的不一定能守住成果，守住成果的不一定能在新一轮的实践中继续取胜，下一轮取胜者不一定能无往不利、战无不胜。

财务人生的道理很重要，但是从获知道理到获得期望成果，再到每次都达到预期的愿望，这是需要个人在现实中非常努力去体会和实践的。从财务人生的角度讲，不同的人在职业发展的过程中，需要明确比较普遍的认知：

- 财务的职业发展能力有两方面："硬"的专业技能和"软"的无形实力。
- 财务职场的特性决定了，长远来说，对个人发展更有利的是偏管理的岗位。
- 财务职场当中的管理模式并没有准确一致的标准答案，关键在于是否能识别出具体的管理模式，并适应之。
- 财务职场的客观复杂性和个人的发展模式决定了：提升个人专业技术的同时提高"取信于人"的能力非常重要，而个人的职业发展很大程度上取决于是否掌握了"获得他人信任"的综合能力。
- 让上司信任你的时间一般不会超过两年，而经常是一年之内就有成效，前提是你得具备足够的认知，能适应上司的管理模式，还要坚持做，并做得足够好。
- 别以为财务职业上的成功人士都离你很远，其实你身边就有这样的同事和领导，大胆向他们学习，不一定是口头和书面的请教，也可以是观察和体会。

• 家庭和事业可以兼顾，而且处理家庭"麻烦事"的同时也能让你逐步完善自己，提升自己。

• 财务人员在职业发展上若有较大的志向，应尽早建立和培养独立的认知、独立的判断力，因为随着职位越来越高，能帮到你的人会越来越少，而面临需要依靠自己的独立认知进行独立判断的事情会越来越多，并且风险越来越大。

……

最后，本书其他章节中也有很多实战技法，有助于财务实战，可运用到现实的职场实践当中去。

4　职业发展五大羁绊

社会上企业众多，职业更是五花八门，职业里面又分岗位，岗位又分级别，职业发展就是在如此精细的分类下进行的。在某个具体的发展阶段下的职业就相当于站在"某个细分职业里面的某个级别的某个岗位"的小格子上，如果不是单看这个状态下的职业，而是看长远一些，看五年，看十年，就是某个人在这些既定分割好的各个小格子里面跳过来跳过去，职业发展就是这个小格子的变动轨迹。因此，每个既定的小格子都有一些职业的特性，财务是众多职业之一，当然也有各种各样的既定特征。

看看做财务的人们，常常会有什么表现，他们往往会说：

"做财务，赚钱难，熬个五年也没有办法升职。"

"做财务，辛苦命，工作烦琐，责任重大。"

"做财务，看谁坐得住，熬不下去那就离职呗。"

"做财务，很不自由，准点打卡，全程坐班，不得动弹。"

"做财务，做会计的，人满为患，一抓大把。"

"做财务，低声下气做奴隶，学点东西不容易。"

"做财务，你不叫，领导以为你没用。"

"做财务，领导有错你兜着，你有功劳给领导。"

"做财务，怀才不遇要受穷，拍马溜须才管用。"

"做财务，要背书，常考试，不快乐。"

"做财务，死气沉沉，有话不能说，有屁不敢放。"

"做财务，心思缜密，心情复杂，心有城府，心情沉重。"

"做财务，眼里都是毛病，别人都有问题。"

"做财务，胆子小，事事谨慎处处担忧。"

"做财务，干着急，皇帝不急太监急。"

"做财务，业务乱成一锅粥，也要学会顺着走。"

……

财务的这些既定特征，往往不分地域，不论行业。对于财务工作来说，在不同行业、不同企业具备本质的统一性。试问，在不同的城市，财务职业特征会有所区别吗？当然会，但是区别极小，几乎趋向一致。

譬如，一个在南方一线城市的财务总监，由于个人的职业发展有变，换了工作到北方当财务总监，照样轻车熟路。放眼过去，财务总监所带领的财务团队中的财务人员都是类似的性格，都有类似的特点，而与团队、职场有关的内容，都能把握住、管理好。有的人可能会说，外资企业和民营企业的财务风格很不相同，所以这两类公司的财务人员应该有很大的不同。这也不绝对！一个人在外资企业做得顺风顺水，职位高升，他当然也拥有能胜任民营企业的综合能力，只不过有时候他可能不愿意去，或者觉得可选的状态下再选择一家外企难度更小，那是个人的职业发展规划，而能简单说这两类企业的财务职业特征有什么特别大的不同，有人可能以为民营企业里"人情债"很多，让人厌烦，难道外资企业就没有？当然不是！这些"人情世故"在有人的地方就会存在，只不过表现形式稍有不同罢了。一个成熟的财务人员，应该谙熟财务的职业特性。

关于职业特性，尽量要学会理解和适应，因为它具备职场的统一性，哪家企业都存在这些内容。除了职业特性，财务人员的职业发展还面临另外一个重大问题，就是各种人生的羁绊。如果说职业特性是职场共有的客观因素，那么人生的羁绊就可能是与自己关系比较密切的相关因素了，属于主观因素。

谈职业生涯实战问题，必然不能仅谈工作内容、专业技能，还必须把生活也纳入讨论范围。虽然人们刚刚来到这个世界的时候，赤条条一无所有，但是随着年龄的增长，人们需要处理各种各样的关系：家庭、亲朋、社交、工作，等等。其实，工作只是生活的内容之一。不过，在现代社会里，工作对于每个人来说，变得非常重要，因为对于大部分人来说生活的经济来源就是工作。从这个角度讲，谈到职业发展的时候，大家必须注意所有生活的细节都有可能会影响工作，毕竟大部分人是通过工作来撑起对所有生活细节的期望。见图 8-1。因此，接下来将讨论的便是财务人生的各种羁绊，它们可能存在与工作或生活中，但并不是非常直接地体现为职业发展所需要的知识或工作经验。

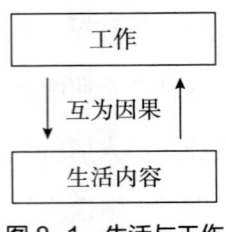

图 8-1　生活与工作

先以一个例子来体会人生的羁绊。某位财务主管在企业工作了 7 年，具备非常成熟的工作经验和技术能力，而在外部人才市场的价值评估中，若此人另找工作，几乎可以求得将近 50% 的工资增长幅度的工作，只是可能需要到另一个城市同样出色的公司工作。虽然工作是人生非常重要的经济来源，但该主管从小在这个城市长大，千丝万缕的亲戚关系、朋友关系几乎都在同城，她设想，如果离开此地，那么很多关系都要重新建立，收入的提升对她来说不足以感受到方便，并且很可能在其他方面要挑战她已经养成的习惯。譬如，她的朋友中有学校的老师，她的小孩经常能得到朋友在教育方面的指导；她的朋友中，有 4S 店的经理，她的爱车每次保养都可以拿到恰到好处的折扣；她的朋友中，有银行的高管，当初就是依靠朋友帮忙争取到较低的贷款利率；她的朋友中，有三甲医院的医生，不仅日常交往中可以获得健康指导，平时聚会还能享受很多养生指点，等等。想着身边这些关系，如果到了另外一个城市，三天不见刮目相看，三年不见可能见面如路人。虽然有可能获得收入的大幅增加，但一切关系都要重新培养，前者有实实在在的计算，后者却无法以数字衡量。因此，单纯从职业发展的角度讲，该主管在当地的良好人际关系成了个人职业发展的人生羁绊。相比较之下，另外一位应聘该职位的候选人，上一份工作也不在老家，换个城市并不会感觉有什么人际关系方面的伤害，单纯从这个角度考虑，这位候选人并不存在什么羁绊的问题。

人生往往并不是完美的，但人们通常难以看到自己的缺憾。难题总是要绑定到具体某个人身上的，如果一个难题离开了某个人，在别人看来或许就是很简单的一个问题了，因此羁绊的问题往往就是主观因素，一个充分的理由就是，其他人所受到的困扰没有当事人的感受那么多，那么强烈。羁绊与具体某个人的主观感受密切相关，譬如，某个问题其实对某个人来说是可以解决的，别人提出的方案也是切实可行的，只不过当事人无法理解，或能理解但无法接受，或能接受但无法执行，那么从现实的角度看这就是个大问题，这个问题就成了他的人生羁绊。

既然有羁绊，就需要考虑是以更好的方案越过去，还是退守，或者转身离开，这是财务人生的一个重大问题。因此，认识羁绊，如何处理羁绊的问题，从羁绊引申出职业生涯实战当中不同的发展模式，便可成就不同的人生。

下面从五个维度来体验人生的羁绊：个人素质、个人健康、个人价值观、家庭因素以及自我认知。

个人素质

个人素质包括很多方面：

能力方面。这是一个变动的状态，这个阶段的能力不一定就是你一辈子的能力。譬如，学习能力，总结能力，交际能力，洞察力，领导力，沟通能力，逻辑分析能力，等等。

行为方面。行为也是会阶段性改变的，但是取决于你的自我识别的水平和进取心。譬如，懒散，大大咧咧，爱面子，举止随意，等等。

态度方面。谦卑，尊重他人，原谅别人，包容心，同理心，等等。

性格方面。勇气，魄力，忍耐，安全感，多疑，胆量，浮躁，稳重，等等。

情绪方面。温和，克制，理智，脾气火爆，喜怒无常，等等。

这些个人素质会影响一个人的职业发展。譬如，一个勇气不佳的会计人员很难主动向领导申请晋升，尽管很多时候他有这个机会；而举止随意的人有时候会失去在领导眼中的好印象；学习能力很强的人会被领导委派承担创新项目；稳重的老员工总会被领导安排在关键位置，等等。

个人健康

个人健康，这个本应是最常见、最容易感知的事情了，但是随着工作节奏加快，工作环境恶化，很多时候人们在不太注意的情况下就产生了个人健康问题，或者说，当你还认为自己很健康的时候，其实很多因素已经在慢慢积累，或者已经快到质变的关口，只是当事人无法获知，或者错过机会，难以察觉。虽然现实中很多公司员工福利当中有体检的项目，但是从公司的效益出发，大多数人只能享受到比较简单的体检项目。因此，从个人角度讲，应该多花一些时间在运动和休息、平衡身心健康方面。譬如，很多财务朋友在忙的时候往往会工作至凌晨甚至通宵工作，一方面的确可快速积累自己的经验，另一方面或许健康正在悄悄地远离你。

个人价值观

个人价值观，价值观影响人的行为。譬如，一个人认为要尊敬职场当中的长辈，那么不管他是什么年纪什么职位，此人都会对他人非常客气，即使他在专业能力上仍然处于很初级的水平；但是，在另外一个人的价值观体系下，如果一个同事技能不够，就瞧不起他，不论年长或年轻，理由是他发挥的作用比较卑微，所以就忽视他，甚至连对方主动打招呼都不给予任何回应。这就是因价值观差别带来的截然不同的行为和结果。在职场中，非常多的行为，看似无端端地来，其实本质上都有价值观在左右着人的行为。价值观会影响你与同事之间的相处，会影响你对领导的态度、工作的积极性，甚至是否决定马上跳槽。经常会碰到这样的例子，一个公司财务负责人换了，两周之后，公司财务部的骨干人员离职了，倒不是新来的财务负责人辞退了他们，有时候就是价值观不同所导致的，当然这里面还有信任问题、工作细节中的尊重问题、技能要求问题，等等。在管理者的管理模式上，由于价值观不同而导致的管理模式差异，甚至企业文化差异，那就更常见了。例如，A领导认为公司靠的是员工的帮助和支持，因此在员工关系上以宽松为主，也适当允许各员工上班时间外出办点急事，办点私事，在公司也可以闲聊，轻轻松松，和和气气；但是B领导认为公司就是工作的地方，应当全部收起你们的私事，私事要么请假去办，要么就下班去办，工作时间，打起精神，血拼到底。这就是价值观不同导致的不同结果。

家庭因素

家庭生活是一个复杂的话题，有时候比工作更让人敬畏。如果从企业管理的角度看，表面看起来家庭生活耗费精力，似乎是"成本中心"，但是实际上，有形和无形，表面结合本质来看，家庭生活能给人带来轻松、快乐、成就感，等等，更利于个人发挥才能用于工作。这样看起来，家庭是个"利润中心"，不过关键是家庭关系处理的和谐程度。如果家庭关系处理得很差，家里每天鸡犬不宁，恐怕家庭就是个"费用中心"，而这笔"费用"可能迟早要被"砍掉"。这是不同的人、不同的家庭情况所呈现出来的不同效果，或后果。家庭关系一般包括这样的因素：配偶，孩子，双方的父母，亲戚，朋友；接着可能还有第二层的家庭关系，譬如，好朋友的家庭关系，亲戚的家庭关系，以至无限放大。从这个范围来看，家庭当然不是那么简单的养家糊口的概念，这里面潜藏着各种利益、复杂的情感，有幸福的"感情"，也有可能隐藏着一些看不见的"炸弹"。所以，到底是把家庭理解成麻烦事，还是把家庭理解成事业成功的催化剂，不一样的家庭观念就会有不一样的行动，但是都对工作有着非常大的影响。现实社会中，有丁克的家庭，有离异享受单身的自由人，也有一家老小其乐融融的大家庭，更有兼顾家庭和工作而不乱的人情世故方面的老手。

自我认知

自我认知，是一个让勇敢者兴奋，让自卑者沮丧的名词。自我认知，很容易就被缺乏自我认知的人直接忽略；也会被自求上进，懂得反思的人信奉为指路导师。自我认知，顾名思义，就是自己认识自己，这是非常难的一件事情。我不知道的事情，还要认识到自己不知道；而我知道的时候，也要认识到自己仅仅知道了多少；我能办到的事情，要知道办得是不是妥当，是否能改进，有没有瑕疵，是不是能提高效率，等等。自我认知是让人们自己全面提升自己的重要方法，不过对于那些知足常乐的人来说，自我认知也能让它们安于现状，转而控制风险，而不是一味追求职业发展。自我认知，要认识到自己所处的阶段，所具备的素质，自身的健康问题，自己的价值观、家庭因素，等等。这是对自己的一个广度和深度的全面认识，换句话说，这是一个人生的定位装置，如同全球定位系统定位地理位置一样，在选定参照物后，把人生做相应的定位。其中，参照物非常重要，人们通常说井底之蛙目光短浅，那是因为参照物的问题，如果井底之蛙把另外一只井底之蛙作为参考对象，那这只井底蛙的目光一点也不短浅，并且这是它们的人生瓶颈，知足而常乐；但是如果井底之蛙把井口的老鹰当作参照物，那当然就是不知天高地厚了。人生并没有绝对的对和错，只是你所了解到的参照物如何，是否匹配你自己的素质、健康、价值观和家庭因素。人生一直向前冲也并不总是值得推崇的，这个世界万物皆有不同，各自活自己的一生。特别是面对现代的复杂工作，人们繁忙地处理工作的事情，还要同时兼顾家庭关系，在错综复杂的状态下，特别需要自我认知，如果意识到所有的事情已经超过了自己的精神或身体的极限，或者已经出现了较为严重的症状，请坚定地对自己说："不好意思，自我认知系统告诉我，我要急流勇退。"

  人生的羁绊大致有此五项。谈及财务人员的职业生涯，当然不能一概鼓励往前冲，往上钻。因为，一般来说当你学习了财务，参加了财务工作，才发现很多人也在做这个职业，才开始认识这个职业的发展问题。但是，每个人的前面二十几年的人生经历和积累可是各有不同，有的人家庭情况很优秀，有的人身体一直不太好，有的人沟通能力不太强，有的人天生是万人迷，等等，不能穷尽。因此，每个人的职业生涯实战，其起点和过程的细节上定是有所不同的，这一点大家需要非常注意。

5　职业发展艰难抉择

人们的职业发展，在初期总是简单的，影响因素数量不多，因此年轻的时候冲劲比较大，具备很多足够好的条件。而当年纪越来越大，思维、视野越发成熟，渐渐地，人们会形成相对固定的行为模式。从职业发展的角度看，很多人年轻的时候"冲锋"，到中年就变成了"坚守"。

譬如，有人年轻的时候一直提倡变革，当她进入职业成熟期之后，那就未必了。她在公司工作了十多年，只升过一次职，不是因为没有能力，而是因为她把更多的精力放在了家庭上，孩子在她的培养下已经考取了知名的学校，综合来看，这个"成就"并不亚于她当上财务总监，毕竟她实现了家庭的智慧传承，那么从工作任务的角度看，把她任命为公司的变革领导者是不太合适的，否则她可能会来一句：你们要变革自己去变，我下班要接小孩了。

认识自己的行为模式，必然会涉及前面的五项羁绊因素，那么请坦诚面对自己，描述出来，这将决定自己的发展是否建立在真实的自我的基础之上。职场上的行为模式非常多，人各有一口，说出来的话各有不同，甚至有的人根本就不说话，这是行为模式的体现。

譬如，某公司的财务人员小陈，从小就是一个腼腆内向的孩子，但是成绩不错，与人沟通面谈，喜欢用那单纯的眼神看着对方，虽然脑袋瓜不断地思考，但是一言不发，久而久之，就给人留下了不会说话、不懂说话、不敢说话的印象。但是小陈一点也不认为自己将来一事无成。他先进了一家公司的财务部工作，但仍然是一声不吭，能不说话尽量不张嘴，被公司冠以各种半开玩笑半羞辱的名号，什么"小哑""沉默陈""陈不吭"，等等。但是小陈不以为然，这家公司隔一两年就有人离职，小陈不慌不忙、不急不躁地任由财务经理委派各种工作任务，经理还挺喜欢，至少小陈没有什么危害工作的行为。三年过去了，五年过去了，然后又过了两年，财务经理升任集团财务总监，小陈被提升为经理，他依然不爱说话，开会讨论，只讲重点，其他时间绝不废话半句，这是小陈的行为模式。但是当了财务经理之后，公司的人不再喊他"陈不吭"了，往日的评论和风言风语也都改口了，都说：陈经理这个人很稳重，从不轻易说话，不浮躁，跟他沟通，都是干货，并且城府很深。小陈认定了自己的行为模式，自我认知非常清楚，排除了众多干扰的"苍蝇"，久而久之，职业发展顺利，在同样的事件面前，躁动的不是小陈，而是周围的人。

从个人努力的角度看，要制定出符合自己的职业目标的行为模式，要提升自我认知，了解职业发展模式，再经过修正，最终，每个人都会经历岁月后形成自己特有的行为模式。这是从自己的角度来看待行为模式。而在职业发展中，也通常需要从另外一个角度看待行为模式，就是当接触他人的某种行为模式的时候，可以判断出此人的各种内在因素，譬如前面所讲的几项：个人素质，身体健康，价值观，家庭关系和自我认知。譬如，在公司里面，常常可以看见有的人经历并不丰富，但是工作当中，大声聊天，大讲笑话，大放厥词，这样的情况，就容易给人"自我认知不足"的印象，行为模式显然不利于职业发展。当然，对于自我认知不足的人是很少有人会指导他的，因为搞不好你会被"自我认知"不足的人认为：这是有意找事，故意挑他的毛病。此类现象还有很多。了解自己的行为模式，懂得观察别人的行为模式，都是职业发展中的必备因素。

当财务人员都认识到社会、职场、岗位、级别等职业内容，并认识到个人发展的一些羁绊，素质、健康、价值观、家庭和自我认知等因素之后，切切实实地回忆过去，总结自己，面对现实的企业情况，了解社会的现状，然后结合客观和主观的因素，确确实实地体会到自己的行为模式，从长远的职业发展角度看，可以帮助自己制定出一条相对可靠的发展路径，制定一套适合自己的职业发展方案。

人生之复杂，有时候是难以想象的；人生有时候很简单，人们却不愿意相信竟然如此简单。当对环境和自己有所了解之后，面对现实做出了一些规划，往往到最后的一个选择是：放弃还是突破。这是综合所有可知因素，判断自己的极限，归纳出来的最后一个问题，解决了这个问题，就可以松一口气，因为思想上已经有定论了。

不过，对于某些人来说，这不是什么重大的难题，选择很简单，凭感觉就可以了，为什么呢？因为对于他们来说，选择错了，改一改就是了。但是，人生有时候来不得如此草率，往往走错了回过头的时候，机会已经错失。只因现实竞争太激烈，现实又无法重来，一直现场直播不得返回原路，因此这个问题才需要如此慎重。

财务人员的一生面临的选择太多了。要不要学财务？要不要考证？要不要向领导申请加薪？要不要请教别人这个问题怎么解决？要不要主动追求心仪的对象？要不要接受他人的邀请？要不要跳槽？要不要接受被派驻外地？要不要去相亲？过年要不要回老家？要不要继续做财务？要不要告诉领导其实表格里面有错误？要不要坚持到明年春天才辞职？要不要现在就裸辞？要不要再跟面试官要多一点薪水？要不要出国留学？要不要把那个下属骂一顿？要不要再请他吃顿饭？要不要劝他留下？要不要给领导打个电话？要不要继续留在大城市？要不要继续待在这个民营企业？要不要辞职专心考试？健康出问题了要不要辞职？……

很多细节的问题，从简单到复杂。从起初到结尾，有些看起来很简单，但是对于当事人来说，却都是至关重要的决定，面临某一件难以抉择的事情时，再简单的事情都是天大的事，就像有的人在服装店面对两条同款式的裤子，选择了半天不知道要哪一种颜色，这对他来说就是个天大的难题！人生往往在突破一个决定之后，又会遇到第二个，以致后续可能还有无穷多个。因此，很有必要提高判断和抉择的能力。

当职业发展中出现这种综合性的问题时，摆在你面前的就是对这个已经调查翔实、考虑周全的选择，你该怎么办？放弃还是继续？并且，选择完之后，你会后悔吗？先看几个例子。

有一家公司，一天，销售总监突然闯进财务总监的办公室，用恳求又似乎是命令的眼神看着他,说:"Andy,有个单子,你先通过,下周客户就要用到这批货,我们必须今天就发过去,事不宜迟、刻不容缓,单子在这里,需要你签批。"对于销售总监的话,还有那一丝不苟全程投入的眼神和状态,Andy 的第一反应就是不应该拒绝。但是职业敏感性告诉他,这里面有什么问题?

Andy 看着单子的时候,销售总监又来了一句:"你看没问题吧,赶紧签个字,下午三点物流公司已经安排好了,就要过来装货。"Andy 心里又"砰"地打了一次鼓:这是什么情况,要急成这样?人在压力面前,心里会混乱,脑子发热,有可能逻辑不清晰。Andy 做到财务总监已经身经百战,仅凭这两句话,怎么能被糊弄过去?立刻说了一句:"行,放我这里,我十分钟后给你回复。"

销售总监也不是吃素的,他自己赶过来不就是为了亲眼看到 Andy 签字嘛,如果今天搞不定,这笔销售业绩就不能算到今年了。于是,他又狠狠地补充了一句:"大哥,快点吧,手续都齐了,还什么十分钟啊,赶紧签啊!都急出生理紊乱来了。"

Andy 面对销售总监的高压态势,心跳急速飙升,看着销售总监,好似背后有一只"拿着把刀的手"似的,不签就会被"捅"。Andy 盯着客户名称一看,想起来了,这家客户上个月已经被列入应收账款警示名单,危险客户啊。发货收不回来钱,财务是有责任的。

面对这样的情况,你会如何选择?而这是工作当中常见的事,Andy 可能一天要被找个十次八次,处理类似的火烧眉毛的事情。当然,这不是职业发展问题，但是这也是关系到职业发展，此口一开，此风一长，以后权威何在？并且按照制度，这是违规发货，日后出问题的时候，就不仅仅是销售总监的事情了，财务总监也一样出事。其实，销售总监能不知道违规吗？当然不是，一来，违规做了，对销售总监自己有利；二来，跟财务总监一起做了，大家都犯错，以后就把财务总监"拉下水"了。财务工作者，职位越低，可以允许你一定程度上犯错的机会越大，因为你的上司会为你纠正；但是越往高层，越没有人替你承担后果，当你一旦做错违规的时候，后果只能由自己承担。

有一个财务人员小谢，在一家生产电子仪器的公司工作，财务部一共5个人，财务经理和4位直接下属，小谢便是其中之一。小谢进公司之前在一家服装制造厂工作过2年，进来这家公司工作了3年，负责成本核算和分析。公司的信息化程度不高，仓库、生产车间和财务部之间的联系还是靠手工登记的电子表格，收到电子表格后先检查，核对纸质材料，再进行成本核算，小谢经常发现车间的登记有问题，数字经常出错，每次到了接近月底那几天，就忙得不得了，要工作到夜里11点，平时工作也没闲着，经常要往车间仓库跑，一个月下来没几天能准点下班。小谢在这个岗位上做了三年，但是工作内容没有什么优化，小谢不止一次跟经理提建议采用ERP，但是经理考虑上ERP得花一笔钱，担心老板不同意，一直没提，想等一个比较恰当的时机。经理就一直跟小谢解释，讲一些每家公司都有难处之类的话，小谢听得都麻木了。最近一段时间，小谢感觉特别烦躁，回想起来自己也工作五年了，做成本核算，本来就有难度，公司的仓库和车间的人员素质不高，沟通也特别难，这是又苦又拎不清的差事，就觉得自己做得有点冤。这个月结账之后，小谢鼓起勇气，带着怨气，一身正气向经理讲清楚自己的所思所想，连申请带乞求让经理给自己加薪。但经理又是那一套，严肃对待，认真讲理，工资一分不加。口头上经理把小谢说服了，但是小谢确实感觉身心疲惫。

　　于是小谢开始找工作，参加了几个公司的面试，总是没有合适的，要么工资不高，要么公司平台也跟目前差不多，如果跳来跳去，还是原地踏步，还不如不跳槽。但是小谢每次面试不成功，工作没有任何积极性。这个月中，小谢觉得太累了，就下班准点走，结果第二天经理就说："其他人还没走，你怎么就走了。"小谢心情极坏，对于究竟要不要放弃这个工作非常纠结。

小谢的艰难抉择，就差"最后一根稻草"把他压垮，这个时候如果没有其他人给他做全面的职业规划和指导，可能很容易就走弯路了。对一家公司的工作"了无生趣"的时候，其实有很多方法可以变通。反思自己对职场的各岗位及其发展空间是否有深刻的认识，反思自己的五个羁绊问题，规划出可能性比较大的发展模式，最后定下来自己的发展方案。譬如，他之前的公司太不正规，如果看得比较远，应该选择大的平台，而对于地点、工资，可以稍微放低要求，这样进入大的平台，可以学习成型成熟的管理模式，学习健全财务管理理念，以后的发展空间才能更大。职业发展断然不能因心情而决定，也需要懂得取舍，什么条件是重点，什么条件可以放低。

因此，当面临选择的时候，要学会全面分析职场和自身因素，学会坚定自己的信念，这是处理职业发展过程中的问题所必须培养的素质。通过不断锻炼和强化，让自己心中有是非、有尺度，作出客观清晰的判断，并勇于承担自己规划的职业发展结果，那么放弃还是突破就不再是难题了。

6　职业发展事在人为

当对财务职业有全面的认知之后,接下来,就应该面对自己的现实情况,定位自己所处的阶段,设定自己的发展模式,认知自己所固有的缺点,该补的补,该提升的提升,该学习的学习,该实践的实践。总而言之,道理听很多,仍然有可能做错,原因是道理和实践之间有一段可大可小的距离。

人生可贵之处在于实践,职业发展更是如此。事实胜于雄辩,职场当中的管理者都是实干出身,没有谁天生是财务的高级管理者,而纯粹懂得财务知识理论的人,难以在职场当中担任管理者。站在管理者的角度看,职场是一个管人做事的地方。一般来说,没有实践经验管理不了每天都在做实践工作的下属,而没有实践的人也积攒不到其他参与实践的人所掌握的经验。因此,职业发展的高度取决于现实的实践情况。

对于财务人员来说,职场发展的实践内容和方法有哪些?以下几种常见的情况及应对方法可供参考。

有人说:"我胆量不足,每次见到领导都害怕,不敢看他。"

那么你属于缺乏自信,对自己所做的事情没有足够的信心,可以立刻制订计划,提升这方面的实践能力,从认真跟同事说话开始,从与级别不是很高的上司对话开始，这种能力当然是可以练出来的。但是，有一种情况，当你对自己负责的工作并不是很认真，甚至对自己的工作无能为力的时候，这种害怕反而是自然而然的，只不过这种情况下，更应该加把劲提升自己。

有人说："领导就是不信任我，我跟他说什么都不信，他就信任另外一个谁谁谁。"

如果你的工作内容是没有问题的，那应该是沟通方式出了问题。沟通方式能导致一个人对另外一个人产生不信任，不过这种局面同样也可以尝试改变。怎么学习？可以寻找部门当中很受领导信任的某个人，学习他的沟通方式，学习别人身上的优点。如果你发现他讲话很卑微，还稍稍弯着腰，你可千万不要取笑他，这是一种谦卑的态度，容易获得别人的信任；如果他讲话的声音很轻，还每次好像做错事一样，千万不要看不起他，这是在给予领导权威，给他面子，也是获得信任的方式。

有人说："我目前只做这个岗位工作，做了两年，我没机会做其他岗位的工作，没有办法了。"

当然有办法。你可以寻求其他人帮助，学习他的工作内容，可以当面或者通过邮件诚恳地表达出你有意愿做多一些工作的想法。当然，你要先学会谦虚地表达，并且给予领导额外的工作成果，譬如你可以兼顾两个岗位的工作，或者有人辞职你立刻申请接手他的工作，不怕劳累。不过，如果内部确实没有机会，在公司外部当然也可以通过面试寻求机会。

有人说："因为家庭的原因，所以我没有办法寻找更好的工作。"

这并不是绝对的。很多职场人士都是有家庭的，家庭的琐事也不少，也有人在异地工作，他们当然也是有家庭的，但如何处理好异地工作的家庭关系，对此你需要提升自己的能力，做到兼顾家庭成员的想法，最后给出合理的方案，而不是凭空抱怨家庭耽误了事业前程。异地太远的不行，是否可以找近些的；长期出差不行的话，是否短期出差的工作不要拒绝；如果家庭经济不允许，那么攒点积蓄后再寻求远方的机会；小孩是否太小，是否暂缓几年，等等。方法很多，需要提升自己综合处理各种生活和工作关系的能力。

有人说："我刚毕业入职，这家公司很多人等了四五年都没有升职，我估计也不可能了，很失望。"

这样想又不对了。别人几年没升职肯定是有具体原因的。譬如，很多有家庭的女性，确实趋向于稳定的工作状态了，这是合情合理的，而你刚毕业，没有家庭经济压力，也没有家中琐事牵绊，不努力学习各种技能，然后获得领导的信任，净学习别人准点下班，周末也出游，多一点活都不干，几年下来什么都没有长进，那职业发展确实难以有什么好前途。而当辨认清楚差别之后，积累自己，做出成绩，赢得信任，当然机会很多。

有人说："我性格内向，不太愿意说话，肯定没有前途了。"

当然，这也是没抓住职业发展的本质。举个小例子，小明是个内向的人，刚毕业不久，在公司很低调，不怎么说话。由于他级别最低，接触的人也基层的同事。公司里面的同事都说："小明太闷了，不会说话，看起来没能力，很傻……"小明工作十年之后，凭自己的努力升到部门经理了，经验丰富的他接触的都是中高层以上的同事。但是这么多年来，小明还是那种本分的人，依然不怎么说话。结果同事们都这么说他："小明很厉害啊，有领导气质，踏实可靠！"很多时候，职业发展的本质问题在自己的心中，如何去看待自己，然后开始行动才是最重要的。

从细节上看，每个人遇到的问题可能都不一样，从财务职业发展的角度看，道理是相通的，但是职业发展中遇到的所有问题，更重要的还是要亲身去实践、体会。最后要提一句：往往很多财务职场人士的抱怨和不满，其实是建立在自己的综合素质和能力的基础之上的，因此，道听途说不一定意味着"兼听则明"，也有可能"误入歧途"，这便需要重新审视自己的职业发展、人生羁绊当中的种种影响因素了。

虽然财务人员的职业发展最重要的内在因素是个人的主观积极性，但是财务人员在职业发展的过程中必须遵守相关法规的要求，遵守法规是对财务人员的基本要求。从现实角度看，法规常常会随着时间的推移而发生变动，新法规代替旧法规，因此财务人员也必须时时跟上新法规的要求。

总之，财务人员的职业发展过程肯定会遇到很多问题，而每个人的成长和认知总有一个过程，在合法合规的基础上，掌握财务职业生涯实战技法，将有利于做好规划，避免走弯路，财务职业发展事在人为。

Part 9 认清楚个人边界

1 个人的边界是什么
2 财务人生物质边界
3 财务人生精神边界
4 人生的进步与知足
5 阶段性发展是规律
6 虽有限制但可突破

一个人的成长，从懵懂无知到富有常识，从满身是刺到世故圆滑，总有个发展的过程，这个过程有长有短。职业发展过程因人而异，有人用了五年的时间当上中高层，有人耗尽一生也是初级职员。但是，是否只有升得快、升得高才是最佳的职业发展的选择呢？答案当然是否定的。君不见现实社会当中工作紧张压力巨大，职业病频发，亚健康是常态？君不见工作上麻烦一堆，家庭琐事也满满一箩筐？职业发展说到底是人的发展，因此人的发展讲究的是全面发展，而现代社会的职业发展也绝离不开生活，离不开全面发展。

当很多人处于职业发展初期的时候，远望着身处职业高位的职场人士，有所向往，这是奋发努力的动力，当然是可取的。但是当人们有所发展之后，投身于职场之中越久，对职场的感受和理解越深，是否每个人仍然在向着职业顶峰冲击呢？那倒未必。童年的梦想你还记得吗？可以实现吗？还要努力实现吗？可能大部分人都会说那时候什么都不懂，梦想只是童言无忌，随便说说的。那当你是"职业菜鸟"的时候想象中的职业发展目标，现如今还在吗？可以实现吗？还要努力实现吗？这是一个职业生涯实战当中极其现实的问题。对大多数人来说，答案应该也是否定的。你当年所想的，不一定就是你今天必须继续做下去的，从社会的现实情况来看，有一如既往坚持的人，也有见好就收的情况。因为你当初确实了解得还不够多，而这么多年，周遭包括自己的很多条件恐怕早已发生了变化。这就是这一部分的主题，讨论财务职业发展的个人边界问题。

1 个人的边界是什么

求知，是每个人的天然欲望，从出生开始就有求知欲，往后几乎每天都在求得新知。渴望新鲜的事物，从未听过的消息，尚未经历的人生……直到某一天开始，人们意识到自己对这些接触已久的实物、信息、人生体验，已经毫无继续深入了解的欲望了，那么人生会开始做减法：推掉各种杂七杂八的聚会邀请，拒绝他人的新产品推销，谢绝什么猎头工作推荐……只想简简单单地"择一城，过一生"。

这是人生对待知识和信息的大致过程，当然，现实的人生不会如描述的这般简单。人生的波澜壮阔在于，"先加法，后减法"仅仅是个总方向，细微处有形无形地还伴随着非常多的个体因素：物质、健康、家庭、工作、心理、价值观、个人素质、欲望、权力，等等。总的来说，人生的初期，从什么都没有，到拥有一些；人生中期从逐步积累，到不堪重负，然后学会放弃，慢慢步入稳定模式，后期不再羡慕，也确实无能为力，便坦然面对现实。

这个人生的全过程，其中的一个关键点就是"从期望积累到选择放弃，然后步入稳定"的阶段，从个人发展的角度讲，这是"盛极而衰"的关键点。不过，远远地站在局外的人才能看得如此清楚，才能总结得如此有条理，对于当事人来说，其实很多情况下是"当局者迷"，能清醒地认识自己的每一步在人生当中的位置，确实不容易，这就关系到认识自己的问题了。人们一开始是为了进步、为了求知、为了积累而一路向前不断拼搏的，但是当以"自己"为认识对象的时候，怎么才能认识到自己是否已经到达了这个重要转折点呢？这个转折点很可能隐藏着一个重要的概念：个人边界。

人们对自己的认识，和对其他人的认识，其实是两个非常不一样的概念；人们对自己的建议，和对其他人的建议，更是相去甚远。如果一个人可以做到把"自己"当成"其他人"来认识，那么这个人对自己的认识结论会相对客观一些。但是，认识自己的时候，从不同的时间段来看，也有所区别，认识自己从时间的角度看，可以分三种情况：第一，认识过去的自己；第二，认识此刻的自己；第三，认识未来的自己。当然，认识未来的自己，基本就是想象和推理了，没有什么客观可言，是非常主观的一件事；而认识此刻的自己，是主客观掺杂在一起的，有可能是基于对历史上的自己的认识结论，加上此刻对发生在自己身上的种种现象的认识，综合起来再下结论；认识自己的过去，那就是相对客观的认识了，当然也会受到选择性的记忆，或当下的主观意识所影响，但是比起前面两项，要客观得多。

认识自己是人生发展的重大课题；对自己过去的总结，对自己当下的看法，对自己未来的想法，左右着人生每一天的发展。而个人边界是必然存在的，问题在于是否能为"自己"所认识。现实的情况是多样的：认识早了，心中有冲劲但懒于争取，便提前进入稳定阶段，虽然"防守总要比进攻来得省力一些",但总的来说,得到的少了,过早进入稳定期,是否会面临"养不起自己的下半生"的尴尬场面;认识晚了,可能拼搏过后,诸多人生的因素已到了"绷紧的绳"的状态,或已出现不可逆转的恶化,过于强烈的奔跑而导致总体上"得不偿失",这是过犹不及,正如我们经常听到的"上半生垮了健康为钱财,下半生耗尽钱财养健康"。当然,身体健康仅是人生因素的一部分,综合起来看,认识自己的转折点要考虑相当多的因素,做到恰如其分,非常难。

要在不断体验生活、提升能力、积累经验的过程中,掌握好"认识自己"的本领,方能平稳地从向上的趋势逐步过渡到平稳,最终自觉地意识到"人生的边界",然后慢慢地停下来。

人的发展有很多影响因素,有些因素能激发人的发展潜能,如:我要按照我所想象的那样生活、工作、交际,我要有成就感,我要比周围的人优秀,我要做到第一,我相信自己的能力,等等。这些内心的因素是通过在这个世界上的体验慢慢综合形成的,每个人心里必然有自己的一套个人发展的心里驱动因素。譬如,一个刚踏入职场的人,因为自己的舅舅是一家上市公司的高管,所以他从小受到舅舅的影响也给自己立下志向,非要拼搏到类似的高管位置方能罢休,这股冲劲能量非常大。而另外一个人,身边没有这种角色的人物出现作为激励的对象,但他同样有奋斗的动力,是因为他追求不到的校花曾经对他说:"男人事业不成功,连想都不要想。"这也可以成为此人奋斗努力的内在动力。另外一个女强人,她是从小就迷恋高档奢侈品,因此立下志愿"老娘就是要靠自己的能力轻松拥有这些奢侈名牌",这也可以成为激发自己的动力。

当然，现实中的激励因素还有很多。只不过，对不同的人，即使面对类似的激励因素，也不一定形成正面的动力。譬如，其他人同样有一个在企业担任高管的亲戚，可是他就没有立下志愿当高管，也许他只喜欢钓鱼。所以，人的发展是多方面的，激励的因素可能是正面的，也可能完全无关。

人的发展也有很多负面的影响因素，可称之为人生的羁绊，譬如在以下几个方面如果存在负面的因素，那么个人的发展将受到非常大的阻碍：个人素质，身体状况，家庭条件，价值取向，自我认知，等等。譬如，一个家庭观念非常强的人，在选择工作的时候，优先考虑的是满足自己设定的给予家庭的时间；而一个没有家庭负担的人，自然不需要将家庭的因素列入选择工作的考虑之中，一门心思投入工作就可以了。一个身体健康状况被查出问题的人，同样不能接受对身体健康影响较大的工作；而这个人如果对身体健康的自我认知不足的话，很有可能就会导致出现健康问题了。

每个人一开始都是对未来具有美好憧憬的，身上充满拼搏的能量，因为一开始对这个社会知之甚少，理解尚属浅薄，所需要考虑的问题相对简单，因此往前冲的念头自然盖过了心理的保守因素。慢慢地，随着有所长进，并积累经验之后，对社会的理解便会逐渐加深，随之而来的是越来越多的信息和观念，这个时候，对未来的态度会有所改变。当继续往前的时候，积累越深，思考越多，人生也出现诸多羁绊，以前没有考虑过的问题陆续呈现，工作生活等各方面会显得矛盾重重，会给人感觉"最近有点不顺",不过这种不顺很有可能通过调整便可转为顺畅,也有可能是"不顺和顺畅"反复无常的情况;当人生的方方面面都变得"诸事不顺"的时候,其实人生的发展就有可能跑过了头。

从有点不顺开始,到不顺与顺畅的反复无常之间,这很有可能就是人生边界的暴露点。善于认识自己的过去、总结人生的人,善于面对当下的自己、看清现实的人,善于规划自己、推理未来的人,比较容易捕捉到"个人边界"的信息;而一味偏激或执着的人,往往就会忽略了"个人边界",而错过了就会埋下隐患,或者在生活中,或者在工作上。

"个人边界"的平衡点在于,"推动个人发展的内心因素"和"妨碍个人发展的人生羁绊"二者的妥协。譬如,当一个人的工作到达中层管理者,但是由于日益增多的工作量和耗费的精力,已经严重影响了家庭的情感和孩子的教育,那么此人是否能在"个人工作发展"和"家庭子女教育"方面取得平衡,就取决于他的"个人边界"了。有些人能轻松化解这二者之间的矛盾,化解家庭问题,心思偏重于发展事业;有些人工作上确实不堪重负,在工作上稍微退缩,而把精力放在他认可的子女教育方面;有些人却是处于反反复复的状态,一段时间在工作上,一段时间在家庭上,没有具体偏向,只是精力在二者之间的周期性分配而已。人生有时候重在细节,个人内在的想法往往非常隐秘,也不需要公开,具体的做法只要不违反法规,那基本也是无可厚非。显然,就此例子而言,只有在工作上有所收缩的人意识到了自己的边界问题,采用了平衡的方法,而其他两人仍旧继续战斗,或者矛盾激化过犹不及,或者尚未达到他们的"个人边界",仍对矛盾的处理游刃有余。

所以，并不是有什么具体的事件发生就注定了边界的形成，而是对于每个人来说，个人边界代表了他所能承受的矛盾程度。有的人矛盾激化，能化解；有的人矛盾激化，会妥协。一个人对某个程度的矛盾处理起来得心应手，但是终有他无法承受的矛盾出现。人生虽各自不同，但一样的是每个人都要注意到自己的"个人边界"。

2 财务人生物质边界

财务人生主要谈及财务人员的职业生涯实战问题，对于财务人员来说，人生的问题很大程度上是财务工作的发展问题，并同时考虑生活的需求。每个人的人生都有所不同，因为行业职业大有差异，但是如果集中于财务这个特定的职业，就有太多的相似性了。掌握财务人员的人生发展规律，对于财务人员的职业生涯发展有实际的指导意义。

在此之前，已经详细讨论了人的发展过程中，关于人的边界问题，总体看待人生的时候，每个人都会出现一个由发展转向平稳然后逐渐保守的状态。接下来，谈谈人生的边界问题如何落实到财务这一特定职业当中去，并按照物质和精神两方面来理解财务人生的边界。物质，可以理解为有形之物；精神，可以理解为价值观、关系、感情、心理因素等无形的概念。

从工作内容来看，大部分的财务职位并不需要太高深的理论知识，而更多的是工作经验，这些职位大量分布于社会上的各种企业当中。从某一个角度讲，不同企业对应聘者的专业理论知识的要求差别不是很大，而导致是否能进入大型企业的重要原因是职业上的实际经验和各种职场的软实力，譬如，个人素质、沟通、团队合作能力、抗压能力，等等。

换句话说，一个在普通企业工作三五年的财务人员，基本上便可以胜任大部分基础财务岗位对专业理论知识的要求，但是由于实际的经历不同和软实力方面的差异，有的人会通过筛选进入优秀的大型企业获得较高的收入，而有的人会被排除在外，只能在较小的平台获得相对普通的收入。正如本书前面章节所述，财务职业的平台特性非常重要，进入大的平台，个人发展空比较大；进入小的平台，则可能长期原地踏步。而由于门槛较低，财务职业的从业者范围也非常广，只要获得一定的会计、财务知识或有一定的会计、财务经验即可从事相关职位的工作，而没有强求必须是会计与财务相关的专业的大学学历。

财务职业是一个相对比较稳定的工作，对一般财务人员来说，需要"慢工出细活"式地"熬"出经验和阅历，因此，在职业发展的过程中，往往会出现"欲速则不达"的现象。譬如，一个拥有较高学历的毕业生，往往在初入职场的时候，会突然感觉自己的理论知识用不上，所学的绝大部分理论知识不能在职业初期发挥出来，面对企业中有多年实际操作经验的同事，甚至对话沟通的思维都不在一个"频道"上面，很容易出现焦急或抵触的情绪，认为自己的能力得不到发挥，但是强行加快工作节奏，会与其他同事产生更激烈的冲突，因为对大多数人而言，选中财务职业，便是看中了它的工作稳定性，压力相对比较小，甚至准点上下班的工作性质可以兼顾家庭生活，大家其实并不喜欢快速节奏的工作状态。

财务的职业发展，有两种不同的风格，一种是以加快工作节奏，承担巨大的工作任务的方式，去获得经验和上司的认可，从而达到晋升的目标，讲究以数倍于常人的付出快速地成长；另一种是一早认准职业发展平台，以看似没有职业晋升欲望的状态，稳步扎根于企业的人际关系中，从一定程度上将生活和工作都捆绑到某个企业平台上，久而久之各种机会纷至沓来，与其他同事形成工作生活全方位利益共同体，而其中的部分"带头人"则逐渐稳稳地实现职业晋升。前者目的性极强，以付出工作时间换取晋升空间，工作稳定性不足，在职业前期的经验积累当中，讲究快速，缩短晋升周期；后者属于生活工作一同发展的类型，容易在一家认定的企业，一干就是十年八年，生活工作同步协调，和谐发展，在企业内部的人际关系上，生活和工作"一起抓"，关系极为"盘根错节"，个人在企业当中的职业地位也"稳如泰山"，但发展速度较慢。这两种方式都有其优势，但是对于不同性格的人有不同的适应性，从总体来说，第一类的情形，在多年以后往往会走向第二种类型的"工作节奏"。因为毕竟对于财务职业来说，在达到中层管理者之后和之前的收入水平相差巨大，总体上看生活工作一起兼顾的职业发展，才是比较长远的可持续发展的模式，只不过有一部分人不满足于缓慢地经过十年八年才达到这个目标，而想尽快地在三五年内实现自己较高的职业目标，然后再进入"工作生活协同发展"的模式，那个时候从经济收入的角度看就比较能接受了。

  财务职业发展的目的是什么？直接目的是升职加薪，现实目的是生活和工作一同照顾，对于任何一个财务人员来说，始终得面对并平衡这两个目的。由于企业的类型、发展程度、文化、部门架构等诸多因素的不同，并非每个人都有机会同时实现这两个目的，而按照前一段对财务职业发展的描述，最终发展较好的人，都会朝向两个目的一起实现的方向走，只不过由于自身的因素，对于不同的人区别在于什么时候走到哪个层次，然后就转为"知足常乐"而已。

举个例子：一个毕业之后就全身心投入工作的人，在五年之内，做到了一家大型公司的财务经理，那么他也会在某一个时刻，逐渐转入"生活和工作协同发展"的稳定模式，而经理再往上走的时候，可能就没有前五年那么快了，或许经理要做上十年八年才有机会胜任财务总监；而另外一个人毕业之后一开始没有什么大的工作劲儿，就在一家公司慢慢熬，按部就班，收入非常一般，每年加薪也极少，但是，通过自己缓慢的努力，在熬了十年之后也当上了财务经理，并且由于在这家公司有十年的工作经历，不管是在财务部还是其他部门皆培养了很好的人际关系，因此这个财务经理职位相当稳固，再过数年也同样具备了成为财务总监的可能。两种不同的发展方式，最后殊途同归，但是前期的经历差别比较大。前者可以较快地获得较高的收入回报，而后者在前期收入较低，但在生活方面有另外的回报，所以综合起来看，差别在于时间如何安排，每个人对时间的安排不同所产生的差异。

不过，这两种情形都是对于晋升欲望和能力比较强的人才会有如此的发展路径，不达到职业顶峰不罢休，可是现实中更多的人并非如此，很多人的发展情况也与这两种情况类似，只不过大多数的人并没有能力和欲望达到财务总监这一职业顶峰，而是做到财务经理就满足了，或者主管，或者高级会计员，甚至有人当一辈子普通会计，只求得一份能够照顾生活的工作也觉得很满足，而这些因人而异的"知足而平稳"的状态所拥有的物质回报，应该就是"财务人生物质边界"。譬如，职业女性 Emily 花了六年的时间，从非常普通的助理会计开始，升任公司的会计主管，但是随着家庭成员增加，生活变得非常忙碌，工作上再行突破对能力要求又非常高，那么 Emily 综合考虑了生活和工作之后，认为丈夫才是家庭经济的主要创造者，自己没有必要再继续争取非常难以达到的经理职位，因此，她进入了自己的物质边界状态，从此稳坐"主管"位置，扎根基层，培养下属，让自己尽量在工作上放轻松，而生活上又能兼顾齐全，家庭生活处处到位，进入稳定平稳而保守的状态。

3 财务人生精神边界

谈及人生的精神边界，亦可理解为"精神崩溃"边界。现实当中，人们经常在遇到非常复杂，难以处理，又不得不承担的事情的时候，会在毫无头绪、无法理清的状态下脱口而出："我真的要精神崩溃了"。如果这句话反映的是人们的真实状态，那么他很有可能真的已经到了人生的精神边界，不过现实当中，不排除很多人将此作为口头禅，说说图个乐而已，但也不排除有些人真的是走到了精神崩溃边缘而袒露心声。人生的精神边界常常不为自己所掌握，换句话说，就是有时候客观上讲某个人已经到达精神边界了，但是由于世事迷乱，当事人还在继续挑战这个"精神边界"，那么接下来很有可能是人生出现不可预料的事件，或者可以突破精神边界获得更高层次的重生，或许物极必反"人财两空"，生活工作俱败。

精神边界来源于人们的精神压力，和对压力的自我排解能力。就如同处于"一边是友情，一边是爱情"的矛盾状态一样，或许鱼与熊掌不可兼得吧，职业生涯当中，也常常会面临工作和生活交织在一起的矛盾状态，这种矛盾可大可小，或许面对现实检视自己的时候，此刻就已经到达你的精神边界了。当一个人处于人生的精神状态无所适从的时候，其实异常的表现并不"反常",原因就是处于精神边界的每个人大概都会如此,精神异于常态而不能自我排解。那么,比较好的做法当然是意识到自己的精神状态已经濒临崩溃,能识别出精神压力,接着为自己做一些精神压力排解,那么人生又会缓过神来,恢复状态。爬高山中途累了也得喘口气,一口气爬到顶峰并不现实,而且就算登顶了,最终还得下来,精神并非可以无限增压,小心自己的精神临界点。

人的职业发展当中,有非常多的事情会造成精神压力,这些是逼迫你冲击精神边界的"罪魁祸首",而随着人的成长,职业的发展,人应该变得更成熟、更有阅历,掌握更多的方法去对自己的精神压力进行排解。这是一个人的"被动受迫和主动解压"的过程,但其实每个人的精神边界也确实因人而异。上一篇提到了 Emily,在她争取晋升主管的那两年里,每天恨不得把所有的事情都自己做,害怕上司觉得她哪里做得不好,甚至加班成为常态,要给上司留下努力工作的印象。总而言之,心中对晋升的欲望太强烈,让她每天都苦于经营自己的业绩,害怕有所闪失。在这一段时间里,丈夫对她的行为有异议,认为没有必要这么拼搏,但是 Emily 一点也不示弱,她对自己的能力和精神承受能力进行评估后,确定要拿到主管的职位。果然,努力了几年之后,得到认可并恰逢有机会,就升职了。不过升职之后,工作内容更复杂,Emily 常常感觉到力不从心,与丈夫的多次吵架让她差点精神崩溃。痛定思痛,她根据自己的能力情况,对工作和生活进行平衡,认为自己离再次升职还很远,便放弃了这个念头,并且认可了自己所能承受的精神边界,职业发展转为守势。而 Emily 的丈夫也同样遇到类似的工作问题,公司想派他出任下属子公司的总监，但是由于家庭的缘故，Emily一再反对丈夫去其他城市工作，毕竟让Emily工作和家庭两头挑大梁，会非常难受。在多次争吵之后，丈夫也无法承受家庭的压力，放弃了外出工作的晋升机会。达成妥协之后，Emily和丈夫也回到了得心应手的工作和生活状态。

精神压力会给职场人士带来巨大的潜能，也可能造成巨大的伤害。现实职场中经常出现的周日下午就开始疲软无力的现象，往往就是因为第二天是周一，又要上班了，精神压力大；夜里加班回家后仍睡不着觉可能是因为第二天要交报告；工作做不完带回家后继续埋头苦干，久而久之家庭关系出现各种麻烦；遇到左右为难的工作选择，听总经理的，还是按自己的理解；工作出错是继续掩饰，还是大胆承认，抑或是让他人无辜承受；每天对着电脑十个小时以上，双眼布满血丝精神上还要继续战斗；每天洗手间内的大号便池里传出"啊啊啊"的惨叫声，可能是因压力太大导致内分泌失调的便秘重症患者的无奈呻吟……类似的精神压力引发的并发症在职场中太常见了，甚至有时候身体上的疾病，并非来自物质性伤害，而是精神伤害。职场中存在一种不难见到的现象：上班的时候浑身不舒服，满是病痛感，下班或放假之后，身体不舒服的病痛感就自然痊愈了，这或许就是精神压力在作怪。

精神压力若无法良性排解，久而久之可能会形成身体疾病，疾病会更加重人的精神压力，陷入无限的恶性循环。当然，随着人的发展，必须在承受越来越多、越来越大的压力的同时，学会排解压力。譬如，有的管理者喜欢用训斥下属的方式来排解自己心中的不满；有些人甚至喜欢用带有侮辱字眼的语言动作来排解心中的情绪；有的人会与家里人吵架，无缘无故地中伤亲人；有的人暴饮暴食，过着灯红酒绿的生活……不过这些都是负面的排解方式，客观地说，虽然把自己一时的精神压力排解了，但是压力转移给了其他人，并非良性的方法，但是现实中太多这样的例子了。而相对良好的自我排解方式有：大口深呼吸，外出旅游放松心情，"退一步海阔天空"调整心态、主动放弃压力太大的工作任务，暂缓自己的晋升计划，学会放大自己的"肚量"，学会原谅别人的过错，而非常值得推荐的一个相对宏观的"战略思想"是："具备做老大的能力却甘愿身居二线"，"降维"可以排解精神压力……

　　无论处于职业发展的何种阶段，都会感受到不同方向袭击而来的精神压力（有时候甚至是自己给自己制造的压力），应该学会各种排解压力的方式（尽量采取良性的排解方法），综合发展，才能让自己保持该有的平衡。当排解压力的能力不足以应付各种精神压力的时候，人生可能就真的达到了"精神边界"，此时，或者让自己成长起来，扩大精神压力的容量，或者增强排解压力的能力，或者让自己抛开一部分压力源，否则濒临精神崩溃的边界却后知后觉，恐会物极必反，后果难以预想。

4 人生的进步与知足

追求进步是人的天然属性，更是职场人士的固有属性，因此职场竞争激烈，从这个角度来看，知足是奢侈的，人们往往忘记了应该知足，一味追求进步很容易发展成贪婪，贪婪会进一步扼杀知足的念头，从这个角度看，"知足"确实难能可贵。

一个人停止了职业发展的念头，不一定是因为知足，有可能是因为懒惰，区别在于，知足的人心悦诚服，而懒惰的人常有怨气。职场当中，有人整天骂骂咧咧吵个不停，有人每天聊尽八卦抱怨人生，有人感慨命运不好，有人总贬低他人……这些都不是知足的表现。

知足，并非是指终止状态。如果处于职业不断发展的阶段，知足有可能是经历了某一次进步之后的自我认可，是暂时的停步。当经历了一段时间的知足状态之后，调整身心，又一次投入新的进步历程当中。从人的发展角度来看，人生的发展存在"个人边界"，而对于财务职业来说，通过自己的努力，逐渐地进步，要特别注意别让"业绩"冲昏自己的头脑，时时刻刻需要注意"物质边界"和"精神边界"，知足的可贵在于具备清晰的自我认知，准确地判断自己的位置，对物质和精神有比较准确的判断，从而让自己的人生进入工作和生活都相对平稳的较低压力状态。

有人可能会说,知足之后,我追求什么?职业上已经进入知足的状态,追求的当然是人的全面发展。其实,很多人并没有想过要通过职业发展大发横财,大部分人只是想通过工作改善生活、照顾生活需求而已,至少让经济情况不那么紧迫,衣食住行相对方便轻松一些,但是在现实中,即使为这个想法往往也需要奋斗很多年。这是一个残酷的现实,有大量的竞争,就必然让个人职业发展的上升速度下降,让上升的机会减少,而大部分人做基础岗位的工作,拿比较普通的工资收入,这是客观事实。

在现实的职场当中,年轻人容易急躁,容易对工作产生抱怨,"我的工资太低了""我学不到东西""再这样下去,十年后我还是这个样子,我受不了"……其实这些从个人的主观上讲,都是不懂职业发展内涵所导致的。不过,既然现实出现这样的现象,一个比较客观的理由是:人们都向往中高层的职位,因为实实在在看得见、感受得到的就是相对优越的经济回报,所以,人们总想快速冲到这个位置。至于"知足"嘛……或许,到了这个位置自然就知足了。就像有些刚毕业不久的同学说的:"我如果拥有跟我们经理一样的收入,开着她开的那种车,也有自己的房子,我还奋斗什么?我也足够了。"

从这个角度讲,当你一路向前的时候,除了掌握职业发展规律之外,在职业前期要学会各种忍耐,掌握晋升的规则、为人处世的方法等全面的技能。当你遇到困境,或者发展速度太快,甚至自己的职业发展出现了偏执的情况的时候,需要多想想自己最初的职业梦想:"我只是要一个比较宽松的生活条件。"这是一种知足的表现，知足可以让你避免走进职业发展的死胡同。古语说"物极必反"，在财务人员的职业发展的过程中，同样需要懂得知足。

5 阶段性发展是规律

财务职业生涯是一个可以分阶段解释的过程，而不是每时每刻都变化无常。每个人在一定的年龄、一定的环境、一定的状态下，职业发展的内容是相对单一的，而这种单一的特性可以称为阶段性。一个阶段内有相似的发展内容和特征，过了一个阶段，又是新的发展内容和特性，如此反复，直到一个比较长期的稳定状态。阶段性对职业生涯实战的指导意义非常重大，每个财务人员必须对阶段性发展理解到位，才能做到审时度势，把握时机，发展自己，否则以躁动的心跳来跳去终成跳蚤，飞来飞去稍有不慎便成了飞蛾扑火。在一个较长的时间段内沉淀自己、稳定发展有时候比心急火燎、四处乱撞更能积累到扎实的经验，更能创造更多的回报，这是很多财务人员料想不到或考虑不周的一点。

事物的发展过程有进有退，发展速度有快有慢，发展路径可能坎坷曲折也可能是"康庄大道"；人的发展也一样，时而匍匐，时而前进，时而稳当，时而奔波；职业的发展更是如此，而财务人员的职业发展也必然符合阶段性的发展规律。发展的规律虽然存在，但是作为当事人，如何把握这种阶段性，实属难事。对于财务人员来说，把握阶段性，对自己的职业发展的意义在于，设立一个足够引起质变的目标，可以是短期或者长期的，这个目标足以让自己把握到机会，积累到经验，足以引起人的综合能力发生质的飞跃，进而产生新的工作机会、晋升、轮岗，或者有个人综合实力的提升。总而言之，认识职业发展的阶段性规律，是将自己的职业生涯落实到可实际操作的关键点，也是让自己在职业发展中掌握战略战术的重要前提。

职业发展绝非一根筋地做事情，也不是满脑子想走捷径，更不是整天无缘无故地狂躁发作，对于个人的职业发展，从远期看必须有发展战略，从近期着手必须有战术方法，战略战术一起发挥，才能做到工作起来有板有眼，而不是像无头苍蝇乱碰乱撞。

一个财务人员所需经历的阶段大致可以分为：执行阶段，理解业务阶段，思考业务并联系理论阶段，主动寻求解决方案阶段，以及整合资源阶段。

- 执行阶段，可理解为按照既定的流程执行，而出现突发情况须向他人请教具体做法。

- 理解业务阶段，可理解为对既定的流程已经理解到位，对突发事件自己有所判断，但仍需请教他人做决断。

- 思考业务并联系理论阶段，可理解为对既定流程理解到位，并懂得为什么要如此制定流程，出现突发事件可独立判断并解决。此阶段碰到的既定流程及相关事件仍属相对单一。

- 主动寻求解决方案阶段，可理解为既定事情理解到位，并参与新事物新项目的流程制定，或针对旧流程提出适应性的新方案，以完善既有流程。此阶段能解决综合性问题，提出综合妥善解决问题的方案。

- 整合资源阶段，可理解为对问题具备前瞻性，能提前察觉风险，识别机遇，在全面的权衡后，综合调动可利用资源，最后解决问题。

以上诸阶段与财务职业的各个岗位并没有直接的一一对应关系，在任何一个职位，不同的人因为自身的综合能力不同而处于不同的发展阶段。而衡量一个人在职场中的综合处事能力可从四方面的能力来看：专业技能，办事能力，沟通能力和管理能力。譬如，一个有五年工作经验（其中两年是做成本核算）的会计人员，从他的个人职业发展而言，专业技能处于理解业务阶段，办事能力处于思考业务并联系理论阶段，沟通能力处于主动寻求解决方案阶段，而管理能力处于执行阶段。基于这个判断，他的职业发展的阶段性目标可以是：提升自己的管理能力，如果没有下属，可以提前学习积累管理方法；提升专业技能，多参加一些培训课程；办事能力也有提升的空间。再如，一个工作了六年的财务主管，专业技能稍弱，办事能力、沟通能力和管理能力都处于比较高的阶段，那她的阶段性目标便可以定位在专业技能的提升上，让自己在专业技能上尽量提升可以到"思考业务并联系理论"，其他方面的能力也可以进一步提升，而定好了这个阶段性目标之后，其他的生活或职场上的困难会被视为可以让步的条件，为这个定好的阶段性目标服务，通过储备专业技能并提升其他能力，自己的综合能力也得到了充分发展，接下来就是晋升为经理的时机问题了。

由于不同职位的工作内容和难度不同，所以阶段性目标的制定首先在于充分识别自己的四种能力分别处于什么发展阶段，某种能力或某几种能力的阶段性提升目标设定，最后就是在职场当中真正落实。通过不断地设定阶段性目标，不断提升某方面能力，能让自己不断突破本来所处的阶段，达到更高的发展阶段，而发展阶段的提升，在职场中对应更高的职位和收入。

阶段性的另一个重点还体现在职业发展是阶梯形的，而不是直线型的，上一个台阶要平稳一阵子，这一阵子的平稳是非常重要的，也是很有必要的。任何一个处于基础职位的人，都想拥有较高的职位，不能忽略一个问题：你做高位，能坐得住吗？或者说，你能管住下面这帮人吗？举个例子，小孟在一家公司工作了三年，但是一直做基础岗位，由于自己对职业发展没有太多想法，看着外面的企业很多，招聘信息也多，就抱着试一试的态度去投简历，参加面试，由于做了三年工作，缺乏职业生涯的视角，他只是在公司工作久了偶尔受气心里不舒服，因工作重复而感到厌烦，开始变得坐不住。很快有一家创业型的公司看中了他，还给了他主管的职位，小孟一看居然是管理岗位，虽然工资没涨多少，但是能当小领导也很高兴。到了新公司之后，自己要管两个人，但是对公司的业务还不太熟悉，小孟每天面对两个下属，心情很紧张，说实在的心里没底，有时候面对下属的请教也不太敢回答，不知如何是好。下属看到小孟总是不能给出意见，感觉这领导不能依靠，两个人经常互相闹脾气，有些模棱两可的事情大家都不做，最后还要经理出面来帮忙解决。

每次经理处理完之后，小孟内心才松了一口气，总算解决了。偶尔有一次这样的问题，经理觉得小孟可能初来乍到不熟悉业务，但当问题越来越多的时候，经理对小孟彻底失望，重新招聘了一个主管，小孟被劝退了。

像小孟这样的情况，便是不明白自己能力所处的阶段，更没有设立好自己的阶段性发展目标，对自己的能力也非常不了解，仅凭一家创业公司对自己的认可，就以为可以快速升职，谁知道最后因为基础不扎实而被打回原形。财务工作确实如此，每一个阶段的几种能力的提升，都需要一个相对长的期间，比较低的阶段有人可能用两年，有人可能用三年，相对高的阶段，有人可能用三年，有人可能用五年，有人可能一辈子都没办法突破较高的发展阶段，这都没有确切的时间，但是要在一定时期内做到有阶段性的积累，否则底子薄能力弱，当有较高职务上的机会出现的时候，自己都没有办法掌握。这是认识职业发展的阶段性规律的重要性，若不能停留下来积累一阵子，综合能力并不扎实。路，走得不够稳健。

在职业发展当中，有两种状态值得注意：

一种是"皇帝不急太监急"。当一个人对职业生涯有深刻的理解，并根据自己的实际情况制定了远期战略目标和近期战术方法的时候，此人往往能做到工作上服务于发展目标，不容易受到其他人的负面影响，不管来自具体的工作内容还是精神层面。因此在现实中，容易出现当事人心里清清楚楚，而其旁人为他干着急的情况。譬如，一个人很清楚地认识到这段时间应该是自己好好表现工作能力的时候，是积累自己技能和经验的时候，因为领导经常暗示对自己的赏识，而其他同事或许心理上有所"排斥",因此他在日常面对其他同事的各种语言和情绪的时候,总是做到笑脸迎人,诚恳备至,缓和与照顾其他同事的负面情绪,而不是以"职场当中要做到平等和尊重"的心理去强求对方给予补偿或者道歉。这样的做法,就是懂得利用阶段性规律来发展自己。一旦认定该为阶段性目标而努力,那其他困难和阻碍因素,一概都会划入可以"吃亏"的范围。在这期间,不仅是有所"妒忌"的同事会有"闲言闲语",甚至"正义感"很强的同事也会对当事人"添油加醋"说上几句诸如"你这样都能忍,要是我,我肯定骂她一顿……"之类的话。但,心中有阶段性目标的当事人可是心里有数的。

另一种是"旁观者清,当局者迷"。当一个人对自己的职业生涯没有全方位和清晰的认识的时候,就容易缺乏目标感和方向感,每日的工作按量完成,多一点不做,能推掉尽量推,只负责做不负责想,每日工作没有具体的可操作的阶段性目标也没有具体的远期战略作为指引,"当一天和尚撞一天钟"地过日子。这样的情形对于有明确"求稳"策略的人来说,就是合情合理的,但是对于有心于学习、提升、晋升想法的人来说,就是"光有大想法,不懂小操作"。对于周围旁边有正义感的人来说,就看不下去了。譬如,一个有五年工作经验的会计,每天总在抱怨自己的工资收入低,不能得到晋升和认可,言行上又对自己的主管上司缺乏礼貌,这都是旁人很清晰地看在眼里的毛病,但是当事人却看不到自己的问题,苦于不懂职场的发展之道,总是在怨恨自己的"怀才不遇"。

第一种情况显然是值得推崇的方式。阶段性的目标,能让人将工作和生活中的诸多因素，汇集到最重要的阶段性目标上，而其他因素逐渐修正为实现阶段性目标的辅助条件。对于重要目标和辅助条件的处理方式自然不同，重要目标是首当其冲、重中之重、不得违背，而辅助条件则以不危害重要目标为前提，能满足则须满足，无须计较太多，吃点苦头也无伤大雅。从初入职场开始，到满足自己的职业愿望、达到自己向往的工作状态，一般来说需要实现一个到几个阶段性目标。譬如，一个刚入社会的初级财务人员，当然对未来怀有梦想，也想将自己的能力付诸实践当中，那么实现最初梦想的过程就是一次又一次地实现阶段性目标。阶段性目标可大可小，总之有相似的工作内容、相似的思维方式、相似的综合能力，可归类为一个阶段。工作岗位有所变化（晋升或者获得新的岗位内容），并不意味着突破了某个阶段，而有时候岗位没有变化，但是某些隐形的能力提升了，也可以称为综合能力有了阶段性的提升。总之，一个阶段总是相对固定的能力的体现，或者是实务的操作经验，或者是软实力的提升，也可以是两者一起成长。

6 虽有限制但可突破

当一个人面对职场、面对自己，制定了比较恰当的阶段性发展目标之后，执行就成了关键问题。几乎每家企业都会对员工提出绩效考核的目标，但是这些目标毕竟是公司给员工定的目标，在个人职业生涯实战的过程中，这是工作任务的一部分，而在每个职场人士心里，其实更重要的是自己制定的职业发展目标。正如之前所言，制定远期的战略和近期的阶段性目标，通过四项重要的能力分别评估，逐步提升自己，才是最重要的。

从公司的角度看，必然不会把员工的个人职业发展当成最重要的绩效考核目标，对工作内容的完成和创新才是最重要的，毕竟从公司的角度看创造公司的业绩才是第一位的。对于个人而言，在完成公司规定的工作任务和考核目标之余，尽量争取完成自己所设定的阶段性发展目标。完成目标，最难的便是：完成不了的时候有人会认为现实中有太多干扰因素，坚持不下去，没有方法等各种各样的问题。从个人发展的远期目标而言，不一定能够实现，因为人都有自己的发展瓶颈，但是对于尚未充分发挥自己的才能、仍感觉工作生活各方面都很顺畅、诸多问题都能迎刃而解、仍有职业发展欲望的人来说，阶段性目标还得继续设定和完成。

　　终极目标或许受限于个人的瓶颈，但是面对阶段性目标的限制，可以寻求方法突破。有时候遇到限制因素，不知道如何发力，这是目标感模糊造成的；如果目标明确，当然执行方法就比较清晰了，而方法凸显的时候，下一步就是要去实践，只是实践需要很多个人素质的支撑，才能发挥作用。

　　阶段性目标，顾名思义，这个目标不太可能在非常短的时间内实现，因此"忍耐，积累，等待时机"就成了突破限制条件的重要因素了。每个人从毫无经验到"老谋深算"都需要经历很多这样的小阶段，而每个阶段的时间长短因人而异，但是既然设定了阶段性目标作为本阶段的努力方向，那么在这个阶段里面，自己进行多方面能力的积累和提升也许会有些"孤独"，这是难免的。从另外一个角度看，当你表面上与人相似，别人也不知道你心中所设定的阶段性成长目标的时候，你为了避免遭受各种"攻击、嫉妒、评价、赞赏、打击……"，需要做很多保密工作，以"暗度陈仓"的方式为自己提升能力寻找一个安全的空间，这当然是相当孤独的。而当积累到位、时机成熟、实现阶段性目标的时候，那时便"一鸣惊人"了。职场当中任何人的能力积累，都是心中"自有一盘棋"，有些人看似木讷，实际上一直在隐忍别人的闲言碎语，暗中积攒经验，有些人看似工作上无能为力，其实心中有所选择，而那些整天"评论别人最多，发展自己最少"的人，经常就是那些完全没有目标感，心中没有阶段性目标，或者无法突破个人瓶颈的人。

　　经得起嘲笑、耐得住寂寞、忍得了诋毁、扛得住攻击，在职场中一且设定了阶段性目标,其余方面可以采用防守状态,保持微笑待人,真诚沟通,为的是别让"那些无所谓的人和事"打破心中的苦苦经营的阶段性目标。一般而言,由于职场的竞争关系普遍存在,在实践的过程中,不可将非常个人的职业发展阶段性目标过早暴露,否则必然给自己带来不必要的麻烦。

　　Amy 毕业之后一直在一家制造业企业工作,一开始做出纳,做了足足两年之后才有机会转岗到应收账款会计岗,看起来傻乎乎、不太会说话的 Amy 一直稳扎稳打。毕业的时候她也没有想过自己会在职场出类拔萃,她只不过想实现自己月入过万、惠及生活的心愿罢了。Amy 平时很低调,说话风格是能不说就不说。但是随着时间的推移,Amy 还经历了公司的其他工作:成本核算,公司的信息化软件上线项目,从毕业开始,都是勤勤恳恳的,给人感觉任劳任怨。久而久之,同事们都公认此人是"耕不死的牛,骑不垮的马"。但是 Amy 心中自有想法,她不跟别人比较、攀比,毫无怨言,即便到工作十年的时候,仍然令人感到"此为无害之人"。正当她在第一家公司工作第五年的时候,她熬到了高级主管的职位,当拿到升职通知的时候,她内心的一口气松下来了。对于 Amy 来说,从毕业开始到这个阶段,她基本已经实现了自己的目标,月入过万了。接下来虽然再往上升任经理已经不那么容易了,但是 Amy 一直不放弃,她又给自己定下了阶段性目标,在专业技能、办事能力、沟通能力、管理能力等方面全面提升自己,日常工作之余,也多观察和学习总结关于经理和财务总监的一些好的工作方法，自我领悟，然后实践。她又一次进入蛰伏状态，不过只有她才知道自己日常的"低调、友好、笑脸"都是心中自有打算。终于，当能力足够的时候，她得到了另外一家公司的认可，担任新公司的财务副经理职位，Amy 详细考虑和比对过，认为自己已经在发展阶段上达到这个状态，便不再拘泥于一家公司，果断辞职。而 Amy 的辞职确实让同事、领导大吃一惊，此人平时最"乖"，别人吐槽不见她吐槽，别人埋怨不见她埋怨，别人做不了的事情她倒没意见……可如今形成巨大反差，大家认为最"笨"，最不可能辞职的 Amy 竟然辞职了，还升职了，但是当 Amy 拿到新职位之后，坚决而果断地做出了选择，实现了工资收入的再一次增长。换句话说，Amy 真正做到了"心中有自己的天地，何必在意别人的评语"。

Amy 显然是属于对自己的发展很有规划的人，对自己的阶段性目标也很清楚。初入职场，便有远期的粗略规划，而落实到每一阶段性目标的时候，在做出纳的那两年，她很清楚自己的阶段性目标尚未达到，因此继续隐忍；直到拿到主管的职位，她感觉自己的阶段性目标已经实现了，理想的收入情况也实现了；在最后，她清晰地认识到自己的综合能力已经达到了一个新的阶段，可是此时原公司内部并没有经理职位的机会，阶段性能力和目标非常清晰，时机一到，便果断离职。换句话说在职场中经常犹豫不决的人，往往就是心中缺乏目标感。

最后补充一句，从领导的角度讲，对那些看上去很乖、办事牢靠、低调沉默的下属也要重点关注，就像 Amy 一样，找到了外面的机会，她可是说走就走的，劝都劝不了，留也留不住。当然，这是另外一个有关于领导力的管理话题了，在此不展开讨论。

Part 10 财务的发展曲线

1　一无所知进入职场
2　迷惘自卑职业初期
3　烦躁没底的平台期
4　意料之外受到教训
5　逐渐走向成熟稳重
6　知足常乐稳如磐石

从宏观上看，财务人生有很多相似的规律性，但是由于个体差异，落实到每个人身上又有所不同。但不论有何不同，财务人生总会有相似的场景，类同的过程，甚至是一样的结局，这是探讨财务职业生涯对于个人职业发展的重大意义所在。

前文已经非常详尽地描述了财务人员的职业生涯相关内容，接下来，将财务人生会遇到的重大局面做详细解读，希望财务人士能体会到职业生涯实战的秘诀，对人生的重要问题看得更透彻，在职业发展过程中能通过全面获取职场信息，捕捉职业发展的关键因素，提前规划好职业生涯，避开各种有形无形的障碍，对工作和生活做好平衡，逐步实现自己的阶段性目标，最终走向稳定的财务人生状态。

本部分内容将为从事财务工作的朋友画出一条兴许你从没接触过的职业发展曲线，让财务人员在职业生涯实战的过程中，手中握有"职业藏宝图"，胸有成竹走好职场路。

财务职业生涯实战须运筹帷幄，把握局势，主动积极，积累提升，顺利发展，渡过危机，知足常乐，最终过好财务人生。

1 一无所知进入职场

为什么说一无所知,因为从实际情况看,初入职场,确实懂的事情太少,并且常常是自己不知道自己懂得太少,或者以为自己其实知道的并不少,这可能是比较无奈的,但也是比较现实的。很多在校生、应届生,对于财务的原理有所了解,但是对于财务职场确实不知从何谈起,其中最重要的原因是,没有体验、体会和理解职场的各种情形,也没有体验、体会财务理论与商业实际、各种人际关系以及合作与竞争等现实情况。对于毫无经验的新人来说,仅仅只能从书本上知道或多或少的规律,至于这些规律如何与商业连接起来,体会尚浅。

但是,值得提醒的是,由于对现实职场的情况接触比较少,所以初入职场的朋友应当对自己的视野和认知保持一定程度的谦和,这对初步融入职场非常有帮助。

进入职场之前人们常常是处于这样一种状态:对财务有所了解却属于走马观花,对于财务这个大海有浮光掠影的感受却从未真正沉浸其中。这种状态下,积极一些的人很有兴趣,充满好奇,乐观而期待,但是一旦进入财务职场也难免叶公好龙,想象越多离实际越遥远;消极的人则会担忧、焦躁、迫于现实又倍感无奈,但是一旦迈进其实并没有预想中那么多的困难和阻碍。因此,不必过于乐观,也不要过度消极,平常心态，稳步进入。

不了解而参与进入，当然就会有惊喜，有惊讶，甚至惊吓；但是尚未参与，怎么可能有确切的了解呢？即使工作了十年八年还有很多人对财务也是一知半解，这是现实的难处。因此，对于尚未真正进入职场的年轻人确实存在困惑，那么从现实的角度讲，如何才能做好初次入行的准备工作呢？通俗地说，这个局面怎么破？

一般来说，同龄人都有大概相似的经历，但是如果细究到每一个人又各有区别。譬如，家庭、学历、性格、素质等因素会导致在进入职场之前每个人的基础积累都不太一样，因此对职场的感受也就不太相同。但正如前述，大致相同的是这些尚未进入职场的朋友都有相似的"一无所知"的阶段。在这种情况下，要做到的大胆向前迈进：

- 尽量争取可能的进入职场之前的实习机会，越提前实习越好，去打个杂、露个脸也是种积累，尽量提前了解多一点的职场实际情况。
- 降低对金钱的欲望，因为一切才刚刚开始，职业人生的内容十分丰富，决定收入的因素并不全部集中在起点。
- 积极大胆迎接新的人生阶段，有时候害怕反而让你无法发挥自己应有的能力。
- 放弃以往的成就感、优越感，一切从零开始。即使你已经有过很多荣誉与成绩，进入职场后你要照顾的是职场中的同事们的"优越感受"，而不是人家照顾你过往的"成就感"。
- 面对自己的现实情况，减少与人攀比，从这一刻开始，职业发展靠自己获得进步，跟自己的昨天相比。

2　迷惘自卑职业初期

新人由于入职前缺乏对职场的了解，必然会有一个进入职场之后的过渡期。不过有些人在进入职场之前已经有好的实习经验，那么过渡期或许不会很长，负面反应比较小，这是职场前期的准备工作问题。一般来说，入职初期，会体验到商业社会的竞争关系，这种竞争的残酷性在于：不分年龄，不就亲疏，目的明显，而且每个人都在备受压力的状态下竞争。从现实的角度出发，就是职场中的每个人都背负着生活的经济压力和对未来改善生活的满心期待，因此竞争会显得非常激烈，表现良好而获得晋升就能带来更多的经济收入，进而改善生活条件，获得更多的职业资源。职场中有不同年龄、不同阅历、不同人生经历的人，共同竞争职场中有限的优质资源。从本质上讲，职场当中的每个人都以消耗时间（也就是生命）为代价，换取职业资源（也就是个人利益）。

进入职场之前，如果没有机会接触这种类型的竞争，或者体验较少，那就会出现心理落差。会很困惑不解："为什么是这样的？怎么跟我想的不一样？"可能现实给予的答案会如：当然是这样的，只是你之前不知道而已。迷惘来源于对现实的不理解，来源于视野的局限，来源于体验太少，无法将面临的现实和曾经憧憬的未来联系起来，心生恐惧，陷入深深的无力感；若无力改善，会逐渐变得自卑，陷入恶性循环。

在这个阶段要做的是稳住，而不是快速进步，别唯一考虑进步，应当从"处处不适应"转变为"其实我可以"：

- 稳住自己的心情，从心理上不要产生恐惧、抗拒等不良反应。
- 理解职场的现实逻辑，为什么你所看到的、所感受的、所体验的是眼前的样子，思考背后的逻辑是什么。
- 持续学习并适应环境。
- 积累自己，不管是专业技能还是软实力。
- 设定自己的阶段性目标，为自己而努力，跟自己的昨天相比。

3 烦躁没底的平台期

财务职业岗位非常多，每个岗位在不同公司又设置了不同的级别，职业情况纷繁复杂，但是当有胆识跨入职场，并开始适应之后，下一步就要寻求发展了。发展有可能是顺利的也有可能是曲折的，不论过程难度如何，总体的发展情况肯定是阶段性的。第一个阶段，专业技能和软实力都很基础；下一个阶段稍有提高，能理解做法背后的逻辑；再下一个阶段，以此类推，逐渐升级。但是，每个阶段的发展总有其相似性。譬如，做了两年的基础职位，便会开始烦躁，但是如果需要晋升到高一层次的职位，又会感觉心里没底。这种现象是"烦躁没底的平台期"，不单是基础层次的人才会面临这种现象，而是任何一个阶段都可能会出现，即使更高层次的主管、经理都可能会面临如此窘境。基础职位阶段会有，提升到主管的时候，做了两三年主管，又会产生对现实工作的烦躁和对下一个阶段的无力感，有发展的愿望又害怕升高了之后接不住，这是每个阶段发展的规律性。

这些难受的经历，基础岗位有，主管会有，经理会有，财务总监也会有，甚至做老板的也有。做老板不是一本万利的，企业发展也有阶段性，这三五年处于一个阶段一个规模，下个三五年又提升到一个更大的规模，在一个阶段久了，就会产生各种问题，各种疑问，对未来的无力感，究竟如何是好，烦躁和没底就出来了。

职业的阶段性规律决定了必然会出现这种不太顺利的内心感受，烦躁和没底。有时候面对机会，不敢把握，害怕失败，害怕承担更多的责任；有时候没有机会，又觉得不愿甘于现状，进退两难，绑手绑脚。到底是继续积累，还是向上突破，受限于现有的平台，不敢放弃，又向往别的机遇。是在公司内部继续等待机会，还是破釜沉舟，寻求外部时机；是自知经验尚浅甘于埋头苦干，还是对现实不愿就范，另谋生天。很多人在平台期，面对职场的各种诱惑和内心的不安，非常犹豫，不能决断。

在这个时期，需要做到的是：认知自己的能力，认清周围的环境，制定自己的目标，积累坚实的经验，找准机会，捕获时机：

- 认识自己的专业技能和软实力，分析你所处的职业发展阶段，判断自己是否胜任更高的职位？
- 每一次想要突破所处阶段，需要提前获得下一个阶段的专业技能或软实力，不要怨恨多付出而暂时没有获得对应的收获。
- 分析摆在面前的环境情况，创造时机或等待机遇，恰当时果断出击。
- 时刻保持积累经验和提升自己综合能力的习惯。

4 意料之外受到教训

职业发展从零开始也好，从有点经验开始也罢，一直到财务人生的平稳期，都有或多或少不同的发展阶段。从基础阶段到稍有经验，从自己管得住自己的工作到能管理别人的工作，从管理别人到整合众多资源，从一路向前到懂得知足常乐。任何一个时间点，人们都是处于职业的发展过程之中。常言道"居安思危"，其实职业发展的每一步都应该走得很谨慎。人们有发展的愿望当然是再正常不过了，但有时候在发展的过程中，不论处于何种能力阶段，人们都会忽略了一些潜在阻碍因素，这些因素不仅与工作有关，有时候还是个人因素，譬如健康、家庭因素等。因此，从走好职业发展之路的角度看，应该全面地考虑各种问题，衡量各种因素的影响。但不管怎样，人们总会在职业发展过程中遭受到这样那样的教训，由于是意料之外，并且意识不足的当事人还可能在一段时间内无法反应过来，甚至表现出抱怨、失落、悔恨等不良情绪，这几乎是每个人都会遇到的情况。从这个角度看，每个职场人士都应该学会反思和总结，不寄希望于永远很顺利，只是非常有必要做到当不顺利事情出现的时候，能及时察觉到问题的关键点，自我修复并提升相应的技能或软实力。譬如，在职场中经常有这样的情况，专业技能强的人容易高傲，盛气凌人，美其名曰"强势的管理方式"，但是实际观察发现，这不是"强势的管理方式"，而是对员工和同事不断"情绪失控"或"爆炸式高压"的狂轰滥炸。问题是当事人是否能察觉到自己的行为呢？这是因人而异的，而这里提出的重点就是，走在职业道路上，须常常学会反思和总结，能够自我提升有时候比别人的教导要重要得多、深刻得多，也就是有所领悟。况且，职场当中，等待他人教导几乎不太现实。像这样的情况，或许等来的是公司无情的"辞退"，或许是由于无法控制而导致状况愈发不可收拾，或许是权力更大的人对你进行压制而让你闷闷不乐、心生去意。

受到了教训，当然会失落，会不服气，甚至气愤、抱怨、恼羞成怒。但是，常言道"职场当中要感谢那些曾经对你不好的人"，因为对你"不好"，才给了你反思和提升的机会，没有对你的这份"不好"，你反思的动力不足。因此，周围不同的意见有时候相当于给你提个醒：职业生涯中很多潜在因素你必须重视。"早犯错早总结"，有时候对于财务职场人士来说，在职业初期磕磕碰碰对职业发展反而是好事，就是从自我反思和提升的角度来看的。如果一直没什么教训，除了出类拔萃的"人中龙凤"真的能做到一路顺风，基本上就是大多数处理基层工作的朋友，因为责任小、内容简单、犯错概率小。因此，犯错受教训有时候不是坏事，从长期看，当然是要从受教训能转化为经验，然后做到提前发现"危险和障碍"，把问题解决在萌芽阶段。

当你在职业发展的过程中受到教训的时候，需要做到的是：

- 可以稍有发泄，但终究要尽快冷静下来。
- 思考整个事件的来龙去脉，自己的做法哪里违背了的什么规则（或明或暗）。
- 稳住自己的内心，重新认知自己的实力和有可能的"弱点"。
- 重整旗鼓，投入到与自己综合实力相匹配的工作状态中，视乎"有的教训会引起局势变化（譬如辞职），有的教训只是轻微的情绪变化"而进行相应决策。

5 逐渐走向成熟稳重

从底层到高层，从基础岗位到高级岗位，是个人能力和职业发展从稚嫩到成熟的发展过程。而每一个职业阶段的成熟发展，必然会将人引导向更高一个层次，因此逐步走向成熟既是阶段性发展的特性所决定的，也是整个职业生涯的个人追求。从无知，到迷惘，到有所积累的平台期，遇到各种教训而不断总结和提升自己，个人的综合能力必然能逐步提升，正所谓见多识广，对职业发展是非常有利的。在具体的某个阶段，会成熟到轻松胜任工作的程度，得心应手；从整体的职业发展来看，便是逐渐走向职业的顶峰。

在逐步走向成熟稳重的过程中，需要做到的是：

- 认识到自己的情绪，并可时刻轻松控制。
- 忍得了各种委屈，受得了各种误会，或者隐忍，或者伺机而动。
- 非常清楚自己的目标，能读懂周围人的各种行为。
- 遇到困难和阻碍因素，懂得整合各种资源去解决。
- 四处沟通无障碍，有清楚的是非观念，不轻易暴露自己的潜在目的。

6 知足常乐稳如磐石

了解财务人生,需要对人的工作生活做全方位的考虑。人们总会在达到某个高度,处于某个阶段之后,长时间处于职业发展的平稳状态,这是人的发展特性和职场特点决定的。每个人都有自己的人生边界,随着个人的发展会遇到个人的瓶颈,而组建家庭之后,需要在工作和生活上取得平衡,人会逐渐进入职业的平稳期。职业发展从来不提倡每个人必须在工作上做到极致,必须冲着大型公司的最高财务负责人的职位去拼搏,对大部分人来说,这是不现实的。

对于大部分人来说,需要在恰当的时间点,从心理上懂得知足。在现实当中,很多财务职场人士工作经验非常丰富,工作年限也够长,不论是在大型公司还是小型公司里面担任某个职务,可能是财务经理,可能是财务主管,也可能是普通财务人员,上升和发展的欲望已然不强烈,知足常乐,这是每个财务人员终会达到的一个状态,只是不同的人能达到的位置高低不同而已。但是,从整体来说,对自己的生活和工作能够应付自如,也能达到相对满意的收入状态,其实就足够了。

在这个阶段,需要做到的是:

- 工作技能和软实力都趋于稳定，职业内容和人际关系处理得心应手。
- 并没有多少特意升迁的欲望，求的是当下稳定和自如的工作状态。
- 工作和生活一起照顾，处于非常协调的状态。
- 对于其他人的成功并不过于羡慕，也不会因为自己的过往而后悔。

最后，把职业发展历程放到一起看，可以形成一条职业发展曲线（见图10-1）。每个人都对应有一条职业发展曲线，总体上看，大致走势是有规律的。

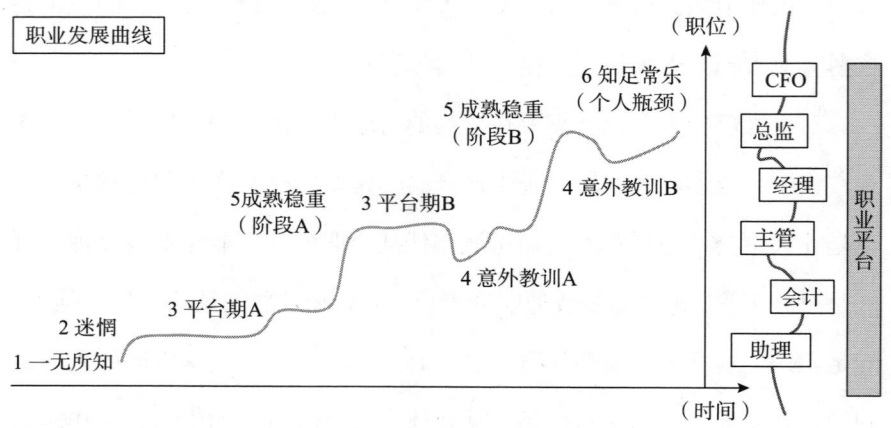

图 10-1 财务的职业发展曲线

从起初"一无所知"开始，进入职场之后，如果适应得很好，那过渡期会短一些，如果适应得不好，在过渡期容易感觉到"迷惘"，在这个迷惘的阶段，很多财务人员最容易出现的问题是轻率地换工作，这对长期的职业发展其实并不好，不过这也在所难免，因为年轻的时候缺乏成熟的职业发展目标，总会出现走弯路的现象，因此过渡期对于某些财务人员来说就是一个"试错期"。

接着逐步适应职场之后进入平台期。当在第一个平台期积累了一定的专业技能和职场软实力之后，会出现对本身所处职业平台的厌倦和焦躁，而对自己的提升和发展有迫切的要求。当逐步领悟和体会到职业发展的秘诀之后，走向成熟稳重阶段，而职场上成熟和稳重的行为会得到认可，进而内部晋升或者在外谋求到更好的职位。到此为止，是一个从零开始到突破一个发展阶段的完整过程。

而在这个过程当中的任何一个时刻，都有可能会受到意外的教训。或许是在初入职场的迷惘期，现实中存在有些应届毕业生刚工作几个月就辞职的，很多都是因为不适应而导致的结果；或者在平台期对自己的能力自视过高而盲目跳槽，有人干脆裸辞；或者在第一个阶段积累了综合的实力，表现出了成熟和稳重，但由于个人的坏习惯导致了无法晋升，甚至降职，这些都是意外的教训。

如果不出意外，那么在第一个阶段之后会顺利进入下一个阶段的平台期，然后也会出现与第一个阶段发展中相似的情况，继续经历平台期的焦躁，再提升能力转变为成熟稳重。由于每个人的能力、家庭情况、学历背景、工作经验、个人素质等等差异的存在，会影响一个人在突破各个平台期而获得晋升的所需时间，有的人可能三年突破第一个平台期，有的人可能要五年，有的人可能一辈子都无法突破。因此，每个人的职业生涯到底能突破几个平台期，实在有赖于个人的综合实力，这种突破每个平台而积累自己、提升自己的长期模式是一致的。

直到最后，当个人的能力出现了瓶颈，个人的生活和工作均处于边界之时，那么人生会处于某种稳定的状态，一直保持基本固定的工作状态。到那个时候，求稳成为最重要的目的，而并非如职业初期一般继续寻求突破了。因为当个人的物质和精神边界已达到的时候，继续强求突破，往往就得不偿失了。

对于财务职业来说，整个职业生涯就是在十大岗位或各个总部的研发岗位的体系内，通过谋求各种不同岗位的方式来实现能力积累和晋升，而这些职位在商业社会的企业大环境中，有各种级别的形式来体现职位的高低，譬如助理会计、会计、主管、经理、总监，到最高的首席财务官（CFO）。

从图10-1中便可理解到财务的职业发展曲线的规律性，这将有利于财务职场人士面对自己的现实情况，认知自己所处状态，设计规划自己的发展路径。职业发展有进有退，有守有攻，有陷阱也有机遇，既需要发展工作也要照顾生活，关注自己还不够还要关照周围的人，每个阶段每家企业面临的局势也不太一样，必须规划好远期职业发展战略，落实近期的职业发展战术，才能在职业发展过程中，尽量做到积累实战的能力，缩短晋升周期，早日达到自己人生"知足常乐"的稳定状态。

首版后记
EPILOGUE

夜深人静，思绪万千，多年的职业经历重在脑中回旋。

我总是不愿意看到年轻的人们，因为现实职场中的种种竞争或微妙关系而耗费大量时间精力，原地踏步，几乎毫无长进，而等待的只是一个若有似无的机会。其实，有时候只消一个道理、一套资料、一些指导、一两句话就能让他们省去一两年的迷惘或困惑的时光。人们常说，进入职场遇到一个好的导师很重要，这是因为，在职场当中将自己的经验无私传播出去，并不是每个有经验的人都愿意干的事情。

现实职场竞争确实残酷，财务职业人生须有套路！

每当面对职场当中那些无助的眼神，我就总是有一种冲动，想把自己行走职场的经验一股脑告诉他们，让他们尽快掌握这里面的规则、套路，集中精力发展自己，快速成长起来别总耗在"局"里，毕竟青春无价啊！但是，我想，这样能帮到多少人呢？最多不过就是工作中遇到的人而已，那算起来也没有多少。这个时候，写作的冲动就来了，我决定将这些职业生涯实战的经验、规律、捷径传播出去。

在写著本书之前，我还从来没有如此系统地去总结过财务人员的职业生涯实战问题。此次写作，令我想起了太多曾经共事过的人、发生过的事，为了更真实地反映职场当中的点点滴滴，为了更有逻辑性地展现职业发展过程中的关键问题，为了讲明白经过多年职场考验而总结下来的各种规律，为了说清楚职业发展的个中细节，特意联系了诸位相关的当事人，将其陈年旧事摆上台面，将其中的蛛丝马迹探个究竟，毕竟场景还原才足够真实。可往往惹得人家不好意思回忆"惨痛"过往，还得使用"强制手段"。

即便往事不堪回首，为了惠及后生，终须娓娓道来，说出个原因，道出个究竟。这个过程耗时很久，争论常有。现在全书终于成稿，蓦然回首，别有一番滋味在心头。

张泽锋
2016 年夏

再版后记
EPILOGUE

要讲清楚财务人员的职业生涯实战问题，并不容易，但我还是愿意继续讲给更多人听。因为我总在想，早些给你听到读到，你或许就能早一些明白其中的秘密，早明白早提升，不就能省点时间吗？不至于自己躲在缺失阳光的角落里，困惑不已。人生有时候只要一点光，就有成长的希望。

我对生命的理解比较纯粹，天地不仁以万物为刍狗，时间不仁总在那里走。时间是客观的，而人的进步主观因素比较多。就像今天，如果你有心读到再版后记，咱们也就算是有缘之人，你的主观成就了相识的缘分。我把这种不见面的相识称为"文字缘"，有缘在先，他日再见不陌生。而从客观上讲，书就摆在这里，读一读，有利于提升自己。

近些年，我愈加感觉到时间紧迫，肚子里装了半辈子的话早就想找人说。幸好，此刻你正想听，那我就摊开了来讲，不躲不藏，不握不让。

时隔四年余，我再次将此书献给大家，诚意满满地讲述一些在现实职场中几乎无法获知的职业发展细节。望有缘得此书者，能丰富自己；若有余力，也可惠及他人。

一直以来，存在一个不大不小的问题，藏着一个讳莫如深的秘密，人们总说"帮助他人"，但似乎不太愿意"惠及自己"。从语言逻辑上看，这二者并不矛盾，但人们总有偏解，好像帮助了别人就不能惠及自己？正所谓"君子坦荡荡，小人长戚戚"，其实，没必要这样。

帮助他人肯定是好事，惠及自己也没什么错，只不过现实中很难去分清，到底先帮助他人再惠及自己，还是先惠及自己再帮助他人，难以厘清。其实，那就是"共赢""双赢"，我帮了你同时有助于自己。在企业经营的商业领域，人们往往为了拿到公司的工资，才会提到"为公司创造价值"，而提及"为公司创造价值"的背后往往就是为了惠及自己的利益。正所谓提供劳动获得报酬，如果付出劳动却连报酬都没有，那甘愿为公司创造价值的人恐怕凤毛麟角，所以公司往往提倡携手共进、共创辉煌。

财务人员如同大多数其他岗位的职员一样，大致上也是如此考虑。一般来说，领导们早就预判了你的预判，而你可能无法预判领导早就预判了你的预判，这可能就是"道高一尺魔高一丈"，从基层岗位到高层管理的中间，夹着很多个层次的预判，这恰似下棋，商场如战场，职场如棋局。

一个财务人员能预判领导的预判，成长和升迁就不难；一个领导能预判下属的预判，那管理就顺畅。可到底是下属预判领导还是领导预判下属，到底谁说了才算？其实大家都喜欢预判对方，甚至一步都不想让，那岂不是有碍共同发展？所以，一个更高的层次可能是：当你预判了对方，尽量别让对方知道你的预判，但本质上，这往往由不得你，而是对方的问题。

因此，个人生活成长也好，财务职业生涯发展也罢，往往思路决定出路，打开思维才能冲破重围。

北方冰雪年、南方炎热天、西边逛群山、东边尝海鲜，天高任鸟飞、海阔凭鱼跃。朋友们，同学们，职业三十年，弹指一挥间，大宏图，小心愿，财务发展不设限！如果你在财务实战过程中，心生苦恼，倍感困惑，晋升乏力，抉择不定，职业迷惘，进退两难……请认真阅读本书，读完，便是另外一番景象。

好了，今天咱们就先讲到这儿吧！虽胸中万言，但篇幅有限！

一路走来，非常感谢！

张泽锋
2021 年春